Heinz Kohut
and the Psychology of the Self

コフートを読む

アレン M. シーゲル
著
Allen M. Siegel

岡　秀樹
訳
Oka Hideki

Ψ
金剛出版

Heinz Kohut and the psychology of the self
by Allen M. Siegel
Copyright © 1996 Allen M. Siegel Typeset in Times by Laser Script, Mitcham, Surrey
All Rights Reserved. Authorised translation from the English language edition published
by Routledge, a member of the Taylor & Francis Group

Japanese translation rights arranged with Taylor & Francis Group, London
through Tuttle-Mori Agency, Inc., Tokyo

謝　辞

　ハインツ・コフートの主張によれば，心理的な生活にとっての酸素は，肯定的かつ支持的で，自らを妥当化してくれる環境のなかに存在するはずであり，またそうした環境の空気を求める欲求は生まれてから死ぬまで存続するのである。私は，本質的にそうした空気を提供してくれる多くの人びとのなかで生活し，仕事をするという大変な幸運に恵まれた。これからこの謝辞のなかで私は彼らにお礼を述べようと思う。彼らが私に向けてくれた信頼や支持，励まし，友情関係のおかげで，私の心はこのうえなく温まり，感謝の念でいっぱいである。

　最初に感謝したいのは，アーネスト・ウォルフ（Ernest Wolf）である。私にこの本を書くように勧めたのはウォルフであった。彼は，私たち二人が参加していたある研究集会で私の仕事を知ってくれた。そして、1991年の夏，彼は，マサチューセッツ州のケープコッドで開催された一週間にわたる臨床シンポジウムに招待してくれた。私はそこで，彼とジョセフ・リヒテンバーグ（Joseph Lichtenberg）の二人と一緒に仕事をする機会に恵まれた。それは，ケープコッドでその後も続いた夏の楽しい集いの始まりであった。その集いは知的な刺激にあふれており，さらに，私たちが互いに親しくなってからは，家族どうしで楽しむ貴重な機会となった。ひるむことなく自分の思いをはっきりと主張したり，自分の信念を貫徹するアーニーは，私にとって高潔と勇気の鑑になった。私は，彼と夫人のアイナ・ウォルフ（Ina Wolf）が私の能力を信頼してくれたこと，そして二人からのあいも変わらぬ友情に感謝したい。

　多くの人たちが，それぞれのやり方で本書の構想に貢献した。そのすべての人たちの名前を挙げたい。デクシー・ボラス（Dixie Borus），ロバート・ブキャナン（Robert Buchanan），マーク・バーガー（Mark Berger），ヘンリー・エバンス（Henry Evans），バーバラ・ファジャード（Barbara Fajardo），ロバート・ファジャード（Robert Fajardo），ポーラ・ファクア（Paula Fuqua），

ジル・ガードナー（Jill Gardner），アーノルド・ゴールドバーグ（Arnold Goldberg），エリン・グリンバーグ（Elin Greenberg），エレイン・ハッカー（Elaine Hacher），デビッド・ハッカー（David Hacher），チャールズ・クリガーマン（Charles Kligerman），ニコラス・レン（Nicholas Lenn），リタ・レン（Rita Lenn），ジョー・リヒテンバーグ（Joe Lichtenberg），レベッカ・ロンドン（Rebecca London），シェルドン・マイヤーズ（Sheldon Meyers），トマス・パパデス（Thomas Papadis），ブレンダ・ソロモン（Brennda Solomon），フィル・サッス（Phil Suth），ルース・サッス（Ruth Suth），デビッド・ターマン（David Terman），マリアン・トルピン（Marian Tolpin），ポール・トルピン（Paul Tolpin），グローリア・ツロフ（Gloria Turoff），ジム・ウィルソン（Jim Wilson），マーサ・ウッド（Martha Wood），デビッド・ゼバラズ（David Zbaraz），ディーティ・ゼバラズ（Deety Zbaraz）の諸氏にお礼を申しあげたい。私がとくに深謝したいのは，デビッド・ソロモン（David Solomon）である。彼の知恵と知識と勇気は，本書の展開に重要な役割を果たしている。また，私の頼もしい友人のジョナサン・ボラス（Jonathan Borus），マーチン・グリーンバーグ（Martin Grrenberg），およびアンディ・ジョンソン（Andy Johnson）の尽きることのない支持にも感謝している。さらに，本書の索引づくりに専門技術を惜しまなかったレオナード・ローゼンバーム（Leonard Rosenbaum）にも感謝したい。

　著者というものは，一般の読者に向かって書く。しかし書くことは孤独な作業であるために，人は応答という恩恵を受けることなく書くことになる。だが私には，大変ありがたいことに私的な読者がいた。彼らはいずれも多忙であるにもかかわらず，コメントを求める私の期待に，ためらうことなく，驚くほどすみやかに応えてくれた。その読者のジョナサン・ボラス，アーノルド・ゴールドバーグ，マリアン・トルピン，ジム・ウィルソン，そしてアーネスト・ウォルフとアイナ・ウォルフの二人に感謝したい。

　私はまた，コフートの仕事についての徹底的な研究というこのような機会を与えてくれたローレンス・スパーリング（Laurence Spurling）にもお礼をいいたい。彼は私の作業が進むのを辛抱強く待ち，本書がよりいっそうよいものになるような示唆を与えてくれた。シカゴ精神分析研究所に設けられ

ているコフート文庫にも感謝したいと思う。そのおかげでコフートの講義の資料を手にすることができた。また私は，インターナショナル・ユニヴァーシティーズ・プレス社とシカゴ大学出版部から，コフートの著作を直接，引用する許可をいただいたことにも感謝したい。表紙の写真を使用する許可を得るために，多大な努力がなされたことも述べておく。出版社は，版権保有者を突きとめるのに役立つ情報を提供してくれる人から話が聞けたことを喜んだであろう。

　精神分析家の仕事は充実していて満足感のあるものだが，それは私的なものであり，家族とは共有されない。私は，私の仕事は娘には知られることがないという悲しみをしばしば感じた。本書は，そうした事態を解決するすばらしい機会となった。それは，彼女が私の私的な編集者だったからである。私は大きな喜びとともに娘に感謝したい。彼女は本書のために行き届いた貢献を果たしてくれた。彼女の散文のスタイルと感性が，はかり知れないほど本書に加わった。

　前述のとおり，肯定的な雰囲気は心理的な生活の酸素である。その点についていうなら，本書は，そうした雰囲気を提供してくれた妻のルネ Renee との絆がなかったなら，著されることはなかったであろう。彼女は時に応じて，私の編集者であり，秘書であり，擁護者であり，さらに友人であった。彼女に深く感謝している。

　最後になるが，この本は自己対象をめぐるものであるので，もしも私が白い毛の四本足の友人のことに触れなかったなら，きっと私はおのれの注意怠慢を恥じることだろう。その友人は，何時間ものあいだ私を仲間として扱ってくれた——もっとも，ただ一度だけ，私を見放して，迷い込んで庭を横切ったシマリスを追いかけたことがあったが。

　ハチ，ありがとう。

目　次

謝　辞 ……………………………………………………………………… 3
イントロダクション ……………………………………………………… 11
第 1 章　ウィーンからシカゴへ──コフート小伝 ……………………… 19
第 2 章　コフートの思考の古典的な基盤 ………………………………… 37
第 3 章　初期の論文──新しい織物のためのより糸の出現 …………… 67
第 4 章　自己の心理学に向かって ………………………………………… 81
第 5 章　『自己の分析』Ⅰ：理想化された親イマーゴ ………………… 101
第 6 章　『自己の分析』Ⅱ：誇大自己 …………………………………… 121
第 7 章　『自己の修復』Ⅰ：理論における変革 ………………………… 145
第 8 章　『自己の修復』Ⅱ：臨床的考察 ………………………………… 163
第 9 章　症例 Z：その二つの分析 ………………………………………… 193
第 10 章　『自己の治癒』Ⅰ：理論の再考 ……………………………… 209
第 11 章　『自己の治癒』Ⅱ：治癒過程についての再考 ……………… 231
第 12 章　最後の言葉──共感をめぐる思索 …………………………… 253
第 13 章　批判と結論 …………………………………………………… 263
用語集 …………………………………………………………………… 277
コフート年譜 …………………………………………………………… 283
コフートの研究目録 …………………………………………………… 285
文　献 …………………………………………………………………… 295
難解なコフート──訳者あとがきにかえて …………………………… 301

コフートを読む

イントロダクション

　シカゴ精神分析研究所で訓練を受けていたとき，私は自己心理学理論の研修コースに参加した。そのコースはポール・トルピン（Paul Tolpin）とアーネスト・ウォルフ（Ernest Wolf）が講師を務めていたが，あるセッションの折りに，ハインツ・コフートがゲスト講師としてやってきた。私はそのときに彼が嘆いていたことを覚えている。その嘆きというのは，彼が何かを書くときにはいつも可能なかぎり明快になるように苦心したものの，人びとはいまだに彼の論述を誤解しているように見える，というものであった。彼は，無意識的な動機によってそうした誤解のいくつかが生じているのだろうと考えていたが，それよりももっと重大なことは，人びとがもはや自分の書いた物を真剣に読まなくなったように見えていたことであった。コフートの言葉がいまでも鮮明に残っている。彼は，「人びとは私の書いた物にまったく見向きもしない」と語っていた。
　本書の目的は二つある。一つは，読者に，コフート自身の書いたものを読んでみようという気になってほしいということである。そのために，コフート自身の主張や，観察，ふと口にされたコメント，説明，臨床に関する珠玉の言葉を盛り込んでいる。彼の洞察と，自らの考えを伝える際の巧みな表現が，きっと読者の好奇心をそそり，コフートの書いた物をじかに読んでみたいという気持ちに火をつけることであろう。彼の書き物にじかに触れることは努力するだけの価値があると信じているので，本書がそうした努力をされる際の伴侶になり，ガイドになることを願っている。
　ところで，いったいなぜ，精神力動的精神療法を学ぶ者が，精神分析そのものを学ぶ者に向けて著されたコフートの書き物を読まなくてはならないのだろうか。コフートは精神分析家であり，彼が行ったのは精神分析である。また彼の観察は，まぎれもなく精神分析過程を体験した人びとについてのものである。だが，彼の仕事の重要な点は，人びとがどのような治療を求めていようとも，あるいは人びとが治療を受けているかどうかにかかわらず，彼

が観察したのは<u>人そのもの</u>だということである。

　コフートは人の情緒生活の理解に重要な貢献を果たし，またその概念化は情緒状態の理解と取り扱いに関して広く影響を与えている。彼は，自己愛は正常なものであって，固有の発達コースをたどるものだと主張し，自己愛が成熟するにつれて形を成してくる特殊な布置（configurations）に関する理論を構築している。彼は，特別な欲求がこれらの自己愛の布置に関係して現れ，健康な自己が確立されるには人生の早期のそうした欲求の充足が必要であり，さらに，安定して活気のある生産的な自己が維持されるには，生涯にわたってこれらの欲求に絶えず栄養が補給されることが必要である，と教えている。

　私の第二の目標はこの点に関連しているもので，コフートのアイデアを理解しやすく明瞭に提示して，あらゆる立場の精神療法家がその仕事を活性化するために彼の概念を利用できるようにしたいということである。コフートは理論のほかに，精神療法と精神分析の両者に適用可能な，治療場面がもつ意味に関する新たな理解を展開した。私は，コフートのこうした理論や技法が，長期に及ぶ精神力動的精神療法，短期精神療法，カップル・セラピー，学校や聖職者へのコンサルテーション活動においても，精神分析の場合と同様に役立つことを見出している。

　コフートのアイデアがどのように展開して，理論がどのように発展したかを学ぶには，コフートという一人の人間と，その彼が生き，臨床を実践し，著述を行った当時の環境について知っておくことが必要である。コフートは，文化的に豊かなヨーロッパの風土からアメリカに移住した。コフートは，医学教育だけでなく，音楽と文学に関しても古典的な教育を受けていたが，その彼がウィーンからシカゴにやってきたのは25歳のときで，1940年だった。彼はそこで，シカゴ大学の神経学の部門で神経科医としての訓練を受けた。大学では指導者からも仲間からもことのほか優れた臨床家として認められ，その部門を背負って立つものとして嘱望された。ところが彼は，フロイトと同じように，心の働きについて研究するために神経学の分野から離れたのである。彼はシカゴ精神分析研究所で訓練を受け，古典的なフロイト派の理論——当時のアメリカで隆盛を誇っていた精神分析理論——の教育を受けるこ

とになった。

　本書の第1章は，コフートの同僚であり，友人であり，共同研究者であるアーネスト・ウォルフによる「ウィーンからシカゴへ――コフート小伝」というエッセイである。ウルフは，コフートの人となりについて，親しみのこもった，私たちの興味をそそるような描写を提供している。そして，コフートが子どものころに受けた外傷の心理的な影響について，鋭い洞察を提示している。コフートの創造性の源泉と，自己愛への関心の起源をたどり，さらに，コフートのアイデアが，精神分析という学問に対して，とりわけ情緒状態の理解と取り扱いに対して与えた影響について描いている。またウォルフは，コフートが働き，奮闘していた当時の精神分析学界の偏った雰囲気も活写しており，そうした困難な時代にコフートの周りに集った献身的な素晴らしい友人たちのサークルの一幕を私たちに垣間見させてくれる。このようにウォルフはコフートを生きいきと描いて見せてくれており，私はその多大なる貢献に感謝している。

　第2章では，コフートがシカゴ精神分析研究所で担当していたフロイト理論の講義について述べている。いわばフロイトの非凡な生徒であったコフートは，フロイトの思考の起源や長所，欠点について深く認識していた。彼は転向者ではなかったのである。彼が最終的に古典的な理論から離れたのは，フロイト理論への深い理解から生じたことなのである。フロイト理論についてのコフートの講義内容は，私が読んできた他のどのようなものよりも，彼がフロイトの仕事に精通していたことを表していると思う。

　コフートは非凡な教師であった。その講義は優雅な雰囲気があり，整然としていて明快で，はっきりと表現されたものだった。彼はノートを準備せずに語り，さまざまな主題について，魅了されるほど流暢(りゅうちょう)に詳しい説明を行った。私が彼の一連の講義を本書に盛り込んだ理由は，古典的なフロイト理論に関する彼の理解が，その後に彼が行った古典的理論の拡大を分かりやすくするのに役立つからである。

　第3章では，1948年から1960年にかけて発表された彼の初期の論文を考察している。34歳のときに書いた最初の論文は，最終的には統合されて，彼を自己心理学へと導くことになるアイデアの多くのものを宿している。全

体として見れば，初期の諸論文は，コフートの仕事を導き，組織化をはかる原理（organizing principles）を含んでいるということができる。その原理には主要なものとして三つのものがある。つまり，（発生論的観点，力動論的観点，および精神経済論的観点がとくに強調された）フロイトのメタ心理学への関心，自己愛をめぐる問題への関心，および分析状況における資料収集の方法をめぐる認識論的な関心である。コフート自身は，このうちの三番目の認識論的な関心に取り組んだ論文がもっとも重要な貢献だ，としばしば語っていた。

　第4章では，1960年代に統合されていったコフートのアイデアを，順を追って論じている。この時期にコフートは，一連のつながりのある3本の論文，つまり，「精神分析の概念と理論」（Kohut and Seiz, 1963），「自己愛の形態と変容」（Kohut, 1966），および「自己愛パーソナリティ障害の精神分析治療：その系統的アプローチの概略」（Kohut, 1968）を書いた。これらの論文のなかでコフートが展開した仮説は，自己愛には正常な発達過程があり，その発達過程で，特殊な無意識的な自己愛布置が形成されるというものである。そして彼は，ある特殊な精神病理，すなわち自己愛障害への新たな治療的アプローチについて述べている。コフートのアイデアはフロイトの仕事についての深い理解から生まれたものであるが，二人の主張は異なっている。その点についてコフートは，自分のアイデアはフロイトの仕事への追加なのだ，と強調している。二人の仕事は置き換えられるようなものではない，という。コフートは伝統的な分析家のままでいたいと望んでいたものの，フロイトの理論を拡充しようとする彼の努力への批判を予想していた。そこで彼は，自分の仕事を支持するために，科学理論や精神分析理論の進化し続ける性質について言及している。そして1960年代の後半に，彼の重要な著作である『自己の分析』（1971）を書き始めた。私は第4章で，『自己の分析』のなかの序論の部分を取り上げ，論じている。それというのも，その序論が，上記の3つの論文と，第5章，第6章で論じる『自己の分析』とのあいだの橋渡しの役を果たすからである。

　『自己の分析』（1971）のなかでコフートは，それ以前の論文で提示した仮説をくり返し述べており，自己愛がそれに固有の発達ラインを備えているこ

とを強調している。この著作の実質的内容は，正常な自己愛の布置と，それらが特殊な転移の形で現れることについての詳細な描写である。彼は，どのように自己愛が成熟して，早期の幼児的な形態のものから，安定性のある成熟した心理的構造の最終的な確立へといたるのかという点を詳しく述べている。コフートが主張しているのは，心理的に波長の合った養育者の反応が，幼児の健康な自己の形成に貢献するということである。古典的な精神分析の用語を保持して，コフートは，幼児の養育者を対象として言及しているが，これらの対象は，発達途上の自己に対して特別な心理的な機能を提供するものである。そのような対象は自己の一部として体験され，コフートはそうした対象を自己対象と呼ぶ。そして，幼児期の自己対象のつねに不完全な反応がいかに外傷を生み出し，自己愛の布置の正常な発達を中断させるかということを述べている。彼の主張では，失敗する自己対象による反復的な外傷が，形成不全の脆弱な自己の原因なのである。こうした理解にもとづいて，コフートは，自己が障害されている人びとの精神分析への新たな臨床的アプローチを提案する。くり返すことになるが，コフートは精神分析状況での現象を扱っているにもかかわらず，彼が描写している自己愛の布置と，自己対象によって提供される重要な心理的機能は，あらゆる人間に適用されるものである。発達のこれらの原理とその治療的な意味は，精神分析家に役立つのと同じくらい精神力動論的な立場の精神療法家にも役立つ。私自身が治療を行った二人の患者を事例として示したが，それはコフートのアイデアの適用可能性を例証するためである。

　コフートの次の著作『自己の修復』（1977）が論じられるのが，第7章と第8章である。この著作でコフートは，古典的理論と決別し，自己とその発達的な変遷を彼の心理学の中心部に据えている。彼は，情緒的な健康に関して新たな定義を提案し，双極的自己（bipolar self）という新しいモデルを導入した。そしてフロイトの二大本能に関する理論と，その二大本能は人間行動の中心的動因としてのエディプス・コンプレクスのなかに具現されるのだという見解に関して，その妥当性に疑問を投げかけた。彼は，精神分析は自己を考慮に入れた心理学を必要としているのだと熱く論じ，また，そうした心理学が優れた説得力をもつことを証明しようと試みた。『自己の修

復』(1977) は，彼が古典的な欲動－防衛の心理学と呼ぶもの——「精神装置（mental apparatus）」の心理学——からの決別を示すものである。

　私が思うには，コフートがこの時期に古典的理論から決別したことには，二つの出来事が影響を与えていた。第一の出来事は，『自己の分析』(1971) の刊行の直後のことだが，1971 年の秋，コフートは慢性の白血病にかかっていることを知ったのである。第二の出来事は，このことを知ったのと同じころ，『自己の分析』で提出されたアイデアが手厳しく批判されたことである。私の考えでは，早まる死期に向き合わざるを得なかったことと，支持的な友人たちのサークルに恵まれたことで，コフートは精神分析の既成組織からあえて離れる勇気を得て，自分のアイデアと古典的な理論との違いを鮮明に打ち出したのだと思う。

　第 9 章で私は，「症例 Z：その二つの分析」を再検討している。それは，コフートがその学問的な発展の異なった時期に同一の人物に行った二つの分析に関する 1979 年の報告である。最初の分析は，コフートが二大本能論で理論武装していたときに行われた。二度目の分析は，自己を中心に据えた観点から仕事に取り組むようになってからのものである。興味をそそられるこの報告は，彼の新しい理論の優れた有効性をめぐる一連の主張の一部である。

　第 10 章と第 11 章では，死後に出版された，コフートの最後の仕事である『自己の治癒』(1984) が論じられている。それは，アーノルド・ゴールドバーグ（Arnold Goldberg）とポール・ステパンスキー（Paul Stepansky）の共同編集で出版されている。コフートは，この著作を，『自己の修復』が巻き起こした批判に対する彼の考えから書き始めている。彼は，「完全な分析」というアイデアは，現実のことというよりも，古典的な分析家の完全主義的なこだわりに関係した神話なのだ，と示唆する。また彼は，エディプス・コンプレックスを再検討する。次いで彼が考察しているのは，もしも傾聴され深く理解されるという体験は，中立的というよりも意味深い体験なのだという事実から見れば，分析的中立性というのは果たして可能なのか，という問題である。

　『自己の治癒』(1984) の残りの部分は，もっぱら，治癒をもたらす（と彼が信じる）治療過程についての彼の最後の思索に充てられている。そこで彼

は，彼にとって完全だと思える解釈の要素を理解の段階と説明の段階に分け，それぞれの段階の意味，重要性，および効果について論じている。また，伝統的精神分析の主要な技法上の課題，つまり防衛と抵抗の取り扱いに関する彼自身の見解が推敲されている。その後，新たな理解が彼の分析室の雰囲気をどのように変えたかということも述べられている。11章を締めくくるにあたって，私は，私自身の実践例から選んだある精神療法の事例をとり上げて，コフートのアイデアが精神分析の実践だけでなく精神力動的精神療法の実践にも有益であり，適用可能であることを例証している。

　第12章で私は，コフートが存命中に公的な場で語った最後の言葉，つまり「共感について」(1981)と題する講演について考察している。ただしその言葉は，時間的に最後に彼から私たちに届けられた言葉ではない。それというのも，後に遺稿として公表されたものが二つあるからである。その二つというのは，私がすでに言及した『自己の治癒』(1984)と，講演原稿「内省，共感，および精神的健康のセミサークル」(1982)である（後者では，『自己の治癒』と「共感について」の両者で提示されている論点がより深く考察されている）。この章でとり上げるコフートの最後の言葉は，死の3日前の思索である。果たして何を講演で語ったのか。公の場での最後の言葉は，いったいどのような意味があったのか。

　結局のところコフートは，1959年の重要なテーマであった共感にもどったのである。彼が共感に立ち返ったのは，自分の書いた物がひどく誤解されているのではないかと思っていたからである。実際に彼は，共感が誤用されることに多少の責任を感じていたので，書いてきたものを正さなくてはならないという義務感をはっきりと口にしていた。彼はそこで共感をめぐって，痛く感銘を与え，魅了するような即興の議論を展開したのである。その様子が録画されたビデオテープは，シカゴ精神分析協会の図書館に保管されている。それは心に強く響くものであり，一度は視聴するに値する。

　第13章は，コフートの仕事への私の論評である。きっと読者は，本書を読んでいるうちに疑問を抱いたり，議論したくなったり，賛否を論じたくなるかもしれない。だが私としては，コフートのアイデアの発展の足跡をたどっているので，煩雑になってその作業の流れが中断することがないように，私

自身の考えは最終章まで温存することにし，本書のいたるところで湧き起こる私の考えをその都度さし挟むことは控えている。

　さてここで，いよいよ第1章「ウィーンからシカゴへ――コフート小伝」に進もう。

第1章

ウィーンからシカゴへ——コフート小伝

アーネスト・ウォルフ

> 精神分析という，人間科学のなかのこの新しい太陽は，理解する熱と説明する光を放つであろう。
>
> （Kohut, 1973, p.684）

I

　ハインツ・コフートの伝記をつづるにあたって，私としてはまずいくつかの点を断っておきたい。ハインツ・コフートについて書くことは，容易であるともいえるし，きわめて困難であるともいえる。おそらくこのことは，自分の友人の物語について何かを語ろうとするいかなる人間にとっても当てはまることであろう。人が自分自身の経験したことに焦点を合わせ，そこで自分が直接知っていることを手がかりに話していくことは，たやすいことである。そしてそこに，ほどほどの率直さと，客観性を心がけようとする真摯な態度があれば，生きいきとした描写に成功するであろう。しかしそうした描写も，非常に制限された個人的な見解にとどまるものである。ハインツ・コフートは，友人や訓練生に話しかけるのが好きで，どのような話題にも彼の意見を口にした。同時に彼は，私的なことを明かさない，秘密主義的といってよいほどの人間で，自分の過去については一般論で煙に巻いて隠した。そのせいか，現在までに学術的な伝記を公刊した者はだれもいない[訳注1]。そ

訳注1）今日では，コフートの書簡集や，伝記的な研究も出版されており，わが国でも，ストロージャーによる著作が『ハインツ・コフート—その生涯と自己心理学』（羽下大信・富樫公一・富樫真子訳，2011，金剛出版）として出版されている。

れにまた，伝記を公刊するのにふさわしいときでもない。古傷に改めて触れて，ようやくおさまった論争の炎を再燃させるようなときではないのである[訳注2]。したがって，このささやかなエッセイの読者には，20世紀の心理学の偉大な変革者の一人を，あまりにも身近にいたために包括的に描くことが困難な一人の人間による描写によって，ほんの一瞬，垣間見てもらうことで満足していただかなくてはならない。コフートの自己心理学的精神分析の精神に沿って，私は，型にはめるような客観的な判断は避け，コフートと私たちのあいだで展開する相互作用の体験を尊重しようと思う。

　私がハインツ・コフートと出会ったのは，シカゴ精神分析研究所が入居していたあるビルでのことであった。それは，研究所が使っていた二つのフロアーのうちの上のフロアーでエレベーターを待っているときであった。そのとき研究所は古い住所の北ミシガン通りの664番地にあり，私がまだチャールズ・クリガーマン（Charles Kligerman）の分析を受けていたときであったので，1950年代の後半のことであったにちがいない。私たちのグループ（訓練生と患者たち）はそのとき，降りてくるエレベーターを待っていた。そこに，ほっそりとして着こなしがよく，非常にまじめそうな，まだ若くみえる男性が話しかけてきて，私たちがすぐ下のフロアーに行くのか，あるいは地上階まで降りて建物から出るのか，と尋ねた。そして彼は，地上階まで行くのにエレベーターを利用するのはかまわないが，すぐ下のフロアーに降りるだけなら人は階段を利用するであろう，と暗に指示した。私はまごついた。それまで一度もハインツ・コフートに会ったことはなかったが，目の前の男性がだれであるかは見てすぐに分かった。彼が研究所のもっとも優れた教師の一人として評判を得ていることも知っていた。だが私は，「私たちにエレベーターを使用してよいかどうかを告げるこの人物は，いったい何ものなのか」と思った。私には，目の前の男性がとても禁欲的で規律遵守的に見えて，好ましく思えなかった。否定的な意味でとてもドイツ的で，威圧的に見えたの

訳注2）ここで言及されているのは，第9章で取り上げている症例Zの分析をめぐる，実在の症例の分析かコフートの自己分析かという論争と思われる。この点については『ハインツ・コフート―その生涯と自己心理学』において詳しく論じられている。

である。その当時の私は二度目の分析に深く浸っていたが，しかしそれでも，最初の分析家のマックスウェル・ギッテルソン（Maxwell Gitelson）の言葉と沈黙によってこうむった苦しい屈辱感から十分には回復していなかった。

振り返ってみると，コフートに対する私の最初の反応は，二つのことに彩られていた。一つは，ギッテルソンに対する転移のもち越しであり，もう一つは，ヒトラーの支配するドイツから避難してきた人間としてドイツ的なものの一切に抱いた不安と憎しみという本能的な反応である。このドイツ的なもののなかにはオーストリア人も含まれていた。そのころ私は，ヒトラーのドイツにおいてユダヤ人として育った際の苦しかった体験からいまだ十分には立ち直っておらず，なおもドイツ的なものを神経症的に恐れていたのである。私はそのとき，コフートの両親がユダヤ人であることを知らなかった（彼らはユダヤ人の居住区から離れていた）。ハインツと私は後によい友だちになり，さらに，1960年代に自己心理学を学ぶ素晴らしい仲間たちのサークルに加わってからはとくに友情を深めたにもかかわらず，私はもっと後になるまで，彼がユダヤ人の家系であることをまったく知らなかったのである。何年もの時間が経つあいだに，彼のことをよく知るようになったが，私には彼がユダヤ人だとは考えにくかった。ユダヤの文化もユダヤの食べ物もユダヤのジョークも，彼には無縁だったのである。非ユダヤ社会にすっかり溶け込んでいた家庭で育ったコフートは，自分がユダヤ人であるとは思っていなかった。しかしながらナチスのせいで，彼はオーストリアから離れざるを得なくなった。私自身のユダヤ人としての同一性は，私自身にも他の人びとにも疑いの余地はなかったが，しかしそれはそれで，私に深刻な問題をもたらした。つまり私には，ユダヤ人は自らの出自に注意を向けられたくないであろうということが容易には理解できなかったのである。

コフートがシカゴに着いたとき，彼はすでにウィーン大学から学位を授与されていた。シカゴ大学医学部の病院で彼は，リチャード・リヒター（Richard Richter）のもとで神経学の研修を始めた。指導したリヒターはその部門の有名な主任教授であった。そのリヒターの指導を受ける研修医の一人であることは，業績が認められ，たいへん嘱望されているという証しであった。コフートが精神分析研究所の訓練生になるためにそこを離れる際に，友人の何

人かが悲嘆にくれて首を横に振ったというのも，納得できることである。

　コフートは，温かく反応する，思いやりのある人間性のなかに，超然として，貴族趣味的な，清教徒的といっていいほどの厳格な態度が奇妙に混在しているように見えた。私的なことは明かさず，自分を人前にどのようにさらすかということに注意深かった。私は彼のだらしない格好を見たことがない。また私は，公表してもよいと納得するまで彼が書いたものを何度も修正し，編集していたことも知っている。彼は自分の健康には細心の注意を払っていた。晩年の10年間，軽快状態にあったものの，彼が慢性の白血病を患っていたことを知る友人はごくわずかであった。今日のように健康のためのエクササイズやジョギングが大衆化するはるか以前に，彼は，ジョギングどころか，ランニングをしており，週に数度は自分の決めた距離を走っていた。彼はすらりとした体型を維持しようとして食事も節制していた。

　しかしそれでも，ハインツと妻のベティの家庭の夕食は，食通の料理人の手によるたいへんご馳走であった。ハインツは，上等のワインについて詳しかった。夜はいつも，特別なモーゼルワインとともに，食事の前のおしゃべりが始まるのであった。ときにはリビング・ルームのパチパチ燃える暖炉のそばで始まることもあった。食事が始まると，今度は年代物のブルゴーニュワインかボルドーワインが食卓を華やかに賑わした。デザートになると彼は，年代物のソーテルヌワインかシュペートレーゼのラインワインかモーゼルワインを開けていたようであった。ベティは，オーストリアのチョコレートケーキであるザッハー・トルテをおいしく作ることで有名であった。そのケーキは，彼女がだれにも教えていない秘密のレシピにしたがって作られた。しかしことワインに関しては，もっぱらハインツの世界であった。彼は私に，グラスにワインを注ぐときには注意を払って，なみなみと注ぐのではなくグラスのちょうど半分あたりまでにするのがよい，と教えた。あるとき彼は，良き友人であるハインツ・ハルトマン（Heinz Hartmann）から届いた一通の手紙を私に誇らしげに見せた。ちなみに，それはハルトマンからの最後の手紙で，ハルトマンが死ぬ直前につづったものであった。この手紙のなかでハルトマンは，老いに伴う不都合を嘆く一方で，老いていくときには楽しい代償もあるものだと指摘し，口にするワインがますますうまくなると書いてい

た。コフートがワインを熱賛して賞味する様子は，ハインツとベティの家に招かれた私をもくつろがせてくれた。ドイツ西部のラインラントで成長した私は，家での祝祭行事の際に，一杯の良質のラインワインかモーゼルワインを飲むことに親しんでいた。子どものころでも私たちは，ほんの一口くらいワインをすすることを許されていたのである。そうしたワインは，私たち子どもにはけっして好みの味ではなかったにせよ，ある面では温かい家庭の雰囲気そのものを私たちに感じさせるものであった。

　コフート家での夕食は，そのようなものに近いものであった。ハインツは，彼の周りに若い仲間たちを集わせ，彼らと彼の進行中の仕事を定期的に議論していたが，ときには夕食を一緒に楽しむためにも会っていた。ある面では，彼がこうしたグループを形成したのは，次のような体験を味わったからであった。自己愛と自己をめぐる自らのアイデアについて語り，公表し始めたとき，彼は，かつての友人たちや研究仲間，とくにアメリカ精神分析学会の指導的な立場にある者たちによって冷たくあしらわれるという体験に遭遇したのである。私に次のようにいったことがある。何人かの研究仲間は，自分のことをよく知っているにもかかわらず，全国的な会合の際にホテルのロビーで出会ってもいまでは自分を無視する，と。古い友人たちは急変して，見て見ぬふりをし，あいさつしても冷たくそっけない反応しか示さなくなったのである。彼は傷つき，怒りを感じた。その当時のコフートといえば，アメリカ精神分析学会の会長と国際精神分析学会の副会長という要職に就いていた。また，アンナ・フロイト（Anna Freud）とハインツ・ハルトマンを囲むサークルの重要メンバーであり，しばらくのあいだ彼は国際精神分析学会の会長になるものと目されていた。シカゴ精神分析研究所の訓練生たちのあいだでは，彼は理論に関する最高の講義を行い，もっとも興味深い論文を書くことから非常に尊敬されていた。私がまだ訓練生のとき，彼が発表したばかりの「自己愛の形態と変容」（1966）をクラスの仲間たちと議論していたことを思い出す。その論文は，私たちの多くに，精神分析への新たな展望を切り拓いてみせた。ほとんどの訓練生は，彼がその研究所の最善の教師のうちの一人であると思った。精神分析理論についての一連の講義は，この上なく洗練されたものが提供された。私たちは読むべき本を割り当てられ，彼

は，私たちが読んで理解したことにいくつかの質問をすることから講義を始めた。コフートとクラスのメンバーとのあいだで2，3の質問がやりとりされると，彼は，よく椅子から離れて，そこでもち上がったばかりの問題を長々と論じるのであった。そのとき，私たちは座って一心に耳を傾けていたが，その話は，まるで精神分析の難解な理論的ミステリーが私たちに解き明かされるようであった。いったんそうした話題に取りかかると，彼は，（おそらく30分あるいはそれ以上ものあいだ）留まることなく話し続け，途中で遮られることを好まなかった。私は，彼の莫大な知識に魅了されるとともに圧倒された。要するに彼は，私たちのすべての者から，当時の最先端の精神分析の知的な指導者として，つまりミスター精神分析として見なされていたのである。

　それほどの敬意と賞賛のすべてが，自己心理学の出現とともに突如といっていいほど急速に変化した。たとえば，ある学問的な会合でコフートは，フロイトによる精神分析の創出に神経科医のジョゼフ・ブロイアー（Joseph Breuer）とO・アンナが果たした大きな貢献について強調したが，その会合のあと，フロイトにしかるべき賞賛を向けていないという理由から非難を浴び，数週間も経たないうちに，同僚たちの投票によってシカゴ研究所の教育・研修委員会から排除されたのである。彼は専門家の集団から孤立しているように感じ始めた。精神的に彼は，肯定的な応答が必要となったのである。最初の著作『自己の分析』に着手してまもない段階で彼は，各章ができあがるたびにそれを議論するために，興味をもった多くの若い分析家たちと会合をもつことを開始した。私の記憶では，最初，そのグループには，マイケル・バッシュ（Michael Basch），ジョン・ゲド（John Gedo），アーノルド・ゴールドバーグ，デビッド・マーカス（David Marcus），ポール・トルピン，そしてシンシナチに住んでいたポール・オーンスティン（Paul Ornstein）が集っていた。その後，私も加わるように求められ，次いでマリアン・トルピン（Marian Tolpin）とアンナ・オーンスティン（Anna Ornstein）も加わるようになった。

　私は，非凡な才能の，創造的な最終スパートの期間に同席できるという特権に恵まれて，畏れと興奮を味わった。私はハインツ・コフートのことをま

るで現代のフロイトだと思った。そして，私たちの会合を，精神分析の初期にウィーン・グループが水曜日の夜にフロイトの家に集っていたあの水曜会の見事な継承であると思った。その会合の部屋を見回しながら，私は，この人物は現代のアブラハムだ，あの人物は現代のフェレンツィだ，などとよく空想したものである。ジョン・ゲドは私たちのなかで指導的な役割を果たし，コフートともっとも親しいようにも見えた。『自己の分析』が1971年に出版されてからしばらくは，コフートによる公的な講義はなかった。ジョンと私は，彼に講演してもらって公開討論会を行うのはどうだろうかと考えた。それは，あと1年後にコフートが60歳を迎えるころであった。私は，きっと精神分析学界は私たちの企画した行事を祝って彼の栄誉を讃えるであろう，と素朴にも思い込んでいた。当時の私は，「盲人，蛇に怖じず」といってよいほど怖いもの知らずであった。ちょうどそのとき私はシカゴ精神分析協会のプログラム委員会のメンバーであったので，委員会が開かれた際に，協会が，名だたる仲間のハインツ・コフートの生誕60周年を記念してその栄誉を讃えるための学術集会のスポンサーになることを提案した。この提案は，大熱狂で受け入れられることはなかったものの，協会全体の定例会で議題として取り上げられることに決まった。しかし同僚たちが次々に私の提案を非難する声を上げた。実際に，だれかがその誕生日に協会から栄誉を讃えられたという前例はなく，そこで私の提案は，きっぱりと，（いま思うには）当然のことながら拒否されたのである。しかしそれにしても，いったいなぜ私は，協会のメンバーが，彼らが妬んでいるような人物，しかも，彼らの心地よい学問的確信を脅かすアイデアを提唱するような人物の栄誉を讃えたいと望むなどと思ったのだろうか。いま振り返ってみても，私にはよく分からない。

　しかしながら，それでも私はあきらめきれず，仲間の協会メンバーの先見の明のない態度に義憤を感じた。私は，コフートへの熱い心酔に突き動かされて，彼を讃えるための学問的会合を仲間たちと準備することにした。ポール・トルピンと，協会の役員として私たちに便宜を図ってくれたジョージ・ポロック（George Pollock）の二人と力を合わせて，彼の生誕記念カンファレンスを計画するために委員会を立ち上げた（私の妻のアイーナにはたいへ

ん助けられた)。私たちには計画に着手するための資金が必要であったので，私は個人的に動いて，10人余りの友人に1人およそ150ドルの貸し付けを頼んだ。うまくいけば，カンファレンスの後に払いもどせるであろうという見込みもあった。私たちは，学術的な発表と懇親会のためにある地方のホテルを予約した。そして，内容的に高度なプログラムをヨーロッパならびに北米の発表者たちと一緒に計画した。ハインツは，そのプログラムを計画する際に積極的な役割を果たした。私は招待した人たちの全員を思い出すことはできないし，彼らが何を話したかも思い出せないが，しかし彼らのなかに次のような顔ぶれがそろっていた。プリンストン大学からやって来て，フロイトが暮らしたウィーンについて語った歴史家のカール・ショースキー（Carl Schorske），スイスの精神分析家であり，人類学者であるのポール・パリン（Paul Parin），ニューヨークからやって来て，精神分析理論について話したローレンス・フリードマン（Lawrence Friedman），芸術と精神分析を論じたメアリー・ゲド（Mary Gedo），ドイツにおいて精神分析が戦後，復活した際の立役者であるフランクフルトのアレクサンダー・ミッチャーリッヒ（Alexander Mischerlich）といった人たちである。ジョン・ゲドは懇親会で彼らに賛辞を送った。コフート生誕記念カンファレンスは，学術的にも，私個人にとっても大成功をおさめた。友人や研究仲間からなる600人近い人びとが，世界中から出席した(訳注3)。ルネ・スピッツ（Rene Spitz）もデンバーから来ていたし，A・フロイトは，出席できなかったものの，ロンドンから心のこもった祝辞を送ってくれた。彼女は名誉発起人の一人であったが，名誉発起人のなかにはシカゴ市長のリチャード・ダレイ（Richard Daley）もいた。仲間から貸し付けてもらっていた資金を払いもどした後も，カンファレンスの収支は黒字となり，その剰余金は研究所に寄付された。

　コフート夫妻は，A・フロイトとの温かな友好的関係を保っていた。A・フロイトは，シカゴを訪れたときにはよくハインツとベティの家に滞在した。そうした滞在のあるとき，ベティが，A・フロイトのつけていた琥珀のネッ

訳注3）この会合はいわば自己心理学会の旗揚げとなり，その後，定期的に学会が開始されることになる。

クレスを見て，素晴らしいと讃えた．A・フロイトは，滞在の最後の日にコフート夫妻に別れを告げようとしたときにネックレスを外して，それをプレゼントとしてベティの首にかけたのであった．その後も，ハインツが『自己の分析』の原稿のコピーをロンドンのA・フロイトに送ったときには，彼女から，少し微妙な点もあったものの勇気づけてくれる返事を受け取った．この友情関係は，コフートの理論的な変革によって生じた緊張を乗り越えて続いた（それは，K・R・アイスラー（K.R.Eissler）[訳注4]の場合と同様であった）．誕生日や祝祭日にはしばしば贈り物を交換していたが，しかし時が経つにつれて，精神分析のことやハインツのいっそうの学問的貢献が二人のあいだで話題に上ることはなくなった．彼の研究に言及することは，親しい友人たちのあいだではタブーになってしまったのである．

　何十年も前にアイスラー夫妻がシカゴにいたとき，ハインツはルース・アイスラー（Ruth Eissler）の分析を受けたが，それ以前に最初の分析をウィーンでアウグスト・アイヒホルン（August Aichhorn）から受けている．彼はいつもアイヒホルンについて熱心に話した．私が若いころに書いた自己心理学的な論文の一つである「雰囲気と禁欲」を1976年に発表したとき，私はいわばほうびとしてハインツからあるものを贈られるという幸運に恵まれた．それは，アイヒホルンと並んで座っている非常に若いころのコフートの写真であった．写真の裏には，「ハインツよりアーネストへ，1976年10月」という日付の前に，「1937年，アイヒホルンと並んで——たくさんの楽しい雰囲気とわずかな禁欲」と書かれていた．『反抗する若者』を著したアイヒホルンは，ごく初期のころの分析家の一人で，若者の反抗についてよく理解できたので，それをうまく扱えた分析家であった．アイヒホルンは若者たちを治療するときに，彼らが彼を理想化することを促し，次いでこの強い理想化転移を，精神療法的な影響力を行使する際の手段として用いた．コフートは，理想化転移の重要性をめぐるコフート自身のアイデアのあるものをアイ

訳注4）コフートの最初の分析家のアウグスト・アイヒホルンに分析を受けた分析家で，A・フロイトやH・ハルトマンらの時代にともに活躍した．本文で後述されるようにその妻のルース・アイスラーにコフートはシカゴで分析を受けた．

ヒホルンとの交流から引き出したのではないか，といつも私は思っていた——もちろん，いうまでもなくコフートは理想化転移を操作するのではなく，分析していたのだが．コフートは，彼自身がアイヒホルンから受けた治療に関してある逸話を語っていた．子どものころのハインツは，とても礼儀正しい「よい子」であったが，分析においてはその「よい子ぶり」がどうやらアイヒホルンに耐えがたいいら立ちを引き起こしてしまい，アイヒホルンはとうとう我慢できなくなって，「ハインツ，君にいくらかでも非行少年の血を分けてあげられたらいいのだが」といってしまったのである．ついでにいうなら，コフートは私にはいっさい語らなかったが，じつはマーガレット・マーラー（Margaret Mahler）もアイヒホルンの被分析者，つまり患者であった．その彼女もまた，後に精神分析の指導者になり，変革者になった．

　コフートはフロイトがウィーンを離れようとしていたのを耳にして，ウィーン駅に向かい，そこで手を振って別れを告げた．それに対してフロイトは，軽く帽子を取ってコフートに返礼した．それはコフートがフロイトに会った唯一の機会であったと考えられるが，彼はこのことを話すのを好んでいた．私が思うには，コフートはフロイトのしぐさのなかに，光り輝いていたものが消え去る様子を象徴的に感じたのであった．フロイトがウィーンを離れた後の1938年のあるとき，コフートもウィーンを離れた．1年ほどイギリスに滞在した後に，彼はシカゴにやって来た．そこでよき友人のジークムント・レヴァリエ（Siegmund Levarie）に元気づけられた．その友人は，当時シカゴ大学にいた音楽研究家であった．コフートは音楽を大いに楽しみ，シカゴ交響楽団のコンサートやオペラに足しげく通った．彼の父親は，コンサート演奏家として身を立てることを考えていた優れたピアニストであったが，第一次世界大戦の際の兵役が，その音楽家としての野心を断ち切ってしまった．ハインツが音楽を好み，音楽に熱中していたことは，私たちにはよく知られていた．ある機会に，私たち（若手の仲間グループ）は，バッハの声楽曲の完全録音盤のレコードを彼に贈った．彼はその後，毎晩それを1枚ずつ取り出して聴いた．

　コフートのアイデアは，彼と同世代の精神分析家たちのほとんどから冷たく拒否されたものの，若い精神分析家のあいだや分析的な立場の精神療法家

のあいだでは，自己心理学への関心が一気に高まる兆しが見られた。コフートは，彼の理論的な著作は（そこには症例の抜粋が十分には盛り込まれているものの）もっと詳しい説得力のある症例集によって例証されることが必要である，と思った。彼を取り巻くサークルにいた私たちのいずれもが，臨床経験を蓄積しつつあった。ジョン・ゲドのリーダーシップのもとで私たちは一致団結して，症例の詳しい報告と，自己心理学という新たな観点からの徹底的な討論からなる本を書くことにした。私たちは，研究所でコフートと定期的に会うことを決め，そこで彼にも参加してもらって私たちのケースを論じ合った。それは，私たちの全員にとってユニークでこの上なく貴重な学習体験となった。それぞれのケースが，長い時間をかけて論じられた。それは，やがてでき上がる症例集のなかにできるかぎりそれらを盛り込むためであった。だが，もっとも身近な仲間から徹底的に検討されることは，楽しい体験ではなく，グループのなかに多少なりとも緊張をもたらした。これらの緊張は，通常はコフートの総括的なコメントで消えていったが，しかしあるとき，緊張の解消が不可能なことが起こった。その結果，ジョン・ゲドがそのグループから抜けてしまった。しかし症例集を出版する計画は，アーノルド・ゴールドバーグの精力的なリーダーシップのもとで続行され，『自己の心理学：症例集』（1978）というタイトルのもとで出版された。

　コフートの晩年の 10 年は，仕事上の満足と，身体的不調による苦悩との両者によって特徴づけられるものであった。自己心理学会の第 1 回大会は，1978 年にシカゴで開催されたが，それは，参加登録者が 500 人を超えるほどの盛況であった。この第 1 回大会は，高い水準の学術プログラムからなっており，毎年，開催されている自己心理学会定期大会の原型となった。いまこの原稿を書いている私は，1995 年の 10 月にサンフランシスコで開催される第 18 回定期大会を待ち遠しく思っている。ハインツは，1981 年に 68 歳で亡くなるまで積極的に大会に参加していた。バークレーで行われた自己心理学会第 4 回大会での講演からわずか 3 日後にシカゴで息を引き取った。その講演が最後の言葉となった。

　人は，コフートの独創性の源泉と，その独創性が自己愛への関心に最終的に収束していったことについて，その過去を振り返ってあれこれと思いをめ

ぐらせるであろう。私の推測では，彼の創造性は，彼の萌芽的な自己の凝集性を脅かしたいくつかの愛情遮断への代償的な反応であったと思う。一つの重大な愛情遮断は，世界大戦のあいだ父親が不在であったことである。私は彼の父親が兵役に出ていた正確な時期を知らないが，コフートは1913年の3月に生まれている。コフートの父親にとっては，その戦争はピアノ演奏家としての彼のキャリアを破局的に妨害したものであった。私たちは父親の抑うつについて容易に想像することができる。また，戦争から帰還した父親に息子が幻滅したことについても，容易に想像がつく。というのも，父親は兵役に出ていたあいだ，息子によって遠くから賞賛されていたヒーローだったからである。その父親の音楽への関心は，何十年もの後に，コフートが友人のレバリィエと一緒に書いたきわめて独創的な音楽関連の論文のいくつかに反映されることになった。

　幼いハインツは，母親とは親密であり，長らくそうした状態は続いた。しかし，彼が私にときおり口にしたいくつかの体験談から私が感じたことを述べるなら，母親は彼にとっては少し冷やかな女性で，彼女自身の社会的な生活にあまりにもかまけて，ハインツの世話を使用人や家庭教師に任せていたようである。私の推測では，両親は，上流階級の人びとのなかに溶け込みたいという願いを含む社会的な野心を抱いていたにちがいない。私たちはいまでは，哲学者・ヴィトゲンシュタインの一家などが地域の文化への同化を驚くほどうまく成し遂げたことを知っているが，私は，コフートの一家も同じようなことを目指していたのではないかと思う（新たに同化した集団において個人の創造性が驚くほど花開くことは，おそらく一つの自己主張，すなわち個人の根源的資質，野心，および理想の表現なのであろう。そうした自己主張は，それまでの同一性の自己支持的な側面をかつて同化していた古い集団に属するものとして放棄しなくてはならなかったことを代償するものである）。

　ハインツは一人っ子であった。それに関して彼が不満を漏らしていたことを私は聞いたことがある。彼は同世代の子どもたちから孤立し，そのことが，社会になじむ体験を彼から奪ったというのである。彼は公立学校には通わされず，家庭教師によって個人指導を受けた。そうしたことが，後に（さらに

成人になってからも），大勢のなかでリラックスすることを困難にした。だが彼は，まちがいなく，体験していたいかなる心地悪さも隠すことができるようであった。
　以上のことから，ハインツの幼児期において，重大な心理的外傷が持続していたであろう，と推測できる。さらにまた，青年期の後半から初期の成人期にかけては，オーストリアの若者がどんどんナチスの党員になっていった結果，非ユダヤ系の友人たちとのサークルからいきなり引き離されるという外傷もあった。分析のためにアイヒホルンに会っていたときの彼は，悩み深き青年であったにちがいない。
　コフートを私たちが知っているような人物へと発達させたこれらの要素はさておいて，いったい何が，「ミスター精神分析」として確立された立場をかなぐり捨てて，精神分析的自己心理学の創始者となるようにコフートを動かしたのか。この点に関して，コフート自身は，次のような被分析者たちについて書いている。彼らは，コフートに対して，エディプス・コンプレクスについての紋きり的な解釈をやめるように促し，彼らの話に本当に耳を傾けるように伝えたのであった。これとは別の促進要因は，アメリカ精神分析学会の会長としての体験であった。彼は，尊敬していた仲間たちの保身的な政治的画策に遭遇したようであった。そのことが，政治を動かす自己愛について学ぶ機会となり，また，よく分析されたかに見えた分析家たちのなかに残存する，自己愛的性格障害の未分析の部分に関するよりよい精神分析的理解への探究を彼に促したのである。
　私が思うには，コフートの周りに形成された，彼よりも若い仲間たちのサークルは，明確にはならなかったもののコフートには感知されていたその萌芽的な思索に影響を与えた（そのグループにはゲド，ゴールドバーグ，バッシュ，ポール・オースティンとアンナ・オースティン，ポール・トルピンとマリアン・トルピン，および私自身がいた）。だからといって，コフートが彼についてきた者たちからアイデアを得たわけではない。彼が必要としていたのは，おそらく肯定的な調和した反響が得られる共鳴板であった。こうしたこともあって，コフートから選ばれたグループのメンバーは，彼の話を聞き，彼の書いたものを読むという特権に恵まれた。いわば，彼らはコフートの研究か

ら生まれ育ったようなものである。しかしながら，グループの討論では，彼のあるアイデアには熱い反応が起こり，他のアイデアにはそれほどでもないという事態は避けられないものであった。また，メンバーのある者たちは臨床的なアイデアのほうに反応し，他の者たちは大胆な理論的な変革のほうに引きつけられた。ただ，彼のアイデアに対して懐疑的になっても，それらを公然と拒否するものはだれ一人としていなかった。それというのも，驚くほどの知識を開示し，臨床資料をみごとに解釈し直し，さらに異端に近い思考を大胆にも発揮する指導者の門下生になることは，私たちのすべてにとってたいへんな満足と興奮をもたらす体験だったからである。私たちは全員が，当時シカゴ精神分析研究所の訓練コースを終えたばかりの修了生であったが，遠慮なくいわせてもらうなら，あまたの修了生のなかでも最良の輩(やから)であった。私たちはハインツ・コフートを賞賛し，自らの創造性を高めつつあった彼によい自己対象体験を提供したのである。

II

　はたして私たちに，コフートのような巨人が精神分析や私たち自身に及ぼした影響を評価することができるのだろうか。いうまでもなく私は，この点について公平でいることはできないし，またそうである必要もない。精神分析における今日の論争の熱い温度を考えれば，おそらく，先入観にとらわれずに公平になることなど不可能であろう。私の先入観の一つは，医学的な伝統と私の医者としての訓練から生じている。つまり私は，正確に理論的定式化をはかることよりも癒すことにはるかに価値を置いているのである。そうした優先順位をめぐる重大な判断こそが，私と多くの仲間との違い，さらにはフロイトとの違いをもたらしている。フロイトは一人の医者であることを嫌い，科学的な知識——とくに精神分析的方法によって獲得される知識——の進歩のほうを治療的な野心よりも優先させた。フロイトを読み始め，シカゴ精神分析研究所の訓練生になったとき，私は多少とも意識的にフロイトの価値体系を取り入れた。しかし私は，分析的な仕事で得られた治療成果に大いに満足することなどなかった。たしかに，たいていの患者がよくなり，お

そらく彼らの3分の2もしくは4分の3の者が顕著な改善を示した。それは悪い治療成績ではなく，他の専門的治療の結果と比較しても遜色ない。しかしそれでも私は，いつも次のように思っていた。つまり，患者たちが，彼らの潜在能力だと私が期待しているものに従って行動することに失敗したときに，それを「抵抗だ」とか「分析可能性が不足しているのだ」というのは，あまりにも安易な解決法ではないか，と。

　ハインツ・コフートはそうした解決策を選ばなかった。彼の患者の一人，エディプス的な精神病理が明らかであったある女性は，エディプス的な転移に対する解釈に，コフートの期待するような形では反応しなかった。何度もそうした解釈が行われたが，いずれの場合も患者は拒否した。そこでコフートは自問自答する。抵抗なのか，だが臨床資料と理論はぴったりと合っている。ではそもそも分析不可能なケースなのか，と。最終的にコフートがたどり着いたのは，患者が語っていることを聴くことであり，素直に共感的に聴くことであり，目の前の患者が患者自身の内面で体験していることについて聴くことであった。こうして，自己心理学が生まれたのである。最終的にコフートは，何に価値を置くべきであるかという点を明確することができた。共感という価値のほうが，真実という価値よりも上位にあるというのである。私は，彼がそのように話すのを最初に聞いたとき，深いショックを受けた。そして私がその意味を真に理解するまでに，長い時間を費やした。コフートは真実の価値を軽視していたわけではなく，科学が何百年もかけて成し遂げたものを無視していたわけでもない。ここで，コフートの言葉を引用させていただきたい。それは，60歳の誕生日を記念して1973年の3月に開かれた祝賀会での講演の一部である。

　　…いまや私は一般原則をひとまず置いておいて，特異な変化を明らかにしなくてはならない。それは，精神分析の将来において起こるかもしれないと私が確信している，価値の序列における変化である。来たる世代の分析家たちは，フロイトの理念のかずかずを十分に統合することによって，人間に関する科学のあらゆる部門に潜む価値の序列における変化を先導することができるであろう。おそらくそれは，強調点を次のよ

うに移行させることで成し遂げられる。つまり，真実と現実に道徳的価値を置くことから，共感を理念に据えることに，換言すれば，明晰な洞察力と妥協のない理性を誇ることから，科学的にコントロールされつつ広がりゆく自己を誇ることに強調点を移行させることである。…科学的な共感——そして他者に向けて架けられるこの科学的共感という橋が拡大され，強化されること——が，最上位の理想になるであろう。

(Kohut, 1973, pp.676-98)

　精神分析はいつも，私たちの道徳的価値の優先順位を更新するような変革的な企てを必然的に伴う。フロイトは精神分析を定義する際に，共感の重要な役割をはっきりと理解していたのかどうか分からないが，精神分析というものは，その資料収集の方法によって，すなわち共感によって領域が決定される分野なのである。フロイトは，その全著作においてせいぜい10カ所を越える程度にしか共感について語っていないが，しかしそれでも彼は，脚注で次のように語った——「（自我と対象の相互関係をめぐって）理解を進めていく方向は，同一化から，模倣を経て，共感に向かう。つまり最後は，他者の精神生活に少しでも向かうような心的態度を取ることを私たちに可能にするメカニズムについて理解することである」（Freud, 1921, p.110f）。もともとのドイツ語での記述はもっと明瞭であり，共感がないならば他者の精神生活についての見解など起こりえない，と表現している。この脚注は，コフートにとって精神分析の中心的な方法となった共感について，すでにフロイトが明確に認めていること示す貴重な言及である。しかしそのフロイトにとっても，共感は，フロイトが行う推測や解釈のなかに暗に含まれるものでしかない。コフートによって，資料収集の際に共感が関与することが，資料を精神分析的なものにする必須条件だと明白に仮定されたことで,必然的に，人間の内的な生活に関するどのような理論化においても自己が中心に据えられるようになったのである。コフートの考えでは，自己を中心にした理論こそが精神分析であり，フロイトによって開始された精神分析の変革を前進させるものである。ここで述べた，（暗にではなく）明白に共感的であるスタンスこそが，もっとも長いあいだ私に影響を与えており，私を自己心理学者

にしているもっとも重要な要素となった。

　では，自己心理学が精神分析に与えた影響は何だろうか。私の見解では，コフートの思考と臨床実践は，精神分析における，主としてフロイト以後に生じていた歪曲を修正したのである。それまで，その歪曲によって，人間科学の営みは機械的，非人間的な学問体系に変貌してしまい，その体系としての自我心理学は，もはや，同時代の科学や哲学とは相容れないものになっていたのである。もしも私たちが検討の対象を限定して，アメリカ精神分析学会の認定資格をもつ分析家によって実践されている活動にしぼるならば，私たちは，彼らの技法へのコフートの影響をどのように評価できるであろうか。おそらくほとんどの分析家は，もはや，「標準技法」と呼ばれるものを，私や私の同世代の分析家の大半が 30 年から 40 年前にかけて行っていたようなやり方では実践してはいないであろう。その当時の長い沈黙や，有害なまでに非応答的あるいは対立的な介入は，その大部分が過去のものとなっていると思う。その当時は知られていなかった，鏡転移とか理想化転移といった自己対象転移に対する解釈は，いまではほとんどの分析家によって準備されている治療戦術の一部となってきた。しかし自己心理学についての総合的な理解は，いまもなお，将来の世代の分析家たちによって成し遂げられなくてはならない課題として残る。リビドーと本能欲動という観点から実践された何年にもわたる作業で身につけたものを忘れることはなかなかできないし，自動的にイド，自我，および超自我という観点から考える習慣を放棄することはむつかしいものである。現にほとんどの分析家たちは，いまだに言葉による解釈の機能はそもそも何なのかという点を理解していない。その機能は，洞察をもたらすという目的のために情報を伝えることではなく，分析的な二者関係のなかの治療潜在力を喚起し，体験させることなのである。そうした体験は，ときには認知的側面を伴うことがあり，被分析者はそれを言語化できるかもしれない。しかし私たちは，力動的な変化にラベルを貼るのにふさわしい言葉を学習しなくても，機能の改善という基準に照らせばうまく分析された元被分析者たちがいることも知っている。彼らは多くの意識的な洞察を伴うことがなくても治癒的な分析を体験したのだといってよいであろう。最後にいいたいのは，次のような元患者がいることである。彼らは非常に多

くの洞察を獲得して，意識的，無意識的な力動に関して治療で学んだことを詳しく私たちに話すことができるが，しかし精神的機能状態が，苦心して獲得した知識のすべてを駆使しても改善されなかった人たちである。私たちは，彼らについても，うまく分析されたのだといってよいのだろうか。

　もちろん私は，伝統的な様式で分析作業を行っている仲間たちの反応を承知している。おそらく彼らは，私たちの作業を本当の精神分析ではないと片づけるであろう。だが一方では，精神療法としては優れたものだと認めるかもしれない。あるいはもしかすると，私の判断はまちがっており，伝統的なアプローチについての私の見解が，遠い過去への私の固着によって歪められている可能性もある。私が伝統的な実践だとして理解したものは，じつは，他の分析家たちの治療室で今日，実際に行なわれている実践とは異なったその風刺版にすぎないかもしれない。私にはっきりといえることは，私の治療室の雰囲気が，ハインツ・コフートとそのアイデアに触れてからの何十年ものあいだに変化したということである。コフートと同様に私もまた，精神分析の将来について非常に楽観的である。自己心理学関係のカンファレンスやセミナーにおける内容に反映されているように，アメリカにおいても海外においても，指導する側の関心や知識や知的洗練度は確実に増している。こうした理由から，次のように期待してよいかもしれない。将来の精神分析家は，精神分析的思考の（自己心理学を含む）さまざまな主流学派のすべてにおいて訓練の機会が得られ，それらのすべてに親しむことになるであろう。さらに精神分析は，人間の研究に関わるありとあらゆる学問分野からやってくる，心の健康に携わるすべての専門家にとって，基礎的な学問と言語になるであろう。

第 2 章

コフートの思考の古典的な基盤

　ハインツ・コフートのアイデアの全貌を理解するためには，精神分析家も精神療法家も，古典的なフロイト理論を理解しなくてはならない。それというのも，そもそもコフートが学び，統合し，最終的に拡大していったのがフロイト理論だからである。そこで私は，コフートという先駆的に思索した人物の学問的基盤が古典的なフロイト理論であることを示そうと思うが，そのために私は，彼がシカゴ精神分析研究所で講師を務めたフロイト理論に関する講義について論じる。私のこの試みによって，教師としてのコフートのあり方を垣間見てもらいたいものである。もちろん，彼のカリスマ性について述べるためではないので，彼の素の振る舞いや博学ぶりは省略されるであろう。私としては，彼の教師としての優れた資質を証明した，明晰で秩序立っていて体系な様子が示されることを願っている。

　本章でこれから述べることのすべてが，二年間の講義の共同講師を務めたフィリップ・ザイツ（Phillip Seiz）博士が集めた多彩な覚え書きにもとづいている。その覚え書きは公表されていないが，シカゴ精神分析研究所のコフート文庫に保管されている（「コフートの未発表の講義記録」については，Kohut and Seiz〔1960〕を参照されたい）。なお私は，本書を学ぶうえで役立てていただくために巻末に用語集を載せた。

一年目の講義

イントロダクション

　コフートが教えた二年間のコースは，1958 年から 1960 年代の後半にかけて実施された。彼はそのコースを，精神分析における理論形成の発展的な性

質を強調することから始めた。その導入的なコメントのなかで，フロイトの仕事をめぐるコフート自身の議論が，フロイトの時代からずっと続いている精神分析的思考の進歩によって彩られたものになるであろうと強調する。コフートのこの最初の話は，あいも変わらず確信的にフロイトの仕事を信奉していた，当時の多くの北米の精神分析家の教条主義的な態度に対する一つの反応である。そのころは，ほとんどすべての論文がフロイトの著作の引用から始まるのであった。そうした引用は，引用後の論述を権威づけようと意図された儀式であった。変化を提案するアイデアは逸脱として扱われ，フロイト理論と異なる革新的な提案は，しばしば提案者の無意識が解釈されるという憂き目に遭った。コフートはその講義で教え始めたときには彼自身の理論を公式には展開していなかったので，彼のこの最初の話は，彼自身の新たなアイデアのための準備をする試みではない。それはむしろ，学ぶ者たちに開かれた科学的態度を求める一人の教師の声であった。

　コフートの主張に従うと，分析理論は固定した知識体系ではなく（分析の世界にはそうしたものが散見されるが），実際は，絶えず変化を受けてきたものである。彼は，精神分析理論の発展的性質を示す格好の例としてフロイトの理論的進化を挙げる。そして，フロイトが時間をかけて心の新しいモデルを発展させ，古いアイデアを捨てていったことに言及する。

精神分析の歴史

　コフートは導入的な陳述に続いて，精神分析の歴史について振り返る。彼は，精神分析がその誕生から三つの段階をたどったことに言及する。精神分析の第一期は，19世紀の最後の10年のある時に始まったが，それは，精神分析の最初の患者であったO・アンナが，治療のためにフロイトの仲間のジョゼフ・ブロイアー（Joseph Breuer）のもとに来ていた時期である。ブロイアーは，二人の関係が彼にとってあまりにも激しいものになったために，O・アンナから退いてしまい，そこで彼女はフロイトの患者になった。彼女は，いまでは自由連想法と呼ばれる方法の考案のきっかけになったことで知られる。そのきっかけは，彼女が自分の連想の自由な流れを邪魔しないでほしいとフロイトに告げたときであった。フロイトはこのときから始まる第一期の

あいだに基本的なアイデアを発展させたが，それは 1920 年まで続いた。コフートの一年目の講義は精神分析のこの第一期を中心に行われ，イド，自我，無意識，および幼児性欲の話が主なものであった。一年目の講義の期間，コフートは，フロイトのアイデアのいかなるものも拡大することなく，フロイトの基本的概念を教えている。精神分析の第二期と第三期は，コフートの二年目の講義の話題となっている。

　精神分析の第二期（1920 年から 1937 年までの期間）は，構造論的な観点への関心が支配的になった時期である。その観点は，フロイトが「自我とイド」(1923) のなかで提示した三極構造モデル（tripartite model）によって具体的に示された。精神分析のこの第二期は，イド－自我－超自我という三極構造とその三極の相互関係に関する研究によって特徴づけられるものであった。

　精神分析の第三期は，1937 年から、1958 年にコフートが彼の講義を始めた時点までの期間である。コフートはその第三期について論じるなかで，精神分析の関心が自我に集中したことに言及する。この時期が自我心理学の時代で，自我がそれ自体一つの構造として研究され，自我の諸機能と防衛が主要な関心となったのである。

秩序づける方法的原理（ordering principles）

　コフートは，歴史に関する彼の概略的な見解を述べた後，フロイトの複雑な心理学にどのように分け入っていくかという方法論的な問題に取り組む。この問題に対するコフートのアプローチは，迷路のような心理的資料をいかに秩序づけるかというやっかいな課題に直面したフロイトが，五つの秩序づける方法的原理をどのように発展させたかということを示すことであった。私たちは，これらのうちの四つの原理についてのコフートの説明を詳しく追っていくことになるが，その結果，コフートからじかに学んだ訓練生のように，ついでにいえばフロイトのように，私たちにも，目の前にある臨床資料を秩序づける手段が手に入るであろう。コフートは，フロイトの，秩序づける五つの方法的原理を挙げる。

①さまざまな水準で機能する精神機能が階層を形成しているという観点
②力動論的観点（the dynamic point of view）
③局所論的観点（the topographic of view）
④経済論的観点（the economic point of view）
⑤発生論的観点（the genetic point of view）

　コフートは講義のこの段階では構造論を省略しているが，それというのも，一年目の講義で取り上げられたのは，フロイトが構造論を発展させる以前のものであるからである。

力動論的観点
　コフートは，まず「力動論的観点」から論じていく。その理由は，力動的な見方によって，フロイト心理学の中心的な概念に取り組み，それを論じることが可能になるからだという。その中心的な概念というのは，意識的な思考には利用できない心のある部分が，願望や，記憶，空想，心理的な禁止などといった心理的現象をつかさどるというものである。フロイトの仮定では，そうした心理的現象のあるものは，対象に向かう強烈な力を備えている（対象というのは人びとを指すためにフロイトが用いた用語である）。フロイトは図式的モデルを用いて，内的な力をベクトルで描写し，それぞれの力が心の内部で衝突する様子を表現した。対立する力の衝突という概念はフロイト理論において重要な要素であるが，それというのも，フロイトは心には生得的な葛藤傾向があると考えていたからである。

　コフートは，フロイトのあの天賦の才能を讃える。フロイトといえども内的世界をじかに見る能力などもちろん備えていないが，しかしフロイトにはその内的世界を概念化する能力があった。コフートは，フロイト理論の本質が，心理的な原動力は意識的な思考には利用できないという主張にある，と強調する。フロイト理論では，心理的な原動力は，フロイトが無意識系（the System Unconscious）と呼ぶ心の領域の内部に収められている。無意識系の内容は，突き動かす力（driving force）として人に体験されるものとみな

され，実際にフロイトは，精神的内容を「欲動（drives）」の表現として言及した。

葛藤は，コフートが訓練と教育を行っていたときには北アメリカの精神分析家のあいだではことのほか重要な中心的アイデアであったので，私はこの概念を論じるために，コフートの講義からほんの少し脇道にそれたい。葛藤概念は，コフートのもともとの思考の背景にあった概念である。それはまた，彼が最終的にそこから解き放たれた概念である。

葛藤概念の起源を理解するために私たちが知っていなくてはならないことは，フロイトの時代に隆盛していた科学的な理論と言語が，フロイト心理学で用いられるメタファーに及ぼした影響である。フロイトは，その新しくて革命的な学問を信憑性の高いものにするために，生物学と物理学という既成の科学から言語と概念を借りたのであった。物理学からは，機械力学と流体力学の諸概念を取り入れた。フロイトは，心というものを，各種の力を処理する機械装置として概念化した。彼に従うと，これらの力はエネルギーを有しており，装置のなかでまるで流動体のように振る舞う。エネルギーがその流れを阻止されると，それは，放出を迫る圧力を生み出す。フロイトは，彼が想定した精神装置が，このエネルギーを取り扱う際の精巧な方法について考えたのであった。

フロイトは，エネルギーの起源を説明するために生物学的な概念を取り入れた。フロイトの『夢解釈』（1900）が世に出る41年前の1859年，ダーウィンは，有機体はそれ自身とそれ自身の種を保存しようとすると仮定した。フロイトは，この生物学的な仮定を適用して，二種類の本能が人間の行動のエネルギーと動機づけを提供すると推測した。フロイトにとっては，性的本能は種を保存し，攻撃的本能は自らを保存するものであった。

コフートは最終的に，精神分析という学問に生物学的な原理が割り込むことに批判的になっていった。そして，ついに彼が感じるようになったのは，生物学的なアイデアは精神分析的な営みにそぐわないということであり，またそうしたアイデアは，精神分析を実際の人間の体験からかなりかけ離れたものにしてしまう過った推測をもたらすということであった。このことは，彼がその人生と仕事を重ねるにつれてますます強調されるようになった主張

である。

　フロイトが，本能が人間の体験を動機づけると仮定して以来，その理論は本能論あるいは欲動論として言及される。この二つの用語は同義であり，いずれも動機づけの生物学的な起源をほのめかすものである。フロイトは，欲動と結びついていると確信したエネルギーについて述べるために「リビドー」という新しい言葉を造った。そこで彼は二種類のリビドーを提案する（ときにはただ単にリビドーとして言及されることもある）。性的リビドーと，攻撃的リビドーである。フロイトは，欲動のあからさま表出は文明社会の維持に反すると主張した。『文明とその不快』（1930）のなかで，彼は文化が性的欲動と攻撃的欲動の表現をどのように禁止しているかという点について述べている。これらの禁止が，人びとが共に生きることを可能にするのだが，しかしフロイトがいうには，文化に属している人間は，社会との調和を獲得するために神経症的な苦しみという犠牲を払うのである。その神経症的な苦しみは，表出を求める欲動と，内在化された禁止との葛藤の結果なのである。心は自らを守るために，禁止された欲動を意識することに対して防衛を確立する。欲動と禁止のあいだのこうした緊張を理解することが，フロイトの心理学を理解するうえで重要なことである。この葛藤概念を念頭に入れて，コフートの講義にもどろう。

局所論

　フロイトは無意識系の存在について気づいたことで，もう一つの秩序づける原理について考えるようになった。それが局所論的観点である。それは，心を空間的な層からなるものとして描写するものである。この空間的な層を考えるなかでフロイトは，図 2-1 に示されているように，心は次の三層からなるものとして考えた。

　　①意識系：もっとも表面にある層であり，その内容は意識されている
　　②前意識系：中間にある層であり，上記の意識的な層に出入りするとともに，下記の無意識的な層に出入りする
　　③無意識系：もっとも深い層であり，その内容は意識的な層には出入

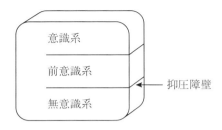

図 2-1　心に関するフロイトの局所論モデル

りしない

　フロイトは、こうした見解を局所論モデルと呼び、それを用いて、ある組織（系）が別の組織（系）に影響を及ぼす様子を示した。コフートは、このモデルが力動的な性質をもつことと、その力動的な性質がある組織と別の組織の関係をうまく説明することに言及する。たとえば、このモデルによって、夢、言い損ない、および物忘れは、ある組織（無意識系）が別の組織（前意識系）に侵入した結果として生じることが説明できるのである。フロイトは、そうした無意識系の前意識系への侵入に「転移」という名前を与えた。
　コフートは、転移という用語がひどく誤解され、誤用されるようになった事実に注意を促す。転移は時を経て、治療者に対する患者の関係のある側面を描写するようになった。コフートは、それを「技法論における転移（technical transference）」と呼び、それはフロイト（1905b）がもっと後に展開した特殊な形態の転移であることに言及する。コフートは、転移の定義については、フロイトのもともとの厳密な定義、つまり無意識系の前意識系への侵入であるという定義のほうを選ぶ。
　フロイトは、無意識系と前意識系の特性を描き出す心理学を発展させた。そして、その心理学を「メタ心理学（metapsychology）」と呼んだが、それというのも、その心理学は当時の主流であった心理学による単なる現象学的描写を越えるものであったからである。フロイトのメタ心理学は特殊な言語を有しているが、コフートは、フロイトのそうしたメタ心理学的な言語を正

確に紹介することに骨身を惜しまない。彼はそれぞれの用語を明確に定義し，それらを適切な文脈で繰り返し用いる。それぞれの用語を最初はある立場から見ていき，次いで別の立場から見ていくが，それは，さながら外国語の教師のように，学ぶ者が新しい用語の本質的な含意を把握したと彼に確実に感じられるまで続くのである。

　コフートは，心とその機能様式をめぐるフロイトの概念を明らかにしようとして，無意識系と前意識系を詳しく検討する。とくに彼は，それぞれの系のなかの機能的な過程を検討する。彼がフロイトのモデルに接近する様子は，まるで，エンジンの各パーツがどのように独立しつつ相互に関連しながら機能するのかを知るために，それらをじっと眺めているかのようである。フロイトは，それぞれの系の内部の過程に名前をつけた。無意識系の過程は「一次過程」と名づけられ，前意識系の過程は「二次過程」と名づけられた。フロイトの仮定では，前意識系の二次過程に従う思考は合理的なものであり，そのおかげで，目覚めている状態では思考や発言はまとまったものとなるのである。対照的に，一次過程は非合理的であり，それが，夢における思考をもたらすのである。夢のなかでは，日中の論理のルールが適用されず，あるものが別のものを表象し，不可能なことが可能になり，矛盾があっても問題にならない。一次過程に従う思考は無意識系のなかで起こるために，それは意識されることはなく，推測によってのみ知ることができる。そうした推測は，一次過程が二次過程のなかに，その両者を分け隔てる障壁（barrier）を物ともしないほどの力で侵入する場合に，可能になる。また，巧妙な心理的なトリックが，分け隔てる障壁を「だます」ときにも可能になる。

　このトリックの背後のメカニズムは，禁止された無意識的な願望は無意味な内容物に付着するというフロイトの仮説のなかに示されている。フロイトに従うと，無意味な内容物は「日中の残余物（day residues）」からなっており，無意味に見える性質こそが，日中の残余物を，無意識的願望が障壁を越えて前意識系に転移される際の最適な媒体にするのである。日中の残余物は，あの，敵を欺くためのトロイの木馬のように振る舞う。それらは，脅威となる願望が前意識系に侵入することを阻止する「検閲官」をだますのである。フロイトは，こうした検閲官のような機能を実行する障壁を「抑圧障壁」と呼

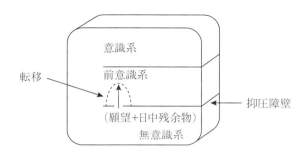

図 2-2　無意識系の前意識系への侵入としての転移

んだ。

　図2-2は，一次過程が抑圧障壁を越えて二次過程に侵入する様子を示している。こうした転移のメカニズムが，言い損ない，夢，および神経症の症状をもたらすとされる。

　コフートは転移のこうした定義を繰り返し述べ，強調する。それが彼にとって重要なのは，それによって二つの状況の区別が可能になるからである。つまり，分析家との関係が転移を表わしている状況と，分析家との関係がそれ以外の特徴を表現している状況との区別である。コフートは，転移に関するフロイトの定義を臨床状況に適用し，そこで彼は，分析家は患者の生活において「現実的な」意味をもたないために，このうえなく転移対象としてふさわしいものになるのだと指摘する。コフートは，分析家は患者にとって日中の残余物のようなものであると示唆するのである。彼は次のようにいっている――「もしも分析家が患者にとって，支えたり助けたりする人，友人，あるいは欲求を満たしてくれる人になってしまうならば，分析家は，転移対象として容易に利用されることはないであろう」（1960，p.14）。

　コフートはフロイトのアイデアを推敲するために局所論的観点を用いる。葛藤がフロイトの理論の中心的な概念であることを思い出してほしい。フロイトに従うと，葛藤は一つの系の内部に存在するのではなく，二つの系のあいだに存在するものである。コフートは，こうした系のあいだの葛藤をもたらす種子が，無意識系のなかに埋め込まれていることについて述べ，幼児性

欲，すなわち成人の性欲とは異なる，幼児のなかに引き起こされる粘膜刺激による快感が，そうした種子の一つであることに言及する。フロイトに従うと，原始的な性的本能に起源をもつ幼児性欲は，即座の満足を求める願望として体験される一群の激しい快感追求的な欲動として無意識系の内部に存在する。即座の満足を促す圧力が，無意識系を支配する原理であるとされ，フロイトはそれを「快感原則」と呼んだ。

　コフートは一次過程の願望充足的な性質を強調する。そして，この重要な概念についての了解は，個人の体験が個人の精神的世界の中心部を構成していることを理解することで得られるのだと主張し，内的な体験が精神的現実を決定することをくり返し強調する。コフートは，二つの系の力動的な関係についても強調するが，しかし，無意識系の特別な内容についての推敲は別の講義に委ねており，この講義では，無意識系の内容について，包括的に「無意識的な願望，欲動，および衝動」として言及するのみである。しかしながら，私たちの議論のために，私としては，無意識系の仮定された内容について簡潔にそのあらましを述べておきたい。

　フロイトの理論によると，性的本能と攻撃的本能は，異性の親との近親相姦的な関係を求める幼児的な願望と，ライバルとなった同性の親を殺したいという願望を通じて表現される。これらの願望の自覚は激しい不安を生み出すが，それは，そうした願望が，ライバルとなった親から報復されるという空想をもたらすからである。無意識的な殺人願望および近親相姦願望と，報復される恐怖とからなる布置が，フロイトの理論の中核を占める心的状況，すなわちエディプス状況を構成する。

　フロイトは無意識系の願望について述べるとき，いつも決まって性的願望と攻撃的願望について言及した。フロイトにとって性的願望と攻撃的願望は，いわば葛藤の種子であった。前述のように，それらが，怒った親から報復を受けるという空想上の脅威をもたらすのである。男の子にとっては，報復は父親によって去勢されるという形を取る。その一方，（理論に従うとすでに去勢されていると体験している）女の子にとっては，母親によって見捨てられる恐怖がもたらされる。フロイトによると，報復をめぐる不安はあまりにも激しいので，無意識的な願望の前意識系への侵入から心を保護するために

防衛機制が作動する。外的世界における活動が危険なものとして体験されるのは，それが性的本能と攻撃的本能に無意識的に結びついているからである。自己主張は心理的には危険なことであり，制限されなくてはならない。その結果，防衛機制は，外的世界における活動を妨げる広範囲な行動制限という形で現れる。

　フロイトの主張によると，あらゆる活動（歩く，見る，話す，考える，書くなど）が性的本能の表現として始まる。制限なく正常に機能するためには，活動は，葛藤を誘発する性的願望に執着していてはならない。つまり，前意識系の二次過程は，活動を脱性愛化された状態（desexualized）に保たなくてはならない。活動がふたたび性愛化された状態になると，それらの活動は，無意識的な願望の派生物を媒介することになる。そうなると，精神装置は防衛を立ち上げる。こうしたことは，しばしば活動の制限となって現れる。そうした例の一つは，成功が目前となった作家が体験する書字障害である。フロイトは，禁止された願望をめぐる罪悪感を説明する精神的機関を当初はまだ概念化していなかった。そうした機関の概念化は，彼が「自我とイド」(1923)において超自我という概念を示すまで待たれなくてはならなかった。

　コフートが次に扱うのが，情緒的な成熟に関するフロイトの概念である。フロイトによると，成熟しつつある幼児が直面する課題は，幻覚として体験される願望と，願望の現実的な満足体験とを区別する能力を発達させることである。フロイトが主張したのは，「最適の欲求不満」が願望と現実との分化をもたらすということであった。最適の欲求不満は，幼児が願望の満足の前に待たされる時間を体験することである。待たされる体験を通じて幼児は，願望を満たすためには積極的な手段が講じられなければならないと理解するようになる。コフートによれば，フロイトが示唆したのは，<u>最適</u>の欲求不満，すなわち，外傷的になるほど激しいものではなく，また意味がないほど微小でもない欲求不満を通じてのみ，願望が現実から区別され得るということである。フロイトは，現実を理解して，満足を遅らせる能力を「現実原則」と呼んだ。その原則は，二次過程に従う思考の特性とされた。それは，前意識系のなかで働き，一次過程，つまり願望が現れるやいなやその願望充足をはかろうとする無意識系の快感原則とは異なった働きをする。

最適の欲求不満をめぐるコフートの議論は，自己愛の問題への早い時期からの鋭い感性にもとづいている。彼は訓練生たちに次のように教えている。

> もしも幼児があまりにも甘やかされるなら（つまり最適の欲求不満とはいえないなら），幼児は並はずれた自己愛あるいは全能感を保持するようになるが，それと同時に，それに見合った実際の技術を欠くために劣等感を感じる。同様に，過剰な欲求不満の体験は，無意識系が前意識系に分化していくことを困難にするし，またこの種の体験は，全能だという自己愛的な空想を存続させる。
>
> (Kohut and Seiz, 1960, p.20)

このときすでにコフートは，自己愛を発達的な文脈で概念化している。彼は次のように主張している——「甘やかされる人間のなかには，一次過程に従う全能幻想（omnipotence delusions）への固着が見出されるが，それは単なる防衛的な過剰代償ではない」(1960, p.19)。さらに，発達上の欠損によって生じる自己愛的な全能感について考えをめぐらし，そうした全能感に関する彼の理解を，1950年代から1960年代にかけて主流であった精神分析的理解から，つまり自己愛的な全能感を防衛だとみなす考えから区別する。最終的にコフートは，自己愛に固有の発達ラインを概念化することになる。

フロイトは，その心理学が葛藤心理学であったために，二つの系（無意識系と前意識系）を相対立するものとして描写する言語を発展させた。そのフロイトの用語を用いながらコフートは，注意深く二つの系のそれぞれの性質と特徴をまとめている。コフートが教えるところでは，一次過程，快感原則，願望充足，幼児性欲，および幼児的攻撃性は，すべてが無意識系の重要部分であり，無意識系と同義といってよいものである。その一方，二次過程，現実原則，および合理的思考は，すべてが前意識系の重要部分であり，前意識系と同義といってよいものである。

コフートは，二つの葛藤し合う系について描写し，次のように説明する——「もしも無意識系から前意識系にいたる連続体について考えるのであれば，人はそこで，一次過程から二次過程への，また快感原則から現実原則へ

の漸進的な変化についても考えてよいかもしれない」(1960, p.20)。彼は，無意識系を理解するうえで重要な鍵となると考えているものについて，次のようにいう。

> 情緒的に至難の技だが，快感原則を理解する際に人が発揮しなくてはならないのは，フロイトが行ったように，原始的な無意識系には，満たされる願望のほかには何も含まれていないということを想像する能力である。精神のこの原始的な層のなかにあるものの一切が，幻覚なのである。
> (Kohut and Seiz, 1960, p.20)

コフートは局所論モデルについての彼の理解を次のようにまとめる。

> 二つの水準の精神的機能状態がある。つまり前意識系と無意識系である。それらは互いが直接，結びつくことはなく，それぞれのあいだに障壁がある。…最適の欲求不満は，無意識系の前意識系への分化，一次過程の二次過程への分化を最大限もたらし，…過剰あるいは過小な欲求不満は，無意識的－全能的－快感原則－幼児性欲の充足－一次過程という特性系列からなる機能状態への固着をもたらす。
> (Kohut and Seiz, 1960, p.21)

精神経済論

　コフートは次に精神経済論に移るが，その観点は彼にとって特別に関心のあるものである。私が思うには，それは彼の理論的な抽象と臨床的体験のあいだを橋渡しするものである。コフートは，激しい情緒を体験しつつもそれを損なわずに保つ心の能力に重大な関心を向け，扱いにくい情緒によって砕かれてしまう心の傾向を敏感に感じ取る。彼が鋭く洞察していることは，こうした傾向が相対的なものであり，外傷的な情緒の性質や，その発達上の時期，外傷が生じた時点における心の相対的な強さ，および外傷を受けた個人が生きていた環境によって決まるということである。精神経済論的な観点は，情緒の取り扱いや緊張の調節に関わる問題に言及するものである。それは，

無意識系の特殊な内容に焦点を当てるのではなく，むしろ，感情の強さや情緒状態の特質に焦点を当てる。外傷は精神経済論的観点の中心的な概念であるが，その外傷は，自らのバランスを維持する心の能力を情緒が圧倒するときに起こる。コフートが教えるところでは，外傷は，ある出来事の内容そのものよりも，その出来事にまつわる情緒の強度に関わるものである。外傷は心の性質および成熟度と相対的な関係にある。外傷のタイミングが重要になるが，それというのも，外傷の強度は，新しく形成されていた外傷時の構造の脆弱性に依存しているからである。このことは，幼児期においても，分析の過程においてもいえる。コフートは次のようにいう。

> 未熟な傷つきやすい自我は，過剰に刺激にさらされやすく，したがって外傷を受けやすいであろう。自我が未熟で傷つきやすく過剰に刺激を受けやすいうえに，早期幼児期の一次過程が強力である事実が，発達早期にじつに多くの刺激障壁（原初の抑圧）が生じる理由である。外傷はいつも，そのときどきの成熟度（未熟度）に関係している。
> （Kohut and Seitz, 1960, p.22）

彼の見解では，外傷は個人の体験に関係するものなので，客観的に定義することはできない。こうした観点に立つと，外傷は，外傷を受けた個人からの報告を通じてか，あるいは外傷状態への観察者の共感的な没入を通じてのみ，観察者に知ることができる。ここにはっきりと示されている共感の強調は，その後，彼の臨床的な探索方法にとっての基本的態度となる（1959）。

コフートはフロイトの局所論モデルにもどり，外傷体験を用いてその局所論モデルがどのように役立つかを示す。彼がいうには，外傷体験は前意識系に統合されることが不可能であるが，その理由は，外傷の強烈さは取り扱いが困難であり，無意識系のなかに閉じ込めておかなくてはならないからである。取り扱いが困難な強烈さを，その質に関わらず無意識系に閉じ込めておくことが，いわゆる「抑圧」である。

コフートは，講義でそれまでに教えた用語を用いて，外傷と抑圧の概念をさらに推敲する。彼は一次過程と二次過程の精神経済論について述べ，正常

な環境のもとでは二次過程が一次過程を抑制することについて説明する。彼によると，二次過程が少量のエネルギーを扱うのに対して，一次過程は大量のエネルギーを扱う。その大量のエネルギーの源は，即座の満足を求める快感追求的な（無意識系に収まっている）幼児的願望の残留物である。幼児的な性的願望は，外傷をもたらすために二次過程に統合されることが不可能である。統合される代わりに，それらは抑圧の力によって隔離され，未修正のまま無意識系のなかに置いておかれる。

発生論

　発生論的観点は，コフートによって特定の心の形態を説明するために用いられた。コフートは，発生論は精神分析の本質を体現していると感じていた。人はこの観点から，個人の人生におけるパターンの起源について推測し，また発達史の文脈のなかに特定の心の形態と内容を位置づけるのである。

　コフートはフロイトに異議も唱えたが，それは，フロイトが，精神に及ぼす環境の影響に関心を払わなくなり，欲動を精神装置のなかの唯一の動機づけの源泉として概念化したことに向けられたものであった。コフートは彼自身の臨床体験から，環境は実際には幼児の発達と能力に影響を与えると感じていた。しかしながら，精神に及ぼす環境の影響へのコフートの関心は，北アメリカの精神分析の主流派によって手厳しい批判の的となった。そうした批判者は，環境に関心を向けたコフートを精神分析家というよりも心理学者のように振る舞っていると告発した。批判者は，本物の精神分析家はもっぱら無意識的な内的問題に関心を向けるものだ，と主張した。しかしながらこうした批判は，コフートの見解への誤解にもとづいていた。それというのも，コフートが強調したように，彼の関心の焦点は環境にあったのではなく，環境をめぐる<u>体験</u>と，環境が幼児期の発達途上の精神構造に及ぼす（健康的な，あるいは有害な）影響にあったからである。

症状形成

　講義のこの段階でコフートは，フロイトのメタ心理学的言語を明確にし，臨床資料を整理し，秩序づけるための方法的原理（観点）を呈示することを

終えた。ここまでの予備的な作業をもとにして，彼は次に症状形成を論じる。症状形成をどのように考えるかは，フロイトの初期の研究の主要課題であった。

神経症の症状形成

　コフートはこの問題の議論をフロイトのアイデアから始める。フロイトは，神経症の症状は実際には転移現象（最初に定義された転移）であると考えた。つまり，前意識系に侵入する恐れのある，無意識系の何かの結果であると考えたのである。神経症の症状は，夢の形成に似ているとされた。

　フロイトは，外的な世界が無意識系の内容に影響を与えるというアイデアを拒否したにもかかわらず，神経症の症状形成は現実にもとづく欲求不満から始まると主張した。愛情が得られないための失望，仕事上の失敗，失職，重い病気などの出来事は，症状形成の過程を引き起こす。フロイトの主張では，現実の欲求不満が神経症の症状を直接もたらすことはないにもかかわらず，症状形成に不可欠な第一歩である。フロイトに従うと，心は欲求不満に反応して白昼夢という前意識的な活動を強める。その白昼夢についてコフートは以下のように主張する。それが限定されていて弾力的であるときには，現実による打撃を和らげる健康な試みである。白昼夢は自我のための自我による退行なのであり，その退行のなかで人は，欲求不満をもたらす苦痛な現実から遠ざかり，以前の妨害されていない状態を空想のなかで復元する方向に進む。かならず現実にもどらなくてはならないが，白昼夢は現実にもどる前にひと息つくいわば幕間の時間なのである。フロイトは，こうした白昼夢の状態を「顕在性の退行（manifest regression）」と呼んだ。しかしながら，神経症の症状形成においては，この復元的な試みは失敗しており，退行の過程はその後も続いて，フロイトのいう「固有の退行」となる。

　ここで，リビドーは性的本能と攻撃的本能に付着しているエネルギーだということを思い起こそう。成熟した段階から発達のより早期の時点への後退を意味する固有の退行を説明するために，フロイトは，それと，移動中の軍隊による部隊配備との類似性を描いた。彼は以下のように言及する。軍隊が前進するときには，小競り合いの地帯に少数の部隊を残しておく。もしも競

り合いがきわめて小規模なら，ほんのわずかな人数の部隊を残し，もしも競り合いが大規模であれば，攻撃を受けやすい陣地を守るために大人数の部隊を残す。したがって，軍隊はつねに兵士を減らしながら前進することになり，そして最終的に敵の圧倒的な戦力に遭遇したときには，自軍の戦力の多くを残していた地域まで退却する。フロイトの示唆によると，軍隊の動きと同様に，リビドーがその発達の経路に沿って前進しているときでも，リビドーの少量はより早期の固着点に残されているのである。早期の発達段階で外傷を体験した人びとにとっては，かなりの大量のリビドーが固着点に残されたままである。フロイトはそこで，そうした人びとは健康的な顕在性の退行を体験する能力が弱まっており，固有の退行のなかに退却する傾向があると仮定した。

固有の退行においては，リビドーが早期の固着点に一気に後退することで，休眠状態にあった幼児期の近親相姦にまつわる感情が蘇る。現在の人びとや現実に対する関心は低下し，幼児期の無意識的な近親相姦的な愛情への退行的な関心が復活する。欲求不満に遭遇するまでは，無意識的な近親相姦的な愛情に対して，均衡を保とうとする抑圧の力が対抗している。だが，拮抗状態で均衡が保たれていた上からの力と下からの力は，下からの力が圧倒的に強まって，その均衡を失う。前意識系は，無意識系からの内容の侵入によって脅かされる。経済的なバランスがくつがえされ，症状形成過程の第四段階，つまり「抑圧されていた対象リビドー」の増大という段階が始まるのである。フロイトは，この経済的な不均衡を「現実神経症（actual neurosis）」と呼び，それが神経症の核であると考えた。

現実神経症は精神経済論的な概念である。現実神経症は力の不均衡の結果であり，その不均衡によって「第二の系」の前意識系は安定を脅かされ，崩壊不安が起こるのである。神経症の症状形成は，前意識系をこの不安から守ろうとする心の試みなのである。たとえ神経症の症状が除去されても，背後の葛藤が解決されていなければ不安が復活するであろう。もしも神経症の症状が居座っているなら，不安は追いやられたままであろう。

症状形成過程の最後の段階は妥協形成である。フロイトの主張では，症状の形態は，禁止された無意識的な欲動とそれと対立する無意識的な力のあいだの妥協産物である。こうした妥協は前意識系のなかで起こり，実際の臨床

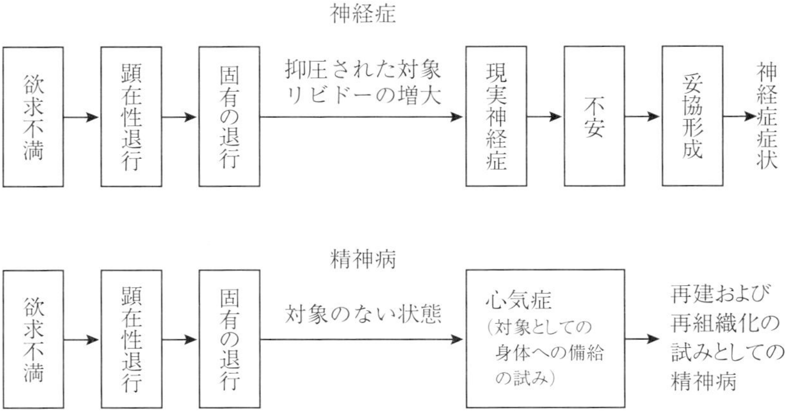

```
                                    神経症
┌────┐  ┌──────┐  ┌────┐  抑圧された対象  ┌──────┐  ┌──┐  ┌──────┐  神経
│欲求│→│顕在性│→│固有│  リビドーの増大  │現実神│→│不│→│妥協形│  症症
│不満│  │退行  │  │の退行│ ─────────→ │経症  │  │安│  │成    │  状
└────┘  └──────┘  └────┘                └──────┘  └──┘  └──────┘

                                    精神病
                                              ┌──────────┐
┌────┐  ┌──────┐  ┌────┐  対象のない状態  │心気症    │  再建および
│欲求│→│顕在性│→│固有│ ─────────→  │(対象として│  再組織化の
│不満│  │退行  │  │の退行│                │の身体への │  試みとしての
└────┘  └──────┘  └────┘                │備給の試み)│  精神病
                                              └──────────┘
```

図 2-3　神経症および精神病の症状形成についてのフロイトの図式

症状をもたらす。古典的な制止症状（inhibitions）を伴うエディプス的な恐怖症（oedipal phobias）は妥協形成の典型例である。図 2-3 の上段の図は、神経症の症状形成に関するフロイトの図式をコフートが提示したものである。

精神病の症状形成

　コフートが示唆するには、フロイトの初期の関心は神経症の症状形成にあったが、最終的にフロイトは、コフートのいう「より深い水準の精神病理」により関心を向けるようになった。そうした病理に関するコフート自身の特別な感受性は、精神病における症状形成についての彼の議論に現れている。フロイトを引用しながらコフートは、精神病の症状形成における退行が、神経症の症状形成における退行の場合と同じ事象系列から始まることに言及する。その症状形成過程は欲求不満によって開始され、その次に顕在性の退行が続く。しかしながら精神病の場合には、退行の過程が、固有の退行の段階で神経症とは異なった方向に向かう。その様子は図 2-3 の下段の図に示したとおりである。

　神経症を特徴づける、幼児期の近親相姦的な対象への退行とは異なって、精神病における退行は、対象へのリビドーの付着を含まない、対象が成立す

る以前の状態（pre-object state）に向かう。それは，対象との無意識的な結びつきが失われている状態である。コフートは対象との結びつきの特質を強調して，次のようにいう――「ロビンソン・クルーソーでさえも，彼しだいで対象を体験する感覚をもつことができる。それというのも，対象についての体験は基本的には内的な体験であるからだ」（1960, p.38）。コフートは，対象が存在しない固着点への退行はパーソナリティを脅かすことに言及する。その理由は，対象との内的な結びつきが欠けると，無の感覚，破滅の感覚，さらには宙をさまようような感覚が生じるからだという。

　フロイトの示唆に従うと，この深い退行は心気症にいたる。それは，リビドーが対象を探し求めるものの，何も見つからず，そのために身体をその対象としてみなす状態である。そうした精神病的な退行のなかにいる個人には，身体はバラバラになっているように感じられ，世界は消え去りつつあるように見える。コフートの見解では，失われているのは身体でも外的な世界でもなく，対象の内的な核である。無意識的な対象の喪失が，対象が成立する以前の自体愛的，自己愛的な緊張をもたらすのである。身体がバラバラに壊れるという妄想，ならびに世界が終末に近づいているという妄想は，内的な世界が崩壊しているという感覚の表現である。心気症は，精神病的な個人が対象の不在状態をめぐる体験を言葉にしようとする試みである。コフートは精神病的状態を次のように述べる。

　　　この状態はじつに苦痛な状態である。その理由は，自我の健康な残余部分が，自らの均衡や，自らの構造，自らの内的対象を失っていることを観察するからである。経験を積むなかでスキゾイド性格の人物は，自らを壁で仕切ることで，彼らに特有の痛みから自分を守ろうとする。彼らの傷つきやすさを知っており，もしも彼らが人びとと接触して傷つくならば，対象不在の自己愛的，自体愛的な状態――それは彼らの残りの自我にとってじつに苦痛である――に退行してしまうことを知っている。
　　　　　　　　　　　　　　　　　　　　　（Kohut and Seiz, 1960, p.39）

　耐えがたい自己愛的緊張を弱めようと努力するなかで，精神病の個人は無

意識的な内的対象と接触しようと試みる。この再建的な努力は，結果的に精神病の症状形成に終わる。彼らの新造語の創出は，そうした再建の試みの一例ではあるが，しかしその試みは失敗する運命にある。というのも，ひとたび無意識的な対象がリビドーの投資を失った時点で，無意識系（一次過程）のなかの対象と，前意識系（二次過程）におけるその言語表象との結びつきがもはや存在しなくなるからである。結果として，言葉それ自体が対象として見なされる。言葉はもはや，象徴的な結合という機能を果たすものではなくなり，それ自体がもてあそばれ，愛されるものになる。新造語は，言葉という前意識的な象徴と結びつこうとする試みが失敗している結果である。

コフートは，精神病の症状形成を，対象との接触を再獲得しようとする，多少なりとも健康的な試みとして理解する。彼は，精神病の症状を，圧倒的な精神経済的な不均衡を何とかするために利用可能なもっとも手っ取り早い努力としてその価値を認めるのである。彼のそうした考えは精神病理の理解における微妙な変化を表しており，北アメリカの精神分析家たちのあいだで当時，主流であった考えと著しく対照的であった。コフートは精神病の症状を修復的な反応として考えることで，そうした症状は無意識的な幼児的欲動およびその派生物を明るみに出すうえでの障害物なのだという見解から離れていく。

恐怖症

コフートが次に扱う症状は恐怖症である。彼がいうには，エディプス的な恐怖症が神経症の核を構成するのに対して，前エディプス的な恐怖症は精神病の核である。それというのも，前エディプス的な恐怖症においては欲動への支配が未発達で，いまだ安定していないからである。この点について彼は，彼がよく取り上げる問題，つまり新しい構造の脆弱性について触れる。すでに見てきたように，コフートが思うには，新たに形成された構造は，いまだ安定した形では確立されておらず，心の組織のなかに統合されていないために，外傷に陥りやすいということである。外傷は，構造の情緒処理能力と相対的な関係にあるのである。

コフートが前エディプス的な恐怖症の例として挙げるのは，蜂のブンブン

という羽音におびえる二歳の幼児である。彼は，その子のおびえの背後には，支配できない欲動が，新たに獲得された防衛を突き破ることへの恐れがあると説明する。防衛が突破されるという脅威は，欲動を支配するための技能がまだしっかりとは確立されていないために生じるという。支配できない欲動は，外界に（この幼児の場合には蜂のブンブンという羽音に）投影され，次いで危険なものとして体験されるのである。コフートは次のように示唆する――「そうしたときに幼児は，そばの親に落ち着かせてもらう必要があり，また欲動が確実に支配できるという安心感を得る必要がある」（1960, p.43）。フロイトはもっぱら内的な世界に焦点を当て，発達途上の幼児に対する環境の影響を排除した。しかしコフートは，親は幼児のために，幼児にはない機能を提供するのだ，と理解している。コフートは最終的に，こうした理解を自己対象概念へと発展させることになった。自己対象概念については，第4章と第5章で論じられる。

　コフートが好むやり方は，同じような顕在的現象を呈しながらも，起源の時期が発達的に違うために意味の異なる精神的現象を比較し，対比させることである。彼はこうしたやり方を神経症的な恐怖症と精神病的な恐怖症を論じる際にも用いて，一方の神経症的な恐怖症においては，禁止された欲動派生物が抑圧障壁を越えてしまい，もう一方の前エディプス的な恐怖症では，不安定で崩れかねない自我によって投影が行われる，と区別するのである。

　コフートは，症状形成に関する議論を閉じるにあたって，以下の点を述べる。第一に，精神病的な妄想は，外傷を受けた個人によって形成される，対象の不在状態の体験をめぐる幻想（theories）である。第二に，心気症の症状は，外傷を受け，孤立している個人によって形成される，身体体験をめぐる幻想である。第三に，幼児の前エディプス的な恐怖症は，不安を喚起する欲動をめぐる幻想である。

　コフートと訓練生たちは，一年目の講義の残った時間をフロイトの『夢解釈』（1900）の第7章に取り組んだ。私はそこでの議論をたどることは控えたい。それというのも，その本質はすでに扱われてきたし，また残りの時間で補足的に取り上げられたことが，フロイト理論についての理解や，コフートのアイデアの展開に関する理解を深めるわけではないからである。しかし

ある講義の際にコフートは，ある訓練生の質問に反応して，彼が後に展開するアイデアを明かしている。コフートが快感原則について論じていたときに訓練生が発した質問，つまり「純粋快感自我（purified pleasure ego）とは何ですか」という質問に答えて，コフートは以下のように応じている。

> 発達途上の精神が，かき乱されないように自らを守るための方策の一つは，快的な自己愛的状態に入ることである。つまり，不快なものはすべて外部に属するものにして，快的なものはすべて自己に属するものにすることである。この方策が用いられるときには，精神は自己と非自己のあいだですでに分化を始めている。すなわち，自我は快的なもののすべてを自己の一部であると主張しようとし，不快なものを非自己あるいは外部のものとして区別しようとしているのである。支配するとか，所有するといったことは，存在することからまだ分化していない。後に，自己愛的な状態がもっとかき乱されるようなことがあると，親に全能性という特性が付与されるであろう。さらに後になると，親に投影されたこうした自己愛のあるものが，超自我のなかの自我理想と呼ばれる部分を形成するために幼児によって再取り入れされるであろう。
> 　　　　　　　　　　　　　　　（Kohut and Seitz, 1960, p.75）

訓練生に対するコフートのこの反応は，自己心理学へとよりいっそう展開していくアイデアの種子を宿している。私たちはこれから，これらのアイデアを彼がどのように推敲したかを見ていきたい。そのなかには，誇大自己の概念，理想化の発達的な軌道，変容性内在化を通じた構造の安定化，および気高い超自我の形成が含まれている。

二年目の講義

精神分析の歴史の第一段階を支配していたのは局所論モデルであったが，その第二段階と，コフートの二年目の講義は，おもに1923年にフロイトが導入した構造論に関係している。精神分析的思考のこの段階は，精神が自我，

イド，および超自我という三つの構造に区別されることを強調する。コフートが考えるところでは，この第二の理論的段階は，フロイトが転移の研究から離れて，自己愛（自己へのリビドー投資）と精神病に関心を向けたことから展開した。

　コフートの示唆によると，フロイトが自己愛と精神病において見出したのは，明快な（しかし限界のある）局所論モデルを用いたところで説明できない一連の臨床的現象であった。（局所論がうまく描写している）転移は精神病にも現れるが，しかしその根本においては存在しないものである。コフートの見解では，自己愛と精神病へのフロイトの関心が，彼に一連の論文を書くことを促したのであった。それらの論文が，「ナルシシズム入門」(1914)，「自伝的に記述されたパラノイア（妄想性痴呆）の一症例に関する精神分析学的考察」（「シュレーバー症例」）(1911)，「悲哀とメランコリー」(1917) である。コフートによると，これらの論文は，自己愛的な対象不在の状態への退行を理解しようとするフロイトの試みである。コフートがさらに示唆するには，より深い形態の精神病理についてフロイトが研究したことが，彼を自我機能の研究に導いた。そしてその研究が，今度は構造論の展開をもたらしたのである。

　そのように論じた後に，コフートは精神病の症状形成の議論にもどり，そこで自己愛の観点からその症状形成について取り組む。その際，コフートは，原始的な状態へのフロイトの関心が，いかに，初期の局所論モデルから三極構造モデルへの移行を促したかということを示す。コフートはそのためにまず，フロイトの述べた五大症例の一つであるシュレーバー症例 (1911) を論じることから始める。シュレーバーはフロイトの患者ではなく，精神病的な状態のさなかに日記を書いていた一人の判事であった。フロイトは，シュレーバーの妄想体系が記されたその日記を用いて精神病に関わる精神過程を研究した。フロイトがそこで確信したのは，シュレーバーの精神病の中心的な病理は，対象へのどのような愛着も見られない自己愛的状態への退行だということであった。そこでフロイトは対象への愛着に関する発達的連続体を構想した。それは，対象不在の自己愛的な状態から始まり，対象愛の状態——そこでは，対象がそのユニークな個性を備えた別個の存在として愛され，体験

される——へといたる連続体である。図2-4の上段の図は，この連続体を示している。

　フロイトのモデルでは，退行は，その連続体に沿って進む動きが逆行する場合である。フロイトにとっては，同性愛は，対象愛から自己愛に向かう退行の経路の通過点であり，対象とふたたび結びつこうとする再建的な試みである（もっとも，対象が自己のように扱われるが）。精神病は，退行が同性愛的な時点を越えてしまい，自己愛的な対象不在の状態に向かうときに起こる。図2-4の下段の図に示されているとおりである。フロイトの示唆するところでは，精神病から回復するときには，まず最初に再建的な同性愛的関係にリビドーが再備給されるが，それは同性愛的関係が自己愛状態にもっとも近いからである。コフートはこれとは異なった理解をはっきりと表現し，以下のように示唆する。精神病において症状形成が起こるのは，退行が幼児期の対象を通り越し，より早期の自己愛的な状態に，つまり対象への希求がいまだ発生していなかった状態に向かうときである。

　コフートにとっては，すべての退行が同一というわけではない。神経症と

自己愛から対象愛へと進展する対象リビドーに関するフロイトの概念

対象愛から精神病への退行に関するフロイトの概念

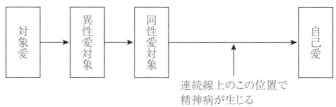

図2-4　対象リビドーの発達と退行

精神病の両者において類似の症状が現れるので、コフートは、退行の性質を理解するためには現れている個々の症状の潜在的な性質を明らかにすることが重要だと考える。彼の主張するところでは、退行的な状態への臨床的な対処は、こうした重要な区別にもとづく。精神病を神経症から区別するものは、行動の性質ではなく、何から身を守ろうとしている行動なのかという点である。もしも強迫症状が対象リビドー性の欲求から身を守るのなら、それは神経症の症状である。一方、強迫症状が対象不在の状態への退行から身を守るのなら、それは精神病の症状である。

構造論と三極構造モデル

　1923年にフロイトは、展開中のアイデアを構造論のなかに結実させた。彼は三極構造モデルという新たなモデルを考案したのである。それは、自我、イド、および超自我という、彼が新たに概念化した三つの機関のあいだの関係を説明するものである。コフートの考えでは、より深層にあるより原始的な精神病理へのフロイトの関心が、フロイトに「自我」と呼ぶ執行機関を考察するように促した。新しいモデルのなかでフロイトは、（かつては抑圧障壁に割り当てられていた）検閲機能を彼が「超自我」と呼ぶ構造に割り当てた。図2-5はコフートによって表現されたフロイトの三極構造モデルである。特筆されるべきは、その図において、コフートは、イドの無法な力よりも自我の抑圧する力のほうを強調していることである。

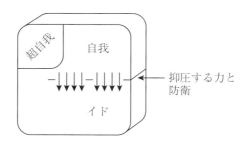

図2-5　コフートが描いたフロイトの3極構造モデル

中和が起こる非転移的な領域

　講義のこの時点でコフートは重要な観察を行う。彼が注目したのは，フロイトの三極構造モデルのなかには，抑圧障壁が自我をイドから分離していない領域があるということである。コフートは早期の局所論モデルの用語を援用しながら，三極構造モデルのこの領域では前意識系と無意識系が分離されていないことに言及する。コフートは，転移を，無意識系が抑圧障壁を越えて前意識に侵入することだととらえたフロイトの定義にこだわる。コフートは，その定義にもとづくと三極構造モデルには非転移的な領域があることに気づくのである。

　フロイトはこのモデルの非転移的な領域をめぐってそのアイデアを発展させることはなかったが，しかしコフートは，その潜在的な意味に興味をそそられる。そして，フロイトの思考を拡大し，この非転移的な領域を心の一つの区域として概念化した。その区域で最適の欲求不満（つまり非葛藤的，非性愛的な構造および技能の増進をもたらす体験）が起こるというのである。この点を示すためにコフートは，幼児の便をもてあそぶ行為に親が対応する場面を挙げる。彼が示唆するには，幼児が欲動を脱性愛化する（desexualizing）能力を発達させるのは，幼児のそうした行為に対して，親がそれに代わるものを提供して，別の行動様式を教えるような穏やかな態度で応えるときである。コフートがいうには，こうした状況は扱いやすい欲求不満の場面に相当し，それは幼児の成長に配慮されたものである。それと異なるのが，次のような状況である。つまり，両親が不快な行動を禁止し支配しようとして，幼児の便との戯れに厳しく反応するような状況である。そうした場合には，欲求不満が最適というよりも外傷的なものになる。コフートに従うと，そうした外傷的な欲求不満は，欲動を抑圧障壁の下に押し込めることによって抑圧に加担する。抑圧障壁の下で，欲動は症状形成のためのいわば種子となる。彼はその講義でこうしたアイデアを敷衍し，次のように主張する。衝動の中和あるいは脱性愛化が起こるのは，幼児の攻撃性に対して，それを調整する親が愛情をこめて対抗するときだというのである。

　コフートが教えるところでは，中和――いわば自我という織物のなかに欲

動が編み込まれること——は，幼児の攻撃性に対する両親の愛情のこもった取り扱いに幼児が同一化する結果である。同一化を通じてやがて幼児は，自らの激しい怒りに対して，親と同じように振り回されることなく，しかし愛情のこもった態度で向き合うようになる。もしも幼児の激しい怒りが親の対抗的な怒りに遭遇するなら，幼児は，自らの攻撃性に対する親の怒りに満ちた反応様式に同一化してしまう。コフートの主張によると，こうした幼児は，激しい怒りを感じると，自らに厳しい加虐的な態度を向ける。その結果，退行やその他の防衛が，こうした怒りをめぐる力動を抑圧障壁の下に押し込めてしまい，中和が起こる（とコフートが考える）非転移性の領域から遠ざけてしまう。コフートは，ここでもフロイトとは対照的に，精神的構造の形成に及ぼす環境の影響を認めるのである。

超自我

コフートは次にフロイトの超自我の概念を扱う。その際に彼は，超自我の発達に関するフロイトの記述に言及する。フロイトによると，超自我の形成は，重要な人物とのあいだでの欲求不満の体験の後に生じる，その人物の道徳的な側面の取り入れあるいは「取り込み」の結果として起こる。喪失体験に続いて起こるという取り入れの概念は，フロイトとコフートの両者にとって重要であった。その概念は，変容性内在化というコフートの概念——後にコフートが展開することになったアイデア——の基礎となる（第4章と第5章を参照）。

自己愛の発達ライン

フロイトの三極構造モデルの非転移的な領域についてのコフートの関心は，自己愛をめぐる彼の思考を促進する。彼は自己愛には固有の発達ラインがあると仮定する。それは一次的自己愛に始まり，最終的には，フロイトが主張したように対象愛にいたるのではなく，超自我における自我理想の領域の発達にいたるというのである。コフートは講義のなかでそのアイデアを論じたが，後に，こうした，フロイトの思考の拡大版を「自己愛の形態と変容」（1966）という論文で公表した。

1960年代という早い時期に現れた，自己愛をめぐるコフートのアイデアは，彼の思考の発展過程をたどっている私たちには興味深いものなので，自己愛の変遷に関する彼の教室での思考のいくつかを見てみよう。

> （一次的自己愛の）次の発達段階は，全能感が親に投影される段階である，そこで親が理想化され，幼児はその理想化されたものに関与する（もしくはそれを分かち合う）ことで，空想上の親の全能性にあずかる。こうした段階が生じる理由は，結局のところ，実際には弱い存在であるという幼児の現実がもはや否認できないからである。幼児は自分の空想上の全能感をできるだけ守るために，自己愛を両親に投影して，彼らを神のようにあがめ，そしてより早期の自己愛的な完全性の感覚を両親との親密な関係によって「再獲得」しようと試みる。
> 　両親に投影された自己愛は，その後，失われてしまう。またしても現実が，このことを引き起こすのである。たとえば，幼児が嘘をつくことに初めて成功したときの反応を考えてほしい。幼児は，両親には幼児の考えを読み取ることなど実際にはできないことを知って，驚いてしまう。したがって，全知全能の親をもちたいという願望は欲求不満にさらされてしまい，そこで，（失われた）完全な親のイメージが（再び）取り入れられて，自我理想と呼ばれる超自我の一部になる。
> 　自我理想は，欲求不満への反応として発達する。すなわち「完全な」親を失うことを回避するために，「完全な」親のイメージが自我理想として取り入れられるのである。自我理想が肯定的な情緒的特質を獲得するのは，幼児のもともとの自己愛の親への投影を通じてである。
> 　　　　　　　　　　　　　　（Kohut and Seitz, 1960, pp.95-6）

アイデアの革新性にもかかわらず，コフートは欲動－防衛モデルとそれにもとづく言語になおも縛られている。このことは，以下のように述べる際に明らかである。

> もともとの自己愛は，幼児の願望の全能的な性質と結びついているもの

であった。しかしながら、上述したより後期の段階では、欲動を禁止する親が全能的なものとしてみなされる。このように、その段階になると、自己愛的な均衡は、願望充足の成功に依存するのではなく、欲動制御の成功に依存するのである。もしも幼児が欲動制御を求める親の要求に従うならば、親に気に入られ、親の全能性にあやかることができ、したがって、肯定的な自己愛的均衡をふたたび保持あるいは獲得することができる。道徳的に完全な親を再取り入れした後にも、同じ緊張が自我と自我理想の関係のなかで続く。

(Kohut and Seitz, 1960, pp.96-7)

　コフートは結論として、自我理想が高い価値を帯びるのは、幼児のもともとの自己愛が、親に投影されて修正された後に再取り入れされているからだと述べる。

自我理想が強大な力をもつこと、つまりその道徳的な「完全性」は、投影されて再取り入れされた自己愛の現れである。自我理想は、「親を経由する（passage through）」という特別な様式で修正された本人自身の自己愛であるということもできるであろう。…
　中和された超自我構造の発達は、このように幼児の自己愛が親を経由することにもとづく。もしも両親の要求が理にかなったものであるならば、幼児がその自己愛を親からふたたび取り入れるときに、幼児の自己愛は以前のものよりも中和されてもどってくるであろう。もしも親自身の自我理想のかなりの部分が中和されていない構造で成り立っているならば、幼児の自己愛は親を経由するときに中和されず、未修正のまま再取り入れされるであろう。そして、その即座に満足を求める性質によって口唇期的な起源を露呈し、また、独りよがりな完全性を求める非妥協的な態度によってその自己愛ぶりを露呈するであろう。

(Kohut and Seitz, 1960, pp.96-7, 99-100)

　こうしてコフートは、この講義において初めて、「対象を経由する（passage

through the object)」という新しい用語を用いる。その用語は，後の変容性内在化という概念を予告するものであり，彼は後に，「精神分析理論の概念と理論」(Kohut and Seiz, 1963) のなかでそれについて論じることになる。

　コフートは講義を締めくくる際に，不安，二大本能，および自我自律性をめぐる意味の変化をめぐるフロイトの考えについて論じる。これらの概念は，コフートの思考の発展に関する私たちの理解に影響を与えるわけではないので，私としては，それらに関するコフートの議論をたどることはしない。それよりも私は，ここでコフートの初期の一連の論文に向かいたい。それらの論文は，後に自己心理学へと育っていくアイデアの種を宿している。

第3章

初期の論文──新しい織物のためのより糸の出現

　ここまで見てきたように，コフートはいわばフロイトのまじめな生徒であった。その初期の論文もまた，講義と同様に，古典的な基盤が彼の後の仕事の構造を支えていることを示している。その一方で，初期の仕事を構成している織物のなかには，コフートが最終的に自己心理学という新たな織物を作るために編んでいく微妙な質感と色調のより糸が織り込まれている。初期の論文では，いくつかの主題が繰り返されている。最初の主題は，とくに発生論的観点，力動論的観点，および精神経済論的な観点を中心とするフロイトのメタ心理学への強い関心である。第二の主題は，自己愛の問題への興味であり，それは，傷つきやすい人びとと，彼らが心の緊張を調整して凝集性を維持しようと格闘していることへの関心のなかに表現されている。第三の主題は，分析状況における資料収集の方法に関係している。私が思うには，このセットになっている三つの主題，つまりメタ心理学，自己愛，および探索方法という主題は，コフートが心理的な領域に入っていく際に用いた主要な組織化原理 organizing principles の役割を果たしている。

　ポール・オーンスティンは彼が編集した『自己の探究』(1990)の中で，コフートの初期の論文を三つの主要な関心領域に沿って整理している。彼のいう三つの領域は，応用精神分析，精神経済論的な観点と方法，および臨床理論とメタ心理学の関係である。私の意見は，オーンスティンのものとはいくぶん異なる。それというのも，私が提示したメタ心理学，自己愛，および探索方法の三つは，コフートの異なった三つの関心を反映するというよりも，彼が（臨床精神分析か応用精神分析かにかかわらず）心理的な領域そのものに向かう際の入り方を特徴づけるものであるからである。

最初の論文：来たるアイデアの予告

　コフートの最初の論文は，「トーマス・マンの『ベニスに死す』：芸術的な昇華の崩壊をめぐる物語」(1957a) であった。彼はこの論文を 34 歳であった 1948 年には書いていたが，マンがこの世を去るまで発表を控えていた。1957 年に発表されたその論文で彼は，マンの中編小説を論じた。その小説は，アッシェンバッハという絶賛された作家が情緒生活の衰退を体験する物語である。オペラの序曲のように，コフートのこの論文には，彼がその後の年月において発展させる主題を示唆するものが含まれている。彼の議論は，主人公・アッシェンバッハの情緒的な衰退を扱っている。マンはアッシェンバッハの衰退の誘因を描いてはいないが，コフートの解釈によると，アッシェンバッハの衰退は，古典的なエディプス的な核をもっており，支配的な父親との内的な葛藤をめぐるものである。その葛藤の結果は，混乱をもたらすほど激しい去勢不安である。アッシェンバッハが無意識的に試みているのは，ひそかに恋したタッジオという 14 歳の少年に熱い想いを募らせることで衰退から自分を守ることである。マンはこの熱い想いを物語の中心に据えているが，マンがそうするのは，彼が（コフートと同じように），理想化による熱い想いの代償的な性質を認識しているからである。

　しばらくマンの描く物語に目を向けてみよう。アッシェンバッハは，美少年のタッジオにすっかり惚れ込んでしまうが，しかし，この代償的な試みは最終的には失敗する。絶賛されていた作家のアッシェンバッハは，さらなる衰退から自分を守ろうとして，芸術と趣味の問題をめぐるエッセイを書くことで芸術による昇華という防衛を試みる。この防衛を理解するために，コフートの講義を思い出してみよう。とくに思い起こしてほしいのは，古典的なフロイト理論による不安の説明である。古典的理論では，無意識的な欲動が抑圧障壁を突破して前意識系に侵入する恐れがある場合に不安が生じるのだと説明する。不安を封じ込めて支配するために，無意識的な防衛が引き起こされる。書くという行為は，そうした防衛なのである。こうした知的な行為を通じて，注意は，不快な欲動や情緒よりも観念と言葉のほうに焦点化される。しかしながら，マンの物語のなかでは，この防衛もまた失敗して，アッシェ

第3章 初期の論文——新しい織物のためのより糸の出現　69

ンバッハの衰弱感は続いてしまう。物語の結末に向かうとき，アッシェンバッハは，秩序が崩壊して混沌にいたる夢を見る。コフートは，その夢を，凝集性を維持できない，崩壊しつつある自我の無意識的な表現として理解する。この夢は，コフートが後に自己状態の夢として概念化したものの先駆的な例である。

　アッシェンバッハの物語に関するコフートの定式化はエディプス的な布置をめぐって行われているにもかかわらず，基本的な関心は，アッシェンバッハの自己愛の脆弱性と，情緒的な衰退の体験にあるように見える。自己対象との結びつきについて，それとして命名される前にすでにコフートが気づいていたということは，彼がアッシェンバッハの衰弱感を論じている脚注において明らかである。コフートは，次のように書いている——アッシェンバッハは「現実との対象リビドー性の結びつきを失ってしまったのである。（こうした悲劇を描いた）この作品は，マンにとっては精神的な再保証として役立ったのかもしれない。マンは，一時的な孤独にもかかわらず，自分には情緒的に分かり合える家族との親密な関係があり，それが，アッシェンバッハがたどったような運命から自分を守っていると感じていたのであった」(1957a, p.210)。コフートの最初の論文のこのくだりは，自己対象という概念の種を宿している。私は，理論の歴史という点からこのくだりに注目している。私としては，コフートのその後の研究——彼はそこで自己対象に関する彼の思索をいっそう発展させた——について後ほど考察するときに，自己対象概念について詳しく論じるつもりである。さしあたっては，読者には，自己対象の定義を知るために巻末の用語集を参照していただきたいが，明記されるべきことは，コフートは彼の初期のアイデアを提示するに際して，当時の主流であった欲動－防衛に関する心理学の用語を用いているということである。

　自己愛の傷つきから生じる激怒に関するコフートの鋭敏な感性が明らかになるのは，彼が，アッシェンバッハがタッジオに破壊的衝動を抱いたのかどうかを考察するときである。父親から愛されること願っていたアッシェンバッハは，まさに父親が彼を愛するようにタッジオを愛していた。コフートは書いている——「そのタッジオへの破壊的衝動が二次的なものであること

は，確かなことである。それが生じるのは，少年への自己愛的な同一化と代償的な愛情満足が十分には成功していない場合に限られているのである」(1957a, p.222)。

コフートの後の仕事にとってもう一つの重要な概念である断片化は，この論文のいたるところで予告されている主題である（もっともここでも欲動－防衛に関わる言語で表現されている）。コフートが，アッシェンバッハの断片化に強い関心を抱いていることは，次のような表現から明らかである。コフートは，「理性がそれよりもはるかに強力な非理性的な力に難なく屈しているという印象を読者は抱くであろう」(1957a, p.211) とか「道徳的，理性的な防衛の破綻によって…アッシェンバッハはもはや彼の本当の動機をめぐって自らを欺く必要はないし，かりに欺こうとしても不可能である」(1957a, 214) と述べている。

コフートの初期の関心が何であったかということは，マンの小説を最初の精神分析的論文のための基礎素材として選択したことで明らかである。この論文は，コフートが後に詳しく述べる諸概念，つまり自己対象，代償的な理想化，自己愛的な怒り，自己状態の夢，断片化状態，自己凝集性といった概念を予告しているという点で，注目に値するものである。

音楽について：混乱（disruption）と修復（repair）

コフートの第二の論文「音楽を聴く楽しみについて」(1950) は，1950 年にジークムント・レヴァリエとの共著で発表された。レヴァリエは音楽研究家であり，コフートの若いころからの友人であった。彼は 1930 年代のある時期にシカゴに移住した。コフートがシカゴにやって来たのも，彼がそこに住んでいたからであった。この第二の論文もまた応用精神分析の分野に入るものであるが，この論文でコフートは，聴く者に喜び（pleasure）をもたらす音楽の性質について探究している。

コフートたちは 1950 年代の古典的な精神分析的見解を述べながら，音楽を聴く喜びは「音楽上の課題の支配を通じて解放されるエネルギー」から生じるのであると書く。しかしながら彼らは，音楽上の課題を次のように定義

する。つまり，音楽的な組織（organization）を認識することによって，それが認識されないかぎり混沌としたサウンドになってしまうものを支配することだと定義する。彼らは，音楽的な組織を認識することが，音が認識されないときに生じる瞬間的な混乱を和らげるのであると感じており，彼らの示唆によると，作曲家は，混乱とその緩和という聴く者の体験を直観的に理解しているのである。彼らが主張するところでは，作曲家は，協和から不協和へと移行させることによって音楽のなかに緊張を生み出し，次いで，協和にもどることによって緊張を解消するのである。

コフートは，音楽を聴くことで起こる喜びについての理解を1950年代のエネルギーをめぐる言語と理論で表現したが，しかし彼の描写の主旨は，エネルギーの解放よりも混乱体験の支配に焦点を当てたものである。彼が示唆するには，混乱と修復の両要素を含む復元的な restorative メカニズムが音楽的な喜びの中心部分にある。聴く者は自発的に混乱の際の瞬間的な緊張に自らをさらして，その解消の喜びを体験しようとするのである。コフートが強調するのは，音楽を聴く者の体験と，「母親の不在という苦痛を支配しようとして『いない，いない，ばあ』遊びに興じる」（Kohut and levarie, 1950, p.81）幼児の体験との平行関係である。

この論文におけるコフートの観点は，精神経済論的なものである。だが，彼の関心は，混乱の体験と修復への欲求に関連する情緒に向けられている。彼の概念化は，その当時の，体験から隔たった言語で行われているが，彼の関心は，情緒の取り扱いと緊張の調整という体験に近い問題に関係している。

転移に関する初期の考察：防衛か欲求か

コフートはサミュエル・リプトン（Samuel Lipton）の論文「治療過程における分析家の機能」について論じたときに，境界例患者における転移の問題に取り組み，次のように自問した──「これらの患者たちが示す直接的な強烈な反応は，本当に転移なのか」。この問いへの（すぐ後に引用する）彼の反応から明らかなのは，既成の説明や，彼が精通しているフロイトのメタ心理学に一致しない現象を創造的に扱う彼の優れた能力である。それは彼が

明晰な思考のもち主であることを示している。こうした理由から，私はその彼の反応をそのままの形で提示したい。

> 臨床的には，これらの「境界例」患者は，より大規模な自我欠損と，強力な，保護的な二次的自己愛との併存によって特徴づけられる。分析家とのあいだでの直接的な対人的葛藤も，自己愛的な特徴が際立っている。否定されてはならないことは，その葛藤が古いものだということである。つまり，その葛藤は反復なのであり，もともとの対象に向けられていた情緒的な態度が復活して，いまや新たな対象に向けて再演されているのである。だがしかし，あらゆる転移は反復であるが，あらゆる反復が転移というわけではない。…自己愛的な「境界例」患者が示しているものは，たしかに転移に共通する要素，つまり反復という要素と，古い対象と新しい対象の混同という要素を備えている。しかしながら，転移とのある決定的な違いが見られる。転移の場合には，イドという抑圧された欲動的要素が満足を追い求めている。その一方，自己愛的な「境界例」患者においては，傷ついた自己愛的な自我が再保証（安心）reassurance を追い求めているのである。…そうした患者は分析家に対して，現在の生活におけるすべての重要な人物に対して示す反応と同じような反応を示すのである。それは，すべての心理的な方策の主要目的が，不安定な自己評価の修復や維持にあるからである。そこでは，注意は対象に向けられているのではなく，もっぱら自分自身に，つまり彼の傷ついた自我に自己愛的に向けられているのである。
>
> （Kohut，1951，pp.162-4）

ここでコフートは，その研究の中心部分に，彼の三本柱の関心の二番目のものである自己愛を導入している。彼は自己愛を，文化的に手なずけられなくてはならない不快な力としてではなく，傷ついた自我が外的な源泉から再保証・安心を獲得しようとする代償的な試みとして扱った。この初期の議論のなかでコフートは，防衛の現れである転移と，ある欲求の現れである転移様の体験を区別しているのである。ここでのアイデアは，彼の研究が進展す

るにつれて拡大されることになる。

コフートの探索方法

科学的な態度

　コフートによるフロイトの理解は，科学的な態度によって補完されている。その科学的な態度は，フロイトの理論が概して教義として受け取られていた当時の北アメリカの精神分析学界では珍しいものであった。その科学的態度は，1954年にコフートが，フロイトの死の本能について論じたイアーゴ・ギャルドストン（Iago Galdston）に対してコメントした際に示されている（ギャルドストンの発表は1955年に論文になっている）。コフートは，死の本能に対しては否定しているものの，聴衆に次のことを思い起こさせている。つまりそれは，フロイトは仮の抽象的概念を考案することを好んでいて，それを作業仮説として扱い，必要に応じてそれを修正することを心がけていたことである。コフートは，次のようにフロイトを引用する——「これらの仮説的なアイデアは，すべてのことの拠り所となるような科学的基礎概念ではない。科学的な基礎になるのは，観察のみである。それらのアイデアは全体的構造の基礎ではなく，その表層部にあるものであり，それらは，全体的構造を損なうことなく置き換えられるし，廃棄される」(1914, p 77)。こうした議論は，コフートの三本柱の関心の三番目，つまり精神分析の探索方法に関連してくる。

対象領域を定義するものとしての共感

　1957年に書かれ，1959年に発表された論文「内省・共感・精神分析：観察様式と理論の相互関係についての検討」において，コフートは精神分析における方法についての議論を続ける。コフートはこの古典的な論文のなかで，彼が心理学的な探索の正当な領域だと判断しているものを定義する。そして，心理学的な領域の資料は，共感と内省を通じてのみ接近できる資料に限定されると主張する。

　自然科学者は，物理的な世界を，感覚器官およびそれらの実験室での延長

物（つまりさまざまな科学的な器具）を用いて研究する。コフートは，「では，私たちは内的な世界をどのように探究するのか」と問いかけた。そして彼は次のように述べた。思考や願望，感情，空想は私たちが探し求める資料であるが，それらは物理的な空間に実在しているわけではなく，感覚器官では観察できないであろう。しかしそれにもかかわらず，内的な世界の内容物は心的な実在感を備えており，内省によって本人自身に知られうる可能性がある。その代理内省，つまりコフートのいう共感こそが，人が他者の内的な体験について知ることのできる方法である。共感は，精神分析において資料を収集する唯一の手段であり，コフートが主張するところでは，体験あるいは行為が心理学的であるとみなされてよいのは，体験あるいは行為が内省と共感によって観察されるときのみである。他の観察様式はいずれも，物理的な領域に関わるものである。

　コフートは，異なった観察様式にもとづく理論を混ぜ合わせることに警鐘を鳴らす。とくに彼は，共感的な没入を通じて得られた情報にもとづく心理学の理論と，外的な観察にもとづく生物学や社会学との混合を懸念した。

　自由連想法が心理学的な領域を決定するのだと主張するような人たちを想定して，コフートが指摘するのは，自由連想法は内省的，共感的な観察様式のために用いられる手段なのだということである。自由連想法と抵抗分析は，内的な資料の出現を可能にする精神分析的な手段なのであって，観察の方法ではない。その一方，共感は，心理的な情報を集める手段である。コフートの補足説明に従うと，いかなる経験科学においても観察の手段が，研究される領域の内容と範囲を決定し，次いで，研究される領域の内容と範囲が，当の領域に利用できる理論を決定するのである。

　コフートは論文のこの段階で古典的な精神分析理論から離れていく。発達早期の精神的組織に関する問題に注意を向け，早期の精神状態の研究に共感的な探究様式を適用する。彼は，そうした状態を描写する際に「願望」や「葛藤」といった用語を用いることに対して注意を呼びかけ，そうした用語はより後期の心理に適用されるべきだと考える。そして，早期の精神的組織に言及するときには，「願望」よりも緊張について，「願望の充足」よりも緊張の解放について語るほうがよいと提案する。彼は次のように警告する。精神分

第 3 章　初期の論文──新しい織物のためのより糸の出現　75

析の範囲は原始的な精神状態を含むほど拡がっているので，分析家は，原始的な精神的組織に共感するという課題に直面しており，その課題は精神神経症（psychoneuroses）の探究というフロイトが取り組んだものとは異なるのだ，と。

　フロイトの内省的方法は，無意識的な幼児的欲求と，それに対抗する力を認識することに向けられた。フロイトのモデルでは，分析家は「日中の残余物」なのであり，無意識的な力を，抑圧障壁を通過させて前意識にもち運ぶ役を担うのである。コフートが示唆するには，自己愛的，境界例的な状態への内省と共感を通じて得られる新たな資料は，理論的，臨床技法的に新しい意味を含んでいる。新たな資料によって示唆されることは，構造化の乏しい精神は，心理的に損なわれていない状態を保つために，どうにかして太古的な対象との接触を維持するか，そうした対象との分離をわずかなものにしようとする。コフートが注目するのは，これらの人びとにとっては，分析家は転移が投影されるスクリーンではなく，より早期の現実──あまりにも拒絶的，あるいは有害であったために，信頼できる精神的構造に変容されなかった現実──の延長物であるということである。

　コフートがいうには，自己愛的な患者は分析家を古い関係にもとづいて体験する。分析家は古い対象として体験される。患者はかつてその古い対象との接触を維持しようと試みていたのであり，その対象からある程度の内的な構造を獲得しようと試みていたのである。こうしたグループの患者にとっては，そうした太古的な関係が心理的に中心的な地位を占める。それは，精神神経症において葛藤が占めていた地位に相当する。

　共感的－内省的な探究方法が精神病理の理解をめぐって，いかに古典的理解とは異なる理解を導くかということを示すために，コフートは，精神的構造を欠いている患者の心理的依存現象を検討する。そこで，薬物嗜癖の患者が，自己を慰める能力も，心地よく眠りにつく能力も獲得していない人間の例として取り上げられる。コフートの主張によると，彼らは，早期幼児期の眠りにつくという体験を確実な精神的構造に変容できていないのであり，そこで，欠いている緊張調整の能力の代理として薬物に走るのである。似たような様式でそうした人間は治療者に頼ってしまい，精神療法状況に嗜癖的に

なる。コフートが注意を促すのは，こうした依存は古典的な意味での転移と混同されてはならないということである。こうした依存は，存在する内的構造を治療者に投影しているというよりも，内的構造が<u>欠けている</u>ために得られずにいる慰撫の体験を何とか得ようとする<u>欲求</u>を表現している。こうした依存は，洞察によって（換言すれば古典的な精神分析的アプローチによって）減少することはないであろう。むしろコフートの見解によると，主要な治療的課題は，慰撫を求める欲求の否認を解消し，依存を認めることである。そうした患者は，一時的な支えであった一連の誇大的な空想に取って代わる援助を必要としているのである（私たちはこうした見解に誇大自己の概念の先駆体を見ることができる）。コフートは，（やがて発展する）もう一つの概念を示唆して，次のように述べる——患者のしがみつくような依存性は，「投影された自己愛的空想の，このうえなく良性の担い手になった治療者にしがみつくことによって … 患者を保護している」(1959, pp.223-4)のである。こうした考えのなかに私たちは，理想化された親のイマーゴという概念の萌芽を見出す。

精神的構造へのさらなる焦点化

　コフートは次の論文でふたたび音楽について語るが，しかしこのときには彼は，音楽をめぐる関心と，精神的構造および彼のいう「不安定なprecarious精神状態」をめぐる関心との統合をはかった。「音楽の心理的機能についての観察」(1957b) というタイトルのその論文で，コフートは不安定な心と音楽との関係について論じる。ここでの形式上の話題は音楽の心理的機能であるが，この論文には，原始的な自我の組織をめぐる彼の理解に関わる重要な論述が含まれている。まずコフートは，イド，自我，および超自我という側面から音楽について述べる。しかしながら彼はひとまずこの観点から離れて，音楽の心理的機能について論じ，次いで，彼の注意を，原始的な自我組織を備えている患者たちの問題に向ける。コフートは，こうした患者たちについて次のようにいう。彼らは情緒的な凝集性を維持しようと格闘しているが，しかし，明らかに神経症あるいは精神病といえるような症

状をまったく呈していない人びとだというのである。彼は以下のように書く。

> 精神経済論的には，別の形態の精神病理があるのである。そこには，神経症的あるいは精神病的な症状形成にいたるような，内的緊張への心理的な修飾が見られない。この場合に私たちが見出すのは，不十分な自我システムが多様な緊張のいかなるものも扱うことができずにいることである。
>
> （Kohut, 1957b, p.245）

　伝統的な治療アプローチからの初期の離脱の際にコフートが示唆したことは，構造化されたパーソナリティを備えた人びとの問題を扱うために考案された治療は，自我の組織が原始的水準にある人びとには直接には役立たないことである。彼の主張によると，後者の人びとのために古典的な治療が成しうる援助は，「間接的なものでしかない。ほとんどの場合，親密な関係によって慰められるという体験や，力強い治療者によって安心感が与えられるという体験をもたらすことによる援助である。言語的なやり取りの内容（たとえば説明）は，それだけでは効果的でない」(1957b, p.245)。
　初期の一連の論文のなかの最後のものとなる臨床的な論文は，1957年に開催されたアメリカ精神分析学会の年次大会で発表された。それは，ルイス・リン（Louis Linn）の論文「影響機械（Influencing Machine）の起源についてのコメント」を論じたものである（リンの論文は1958年に学会誌に掲載された）。そのなかでコフートは，ヴィクトール・タウスク（Victor Tausk）(1919) によって書かれた，精神病に関する古典的な論文である「影響機械の起源について」に言及している。コフートが注目するのは，タウスクが特殊な妄想の意味について，そのころの伝統的な解釈であったエディプス葛藤の表現としてよりも，内的な死の状態の象徴的な表現として理解したことである。コフートの示唆によると，分析家たちは精神病に対して，力動－構造論的な葛藤論か，前構造的な（prestructural）精神的組織についての精神経済論的な観点のいずれかで理解しようとする傾向がある。彼がいうには，フロイトとタウスクは両方の視点を用いているが，コフート自身は後者の観点

を好み,以下のように論じる。

> このアプローチのほうが,たとえば自慰空想をめぐる葛藤などといった内容を強調するアプローチよりも実りが多いし,またタウスクの論じる主題にふさわしい。
> 　…自己愛的に退行した心においては,対象リビドーによる空想は容易には刺激されない。したがって私が強調したくなるのは,夢と等価な体験のなかに現れた「ロボット」や「機械仕掛けの人間」,「タバコ屋のインディアン」の男根的性質ではない。むしろ,これらの三人の,生気がなく,人間的な温かさを欠いており,異様なものであるという特徴である。
> 　　　　　　　　　　　　　　　　　　　　　　　(Kohut, 1957d, p.260)

　私たちがここに見出すのは,コフートはすでに,すべての患者を見ていく際の準拠枠としていた葛藤理論をわきに置いていたということである。むしろ彼は,心理的な手段として共感を用いる開かれた精神で心理的な領域にアプローチする。それは,仮説を定式化するために必要な情報を彼に提供することになる。彼は定型的な意味を適用するのではなく,患者の情緒的な体験のなかに浸り,象徴的な陳述の意味を把握しようと試みる。こうしたアプローチによってコフートは,タウスクの患者の生気の枯渇について理解するにいたったのである。

応用精神分析の方法

　1960年にコフートは,「基本規則の枠組みを越えて」という論文を書いて,発表した。この論文は,「内省・共感・精神分析」(1959)という臨床的な論文の応用版である。応用精神分析の分野についての定義を提唱したこの論文は,この分野における資料収集の方法ならびに目標に根拠を与える。この論文の「基本規則」というのは,分析を受ける患者に対してフロイトが与えた自由連想法に関する教示のことである。すなわち,患者は頭に浮かぶものの

すべてを，検閲の一切を排して報告しなければならないというあの要請である。コフートは，フロイトのこの教示をもじって，分析家が精神分析の原理を他の分野に応用するときには思い切って「基本規則を越えて」みることを提唱する。

　この論文は応用精神分析が直面する三つの問題を明らかにする。(明白であってもはっきりと言葉にされるべき) 第一の問題は，応用精神分析において作業を行なう者は，精神分析と，研究される分野の両者についてしっかりとした基礎知識をもっていなくてはならないという問題である。第二は，応用精神分析の探究方法に関わる問題である。コフートは，精神分析的な理解を芸術作品に応用する際にはかなりの困難があると感じている。彼の観察では，人は，研究される作品の大部分を夢や自由連想の等価物とみなすかもしれないが，しかし応用精神分析は，分析家の解釈と患者の反応とのあいだで繰り広げられる治療場面での相互交流を欠いているので，仮説を検証する機会がない。さらに，芸術作品を理解する試みにはもう一つ固有の問題が存在する。それは，芸術家は偽りの自己のために作品を利用しているという可能性があるためである。作品の大部分は，芸術家が本当の（しかし傷つきやすい）中核的な自己を保護するために立ち上げている防衛的な見せかけであるかもしれない。芸術家に接近せずに作品だけを分析することは，この点を見落とすであろう。

　三番目の大きな問題は，応用精神分析の一般的な目標に関わる。コフートが思うところでは，応用精神分析の研究分野は，精神分析の重要性を証明するための引き立て役として利用されることがあまりにも多い。こうした状況においては，精神分析的な探索は自己奉仕的なものになり，他の分野に何かをもたらすことはほとんどなく，さらに，その探索それ自体を，還元主義だという批判にさらしてしまう。

　コフートは，そうした還元主義の危険性を示すために，アルバート・シュバイツァーのパーソナリティについてのある解釈を引き合いに出す。それは，エドワード・ヒッチマン（Edward Hitschman）がその著作『偉大なる人びと：その精神分析的研究』(1956) のなかで行った解釈である。ヒッチマンは，偉人たちを理解する際に，エディプス・コンプレックスの変遷についてたびた

び言及し，シュバイツァーの行動が反動形成によって動機づけられていることを示唆する。その根拠として彼は，シュバイツァーの次の言葉を引用する——「どうしても納得できなかったことは，私にはこんなに幸せな生活を送ることが許されているのに，私の周りの多くの人びとは不安や苦悩と格闘しているということである」。この言葉にもとづいて彼は次のように解釈する——「この感情は一般的なものではないので，私たちは，発達早期に起源をもつ無意識的な罪悪感が退行によって復活したのだと仮定できる」。コフートはヒッチマンの解釈に反応して，きっぱりと次のように述べる。

> 正常な態度からの逸脱は反動形成であるという基本仮説は，おそらく正しいかもしれない。しかし，世界に存在する悲惨な出来事に鋭敏に気づいて，苦悩している人びとのために人生を捧げようとする決心は，成熟した自我の自発的な態度である。人はむしろ，次のように問うであろう。いったいなぜ，この人物は，幼少期の一時的な危機を乗り越えて彼の理想を維持することができたのか，いったいなぜ，そうした彼が，西洋のキリスト教文化の未曽有の危機の時代に，彼の存在そのものによって多くの人びとの精神的な支えになることができたのか，と。
>
> （Kohut，1960，p.289）

　コフートの初期の研究を振り返って私たちが見出すのは，彼が三つのことに多大な関心を示していたことである。それは，メタ心理学，自己愛，および精神分析の探究方法である。これらの三本柱は最終的に，安定した自己の形成と維持というコフートの最重要な関心のなかに統合されることになった。彼の思考の展開をたどっていくにつれ，私たちは，ここまではまだ萌芽的であった，自己こそが中心的な布置なのだという彼の確信が時とともに強まっていくのを目の当たりにするであろう。

第4章
自己の心理学に向かって

　1960年代はコフートにとって総合と統合が進み，自信が深まる時代であった。コフートは彼の三大関心——メタ心理学，自己愛，および精神分析の探究方法——にはっきりと焦点を定めた。それらの関心は，彼が古い理解を見直す際の新しいレンズとなった。60年代には，新たに展開しつつあった観点から三つの優れた論文を書いた。「精神分析の概念と理論」(Kohut and Zeitz, 1963),「自己愛の形態と変容」(1966)，および「自己愛パーソナリティの精神分析治療：系統的なアプローチの概略」(1968) の三本である。この章で私はこれらの論文を取り上げるが，それに加えて，発展の可能性を秘めた彼の著書『自己の分析』(1971) の序論の部分についても論じる。私がその序論の部分をここに含めるのは，それが，上記の三つの論文と，第5章で論じる『自己の分析』の本論の部分との橋渡しをしているからである。

精神分析の概念と理論

　コフートが，研究所で治療に関する講義を共同で担当していたザイツとの共著で「精神分析の概念と理論」を書いたのは，教育に携わるようになって5年が経ったときであった。この論文は，その講義で最初に表現した，転移，外傷，および三極構造モデルに関する革新的な思索を伝えるものである。

転移：フロイトによる最初の定義

　コフートが感じるには，転移に関するフロイトの見解は，フロイトがもともとの定義から離れたときに不明瞭になってしまった。フロイトは当初，転移を無意識系の前意識系への侵入として定義したことを思い起こしてほし

い。コフートから見ると、この定義は転移を対人的過程としてよりも精神内界の過程として強調するものである。したがって転移は、分析家のパーソナリティには関係していないし、また分析家との関係の結果でもない。幼児期に由来する無意識的感情の復活と分析家への投影としてとらえるフロイトの転移概念は、もともとの定義の後に現れたものである。コフートはこの概念を「臨床的転移」と呼び、フロイトの最初の定義から区別している。コフートの厳密な概念規定が重要なのは、それによって、無意識系の前意識系への侵入としての転移と、他の「転移様の transference-like」体験を識別することが彼に可能になるからである。コフートが、「転移様」といういい方をした理由は、そうした体験はフロイトのもともとの定義にぴったりとは一致しないが、しかしそれでも、分析家をめぐって体験される、患者の内部からの何かを表現しているからである。こうした重要な区別によって、コフートは最終的に「自己愛転移」(1968)――のちの「自己対象転移」(1971)――を概念化することになる[訳注1]。

　コフートとザイツは、精神病理の発達にとって中心的役割を果たす外傷について述べる。彼らがいうには、幼児期の外傷とは、幼児の心には分化した前意識への統合が困難な情緒的出来事のことであり、そうした統合ができないのは、要求の強度があまりにも激しかったり、構造があまりにも未熟であったり、あるいは心がその時点において一時的に過敏であったりするからである。コフートにとって外傷は精神経済論的概念であり、その内容ではなく情緒的強度に関係する概念である。外傷は過剰な刺激や興奮のことなのである。外傷のタイミングは重要な要素である。子どもはいつも外傷に敏感だが、その敏感な感受性は、成長の加速期（growth spurt）の後に新たなバランスが

訳注1）フロイトのもともとの転移概念は、①幼児期に由来する、抑圧された無意識的な欲動や感情が、②その満足のために抑圧障壁を越えて、③「無意味」に見える対象物に向けられるという三つの条件を備えるものであった。この転移概念にこだわっていたコフートにとっては、抑圧障壁のもとにはない、「漸進的中和」領域の心理的内容物が治療場面で復活したものは、これらの条件を満たさないので、「転移様」のものになる（第3章の「転移に関する初期の考察：防衛か欲求か」の項に引用されているコフートの論及を参考されたい）。しかし、本章で論じられるように、欲動－抑圧モデルから自己愛の発達理論に軸足を移したコフートは、自己愛の治療場面での復活も「転移」と見なすようになる。

確立されたときにもっとも高まる。

　欲求不満が外傷的になるのは，それが幼児の心の不満耐性を上回るときや，充足が予想されないときである。外傷的な欲求不満においては，幼児の欲動とそれに関連する記憶は，それらと結びついている不安や絶望のために無意識のなかに隔離される。そうなると，欲動と記憶は新たな体験によって影響を受けることができず，したがって変化することができない。それらは一次過程の法則に従い，即座の充足を要求する。

　コフートが主張するには，幼児期の欲求不満は，それらが治療場面において活発になる場合には，取り扱える範囲におさまって修正可能になる。構造形成による変化は，取り扱える欲求不満の漸進的代謝を通じて可能になるのである。精神分析の最終目標は，外傷体験の無意識的記憶が治療的に復活して改変されることにある。

構造論と心の三極構造モデル

　この論文の核心部分でコフートとザイツは，精神分析理論への次のような追加を提案する。

> 私たちがとくに焦点を当てたいのは次の事実である。心の構造モデルの図解（1923, p.24）において，概念的推敲は不十分ながらもフロイトによってほのめかされたように，防衛障壁は，幼児的な心理的深層のわずかな部分のみを成熟した心理機能の領域から分離しているのである。深層の無意識的活動の残りの部分は，前意識的な表層と広範囲にわたって連続的に接触している。
>
> （Kohut and Zeitz, 1963, pp.367-8）

　思い出してほしいのだが，コフートは最初，理論に関する講義の中でこの連続的領域についてコメントし，それを「漸進的中和の領域」と呼んだ（図4-1）。この論文で彼はその領域を，抑圧障壁の下にある，転移を生み出す領域から区別して，以下のように述べる。

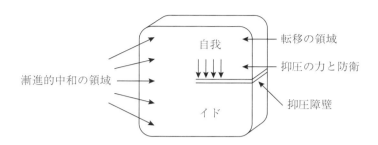

図 4-1 「漸進的中和が生じる領域」

　図の右側は転移の領域を表しており，そこでは，外傷的なまでに激しい欲求不満に陥った幼児的衝動が，防衛障壁を越えて転移性の影響力を行使し，自我の前意識的内容とのあいだで妥協形成をはかる（一次過程と二次過程の妥協形成）。図の左側は漸進的中和の領域を表わしており，そこでは，最適の欲求不満に遭遇した幼児的衝動が徐々に，中和された精神的活動に変容される。

(Kohut and Zeitz, 1963, pp.368-9)

　漸進的中和の領域は，（最適の欲求不満という条件のもとでの）内在化の過程を通じて形成され，その一方，防衛障壁は，外傷的な欲求不満をもたらす体験や禁止の結果として形成されるのである。フロイトは，環境を，それがほとんど幼児の心に影響を与えないかのようにみなした。しかしコフートとザイツは，環境は発達中の心に重大な影響を与えるものであると示唆し，環境の影響――それは両親のパーソナリティを介して伝えられる――を論じる。その点について次のように書いている。

　　幼児期の外傷的な欲求不満の体験と，最適の欲求不満の体験との違いは，程度の差である。たとえば，ある母親が荒々しく「ダメ！」という場合と，別の母親が優しく「ダメだよ」という場合の違いである。脅されるような禁止と，諭されるような体験との違いである。ある父親が幼児の激しい癇癪(かんしゃく)に対して同様に敵意のある癇癪で対抗することと，別の父親

がその子を抱き上げ，その子をなだめること——毅然(きぜん)としているが攻撃的ではなく，愛情豊かだが誘惑的ではないという態度——との違いでもある。子どもがやってはいけないことやできないことばかりを強調する全面的な禁止と，禁じられた対象や行動に代わる受け入れ可能な何かを提供することとの違いである。

(Kohut and Zeitz, 1963, pp.369-70)

　幼児は，欲動を禁止する親の態度の内的複製を確立する。もしもこうした態度が非外傷的であるなら，幼児は，対抗的な攻撃性よりも愛情のある穏やかな態度で自らの欲動に対処することができる。これらの非外傷的な体験は，防衛機制という障壁の支配下にはない心の領域の形成に貢献する。コフートとザイツは，これらの体験を次のように書いている。

したがって，最適の欲求不満の体験は，欲動を抑制する（中和する）構造の形成をもたらす。この構造自体は，中和された記憶痕跡から成り立っており，中和された内的な力に助けられて機能する。…
　しかしながら，よく機能する心理的構造のもっとも重要な源泉は，両親のパーソナリティであり，とりわけ，幼児の欲動性の要求に対して非敵対的な力強さと非誘惑的な愛情でもって応答する親の能力である。…もしも幼児の要求に対する親の反応が未熟であったり，敵対的であったり，誘惑的であったりすると，そうした親の反応に慢性的にさらされる幼児には，強い不安や過剰な刺激状態が生じてしまい，幼児の成長途上の心は貧困になってしまう。それというのも，備わっている欲動のあまりにも多くのものが，抑圧されてしまい，心の発達に参加することができないからである。

(Kohut and Zeitz, 1963, pp.370-1)

自己愛の形態と変容

　この章で論じている一連の重要な論文の第二の論文である「自己愛の形態

と変容」(1966)において,コフートは自己愛の問題にもどり,彼の早期の思索において醸成されつつあった自己愛をめぐる概念について詳しく述べる。彼は,自己愛には,ユニークな布置と発達的到達点を備えた発達ラインがあると主張し,自己愛の成熟の到達点として対象愛をとらえるフロイトと意見を異にする。

コフートのアイデアは画期的なものである。それというのも,そのアイデアは,自己愛は嫌悪されるものでも病理的なものでもないことを提案するからである。対象愛のほうを選んで自己愛を放棄することがフロイトの治療の目標であったが,コフートのアイデアは,新たな治療的な意味を含んでいる。そのアイデアは,歪んだ状態にある自己愛的構造は,再編成されて,パーソナリティに統合されなくてはならないことを示唆する。図 4-2 は,コフートが描く自己愛の発達ラインを示したものである。

コフートの示唆によると,自己へのリビドー投資として定義される自己愛は,精神分析の世界のなかではさまざまな形で論じられている。たとえば,理論的に論じられるときには自己愛は中立的に扱われるが,非公式に論じられるときには自己愛は愚弄される。コフートは,自己愛への批判的な態度は西洋的価値の精神分析への侵入の反映であると主張する。彼がいうには,自己愛を対象愛に置き換える試みは精神分析の領域を狭めてしまう。というのも,その試みは,精神分析を患者のための営為というよりも社会規範のための営為にしてしまうからである。コフートはイギリスの作家のディケンズが

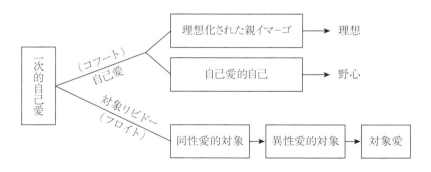

図 4-2　フロイトの発達ラインへのコフートの追加

貧困問題のために行ったことを自己愛のために行なったのだ，とよくいわれた。コフートは，自己愛を正当に扱ったのである。

自己愛の諸形態

「自己愛の形態と変容」の一部でコフートは，自己愛の成熟と自己愛の発達上の諸形態に関する彼のアイデアを提示する。彼の仮定では，自己愛の体験は乳児の至福状態から始まるが，その至福状態は，母親の養育においてよく起こる失敗によって不可避的にくつがえされる。乳児は，途絶えた至福状態を取りもどそうとして，自己愛の完全性のための新たな二つのシステムを立ち上げる。一つのシステムは，完全な自己を創出しようと試みる。発達のこの段階では，よいものや心地よいもの，完全なものはすべてが自己の内部に属しているように体験され，悪いものはすべてが自己の外部に属しているように体験される。フロイトはこのシステムを「純粋快感自我（purified pleasure ego）」（1915）と呼んだが，コフートは「自己愛的自己」の布置（configuration）と考える。

第二のシステムは，失われた至福状態を取りもどそうとして，絶対的な力と完全性を外部の「他者」に割り当てようと試みる。そうした完全な「他者」への愛着は，全体性と至福にまつわる幼児の感覚を復活させる。コフートは，この自己愛的な布置を「理想化された親イマーゴ（idealized parent imago）」と呼ぶ[訳注2]。自己愛のこれら二つの形態，つまり理想化された親イマーゴと自己愛的自己はいずれも，途絶した一次的自己愛から展開する。これらの二つのシステムのいずれも，それに固有の発達ラインに従う。

理想化された親イマーゴに向けられる理想化は，赤ん坊のもともとの至福感や力，完全性の一部が親に投影される過程を介して生じる。しかしながら，理想化はそれ自体が最終目的ではない。というのも，理想化されたものは，最終的には取りもどされ，内在化されなくてはならないからである。この過

訳注2）理想化された親イマーゴというのは，親をめぐる無意識的な元型的イメージの理想化されたものである。誇大自己と同様に，理想化された親イマーゴも幼児の主観的な世界での情緒的，観念的な体験内容である。

程を理解するためにコフートは,内在化の概念について論じる。その概念は,彼の発達理論にとって重要な概念である。

コフートに従うと,内在化の過程は,フロイトが「悲哀とメランコリー」で説明した対象喪失体験に関係する。その論文でのフロイトの示唆によると,心は,対象から遮断されたときに起こる対象喪失をすぐには受け入れることができない。断念する代わりに,失われた対象が記憶として「内部に取り入れられ」,そこで一つの精神構造になる。そしてその構造が,対象によってそれまで遂行されていた機能を引き受ける。

コフートの示唆によると,幼児にとって喪失体験は広範囲に及び,大規模な実際の対象喪失から,対象の諸限界をめぐって体験される不可避的な失意の結果として生じるささいな対処可能な喪失にまでいたる。たとえば,理想化された親イマーゴに割り当てられた全知全能性のわずかな部分が失われる例としては,幼児の嘘が,何もかも知っているはずの親にも見抜かれない場合がある。親にも欠けている点があることが子どもに体験されると,子どもの心の側に,失われた,親の長所を保存しようとする試みを引き起こす。(見抜かれない嘘のような)非外傷的な失意に続いて,親のほうに投影されていた理想は取りもどされ,そこで,内在化の過程を通じて超自我の自我理想領域の一部になる。私たちの理想が尊重される地位にあるのは,価値それ自体の内容の結果であるというよりも,自己愛の成熟過程の結果である。

もともとの至福状態を取りもどそうとするもう一つの試みは,前述したように,「自己愛的自己」——後の「誇大自己」(1968)——という完全な自己の創出を通じて起こる。コフートの考えによると,自己愛的自己のために,自己愛は「他者」には投資されず,自己への投資のために保持される。「他者」に対する過大評価が自己愛の成熟過程における段階相応の歩みであるのと同様に,自己への過大評価もまたそうした段階相応の歩みなのである。理想化された親イマーゴの体験布置では,その理想化対象を畏敬の念で見つめるのに対して,自己愛的自己は,畏敬と賞賛でもって眺められる (viewed) ことを願う。理想化された親イマーゴが自我理想の形成に寄与するのに対して,自己愛的自己は,欲動とそれらがはらむ緊張・興奮に密接に関係している。理想化された親イマーゴが私たちの理想に寄与するのに対して,自己愛

的自己は私たちの野心に寄与する。コフートの示唆によると，体験的に個人は理想によって導かれ，野心によって押される。こうしたコフートの仕事は，後の「双極的自己」（1977）についての論及の始まりである。

　コフートの考えでは，野心は，重要な「他者」によって自己の偉大さと完全性が証明されることをつねに求める幼児期の誇大的空想システムから生じるのである。「他者」は，幼児の偉大さと完全性の体験に資する場合にのみ意味をもち，他者は，それ自身ではそれに固有の意味をもたない。他者がもつ意味は，幼児の顕示性を保証するというその機能にある。コフートはこの発達性の欲求について，有名な次の陳述のなかで描写している――「幼児は，自己愛リビドーの満足を維持するためには母親の瞳の輝きを必要とする。そしてその満足はその後…成熟過程のさまざまな段階の機能と活動に関わるようになる」（1966, p.252）。

　顕示性は，幼児の自己愛的自己の正常な感覚的体験である。幼児は賞賛されることを切に求める。しかしながら自己愛的自己の観念内容は，誇大的空想である。コフートに従うと，誇大的空想が健康に寄与するか疾患に寄与するかどうかは，それが自我の現実的な目的に統合されているかどうかにかかっている。もしも「力と偉大さをめぐる幼児の自己愛的空想が，突然の早すぎる外傷的な失意体験によって妨害されることなく，自我の現実志向的な組織に徐々に統合されるならば」（1966, p.253），自我は，力があるという感覚を適応的に利用することができるであろう。誇大性は最終的に，自信の感覚を伴う，健康的な，活動と成功の楽しみとして徐々に自我のなかに統合されることになる。

自己愛の変容

　1966年のこの論文の第二部では，自己愛が創造性，儚さの体験（transience），共感，ユーモア，および英知といった特性に変容することが考察される。コフートによると，これらの特性への変容はすべて，もともとの自己愛が成熟するにつれて生じるのである。少し詳しくそれぞれについて述べてみたい。

① 創造性：創造的な人間は，想像力豊かに周囲の者と戯れる子どものような能力をもっているのだが，それというのも，そうした人間は周囲から心理的にあまり分離していないところがあるからである。創造的な仕事は，自己の一部になる。母親がいまだ誕生していない胎児を理想化するのと同様に，自己愛の変容によって創造的になった人間は，自分の仕事への理想化を強めるのである。
② 共感：他者の感情についての最初の知覚は，世界は自己の延長であるという世界観にもとづいている。こうした世界観が，他者の内的体験は自分自身のものと似ているという認識を自己に準備するのである。自分自身の体験と似た体験についての認識としての共感が，人びとがお互いについての心理的情報を集める方法になる。コフートの考えでは，共感の起源は，母親の感情と行動が発達中の自己の体験のなかに記号化されて書き込まれていることにある。
③ 儚さの体験：コフートが信じるところでは，もっとも大変な心理的達成は運命の受容である。この達成に必要なことは，人が全能性を主張することを断念し，不滅ではないことを受け入れることである。この達成には，多数派に共有されることのない知識をもつことへの静かな誇りを含む（さらには優越性さえも含む）より高次の自己愛がしばしば伴う。
④ ユーモア：コフートの示唆によると，変容された自己愛としてあり，単なる否認の表現ではないユーモアは，儚さを受容する際に利用することができる。ユーモアが存在するとき，そこには静かな内的な勝利感が含まれている。その勝利感には，否認されていないメランコリーが混在しており，それは，断片的あるいは防衛的な誇大性や高揚感とは様相を異にする。
⑤ 英知：コフートにとって，英知の本質は，自己愛的な幻想を手放すことと，死の不可避性を受け入れることである。人生の後期の特性である英知は，人生に対する自己の安定した態度と，世界に対する自己の安定した態度を合わせもつ合成物のようなものである。それは，若い時期にエネルギーが備給される理想，成熟期にエネルギー

が備給されるユーモア，および老齢期に成し遂げられる儚さの受容を含む，生涯にわたる営みの最終的な成果なのである。そこに含まれているのは，人の力は最終的には衰えてしまい，だれもが最期を迎えるのだという了解である。

コフートはこの歴史的に重要な論文を次のように締めくくっている。

> 私がいいたいのは，精神分析治療をこのように概念化することの価値をますます確信するようになったことである。…多くの例において，自己愛構造が再編されてパーソナリティに統合される。つまり，理想が強化され，また，ユーモア，創造性，共感，および英知といったものへの自己愛の健全な変容が（たとえわずかあっても）達成される。このことは，自己愛から対象愛への変化を要求されて，患者がそれに無理に従う場合よりも，より本質的で妥当な治療結果として評価されなくてはならない。
>
> (Kohut, 1966, p.270)

自己愛パーソナリティ障害の精神分析治療

一連の論文の最後のものは，「自己愛パーソナリティ障害の精神分析治療—系統的アプローチの概略」（1968）である。そのなかでコフートは，自己愛に関する新たな理解がもたらす治療的含意について推敲する。その主張によると，自己愛的自己と理想化された親イマーゴという構造の転移様のものが，自己愛パーソナリティの人びとの分析においては動員される。彼はこれらの動員されたものを転移様として言及したが，それは，それらを転移についてのフロイトのもともとの定義から区別するためである。この論文のなかでコフートは，「自己愛的自己」という用語を「誇大自己」に変更した。彼がそうしたのは，A・フロイトと議論した後のことであった。しかしながら，不幸なことに「誇大的」という言葉は日常的な用法では否定的な意味を帯びている。結果として，コフートが用いる「誇大自己」と「誇大妄想」という

言葉は，しばしば誤解される。

コフートは，誇大自己と理想化された親イマーゴの発達過程に関してはそれまでの思索（1966）を繰り返す。彼がそこで力説するところに従うと，深刻な外傷の影響によってこれらの構造のいずれもがパーソナリティに統合されていない場合，結果として，誇大自己の太古的な要求は持続し，理想化された親イマーゴは，緊張調整をはかってくれる理想化された対象を探し求めることになる。これらの自己愛的布置は，外傷のために発達が阻害されているものの，相対的には安定しており，治療関係において，それぞれに特有の転移様の体験のなかで復活する。コフートは，自己愛の布置が臨床的に復活したものを「自己愛転移」と呼ぶ。彼は，誇大自己の動員に対して「鏡転移」という言葉を考案し，理想化された親イマーゴの活性化に対して「理想化転移」という用語を考案している。彼はこの論文を，『自己の分析』のなかで提示した「より広範囲に及ぶ研究」のための「予告編」とみなした。

『自己の分析』のなかの序論

自己愛の脆弱性をめぐるコフートの最初の関心が，マンの『ベニスに死す』の主人公・アッシェンバッハの断片化への彼の感受性のなかに表現されてから，重要な著作である『自己の分析』（1971）が出版されるまでに、23年の歳月が流れている。精神分析における彼の旅は，古典的理論を基礎に出発し，精神分析における探索方法，メタ心理学，および自己愛からなる一群の興味へと展開し，自己の心理学への発展で最高潮にいたった。コフートは23年間にわたって，論文や各種の討論，研究所での講義を通じて彼のアイデアを発展させた。『自己の分析』は彼のこの時代の一大収穫である。それは，自己愛について当時，優勢であった，価値観を帯びた分析的思考に対して挑戦的なアイデアにあふれた学術書である。

コフートにとって精神分析理論は，（静的というよりも）展開し続ける知識体系であった。そうであったからこそ，コフートは，彼の思索を，フロイトのアイデアを退けるというよりも拡大するのだという精神で表現した。アメリカ精神分析学会の元会長としての彼は，精神分析学界の組織の硬直性を

理解しており，彼の新しいアイデアを有力な古典的理論の文脈と言語のなかで注意深く提示した。そうするために彼は，リビドー対象およびその無意識的表象と，彼が理解して新たに定式化した自己愛対象およびその無意識的表象を繰り返し比較，対比する。彼はこのことをじつにうまく行っているので，『自己の分析』は，リビドー対象と欲動防衛に関する心理学の研究に興味のあるすべての者にとって優れた手引き書である。

概要

コフートは，自己愛に関するハルトマンの定義，すなわち自己愛は「自己へのリビドー投資」（1971, p. xiii）であるという定義を採用する。ハルトマンにならって，彼は自己について次のように示唆する。自己は自我とは別のものであり，自我，イド，あるいは超自我のような心の機関として考えられるべきではない。むしろ自己は，対象表象と同様に，さまざまな，場合によっては対立的な性質を含んでいる，心の内部のある構造である。

コフートにとって重要なことは，彼の理論が誤用されないためにも，自己愛障害を明確に定義し，それを精神病および境界状態から区別することである。彼はこれらの鑑別診断を強調するが，その一方で，自己愛パーソナリティ障害の人びととの分析においては，ときには精神病や境界パーソナリティ障害おいて見られるものと似た症状を伴う退行的な揺れ動きがあることにも言及する。コフートは，自己愛パーソナリティ障害の患者を精神病患者およびいわゆる境界例患者から区別する心理的資質を概説する。その資質とは，発達的に停止しているが，安定している内的対象が存在しており，その対象が，不安定だが，凝集的な自己に貢献していることである。内的対象は発達的に停止していても，安定性を備えているので，重篤な断片化に陥る危険性のない特殊な安定した自己愛転移という形で復活し,現れることができる。コフートの主張するところ，自己愛転移の一つが自然に立ち上がって成立することは，信頼できる診断的指標であり，自己愛パーソナリティ障害の個人を精神病状態あるいは境界状態の個人から鑑別する。

鑑別診断に関する考察のなかでコフートは，自己愛障害と古典的転移神経症（transference neuroses）（つまり各種の精神神経症）についても比較す

る訳注3)。コフートに従うと，転移神経症の場合には，対象は自己からよく分化しており，またその病理は（凝集性の不十分な）自己にあるわけではない。転移神経症の病理は，幼児期の対象への近親相姦的衝動をめぐる葛藤の体験である。そこで起こる不安は，処罰あるいは去勢の恐怖に関連している。

対照的に，自己愛障害の個人にとっての不安は，自己が，その傷つきやすさと，断片化に陥りやすい傾向に気づいていることに関連している。中心的な病理は，自己愛の布置の発達停止にある。その発達停止が，自己を自己愛の信頼できる凝集的な源泉から遮断しており，自己評価を正常水準に維持し，調節することを困難にしている。

自己愛の発達ライン

『自己の分析』の序論の部分では，自己愛の発達に関するコフートの仮説が提示され，誇大自己と理想化された親イマーゴからなる無意識的な自己愛の布置が述べられている。しかしながらこの点について私は，コフートの仕事から離れて，無意識的な布置の概念について簡単に論じることが役に立つだろうと思う。

無意識的な布置は，無意識系における欲求，願望，感情，空想，および記憶の集合体である。幼児期のエディプス物語は，そうした布置の一つである。そのエディプス的布置は，無意識系のなかにある願望，感情，恐怖，および空想の集合体を代表しており，内的生活と，その内的生活の外的世界における表現を動機づける。もちろん，それ以外の布置をもつことは概念上ありう

訳注3) 古典的転移神経症は，これまでの章で，単に神経症，エディプス的な恐怖症，精神神経症などと表現されたものである。つまり，本文にもあるように，フロイトが描いた，エディプス的欲動をめぐる葛藤が中核的な問題とされる神経症である。それは，葛藤的な欲動にまつわる対象や感情が転移されるという意味で「転移」神経症である。また，欲動満足の単なる現実的な過不足によって生じるとされる「不安神経症」，「神経衰弱」（一括して「現実神経症」と呼ばれる）とは異なり，欲動葛藤とその防衛といった内的な精神的機制によって形成されているという意味で「精神」神経症なのである。またそれは，構造論的な葛藤によるものという意味で構造神経症とも呼ばれる。古典的転移神経症が精神分析の主要な適用対象とされてきたが，コフートは，欲動-葛藤モデルから，自己愛-欠損モデルに移行して，分析の対象外であった「現実神経症」とみなされる病態も自己愛の病理の観点からアプローチする。

ることであり，コフートは，誇大自己と理想化された親イマーゴも同様に無意識系における布置であると主張する。コフートの考えでは，これらの布置はパーソナリティの自己愛領域の核心部分を構成している。それらは，心のなかの重要な構造である。「構造」という言葉と「布置」という言葉は，コフートにとっては同義なのであり，彼はそれらを互換的に用いる。

　自己愛の布置の特性と本質を把握することが欠かせない理由は，それらが，心の機能を理解するうえでコフートにとって重要であるからである。誇大自己という布置は，完全な自己にまつわる空想から生じる。しかし前述したように，私が思うには，「誇大自己」という命名はそのいささか否定的な意味合いのためにこの布置にとって不幸なものである。誇大自己の顕示的な自己愛を描写するためには，「高揚自己（expansive self）」という言葉のほうがよかったかもしれない。だがしかし，誇大的な空想こそが誇大自己の観念内容なのであり，その空想は全知全能という要素を含んでいる。そうした例として，私たちは，漫画のスーパーヒーローのあの超人的な特性について思いをめぐらせるであろう。こうしたヒーローたちの誇張された超能力は，誇大自己のパワーを表している。こうしたヒーロー——彼らにはあらゆることが可能である——が人気を博するのは，子どもにとって（さらには大人にとっても）誇大自己を構成している空想の魅力に根ざしたのである。その空想のなかでは，何の制限もなくすべてのことが達成できるのである。ヒーローは，高いビルを一跳びで越えたり，山を動かしたり，心を読んだりすることができる。無限の身体的，知的な能力にまつわる空想と並んで，飛翔にまつわる空想もいたるところに見られる。際限なく拡大する感覚がそうした空想の重要部分である。無限の能力のために，また単に存在しているだけで，見つめられ，熱愛され，称賛されたいという顕示的な願望は，誇大自己の感情面の特質である。私たちは，大胆に振る舞う二歳児のなかにこの無意識的な布置の生（なま）の表現を見るのである。それは，どんなことでも試み，すべてを知っており，「このぼくを見て」「この私を見て」と求める誇大自己である。

　幼児期のエディプス物語が，外的世界における感情と行動に影響を与える無意識的な願望，恐怖，および記憶の集合体であるのと同様に，誇大自己もまたそうした集合体であり，無限の能力という物語と顕示的な願望を備えて

いる。概念上，誇大自己は無意識系に属していて，行動と自己評価の調整に影響を与え，そして最終的には野心の調整に影響を与える。

　もう一方の自己愛の布置，つまり理想された親イマーゴは，結びつきたくなる完全な他者にまつわる空想からなる。こうした全能の存在との結びつきは，満足，強さ，およびまとまりの感覚（wholeness）をもたらす。理想化された親イマーゴの物語は，完全な他者と融合したいという願望にまつわる物語なのである。その完全な他者は，知恵，優しさ，膨大な知識，無限の強さを備え，さらに，なだめたり，鎮めたり，情緒的安定の維持を助けたりする能力を所有するとみなされる。そうした他者との融合はまとまりの感覚をもたらす一方で，そうした他者とのどのような分離も，バラバラであるという感覚をもたらす。理想化された親イマーゴもまた，無意識的な願望，恐怖，および記憶の集合体であり，緊張の調整に影響を与え，最終的には人のなかの崇められる理想の一部となる集合体である。

　コフートが，誇大自己と理想化された親イマーゴついて「太古的な自己愛の布置」として言及するのは，それらが，もともとの完全性を保持しようとする早期の無意識的な試みから生じているからである。それらの中心的メカニズムは，「私は完全である」＝誇大自己，「あなたは完全である，しかし私はあなたの一部である」＝理想化された親イマーゴ，と表現されてよいであろう。

　コフートが主張するには，これらの二つの布置は最初から共存しているが，別個の発達ラインを備えている。太古的な誇大自己は，最終的には手なずけられて，成人のパーソナリティに統合され，「私たちの自我親和的な野心と目的のために，また私たちの活動の喜びのために，さらには私たちの自己評価の重要な側面のために燃料を供給する」（1971，p.27）。図4-3は，コフートの描く自己愛の発達ラインを敷衍したものだが，そこには，誇大自己に端を発して，最終的に野心の形成にいたる顕示的な自己愛の成熟過程が示されている。一方の理想化された親イマーゴもまた，精神的組織の構成要素になり，その構成要素になった理想の内的主導性を通じて影響力を行使する（Kohut，1971，p.28）。図4-3には，理想化された親のイマーゴに端を発して，最終的に理想の形成にいたる，理想化をはかる自己愛の成熟過程も示されて

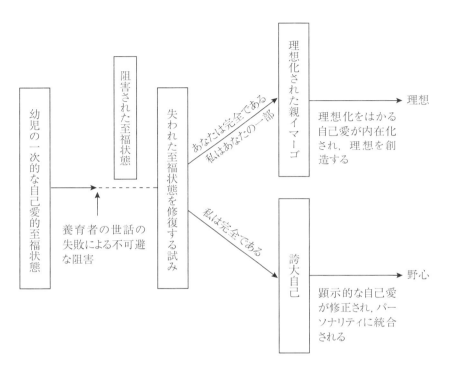

図 4-3　自己愛の発達ライン

いる。

自己愛の発達停止

　コフートは，発達中の自己愛の布置に外傷が及ぼす影響について，この著作の後の個所で詳しく述べるが，序論の部分でも簡単に触れている。誇大自己について彼は，次のように書く——「もしも幼児が自己愛の重篤な外傷に苦しんでいるなら，誇大自己は，関連する自我の内容に溶け込むことはなく，未変更のまま保持されてしまい，その太古的な目標の充足のために懸命に努力する」(1971, p.28)。図 4-4 は，外傷によって誇大自己がその発達を成し遂げる機会を奪われてしまっている様子を示している。図 4-5 は，理想化さ

れた親イマーゴの発達における外傷的状況を示したものだが，その点についてコフートは次のように書いている。

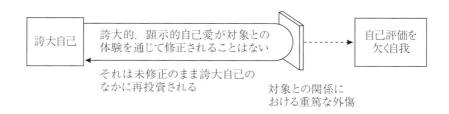

図 4-4　誇大自己の発達における外傷

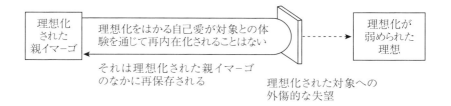

図 4-5　理想化された親イマーゴの発達における外傷

　もしも幼児が賞賛を向けている大人に対して外傷的な失意を体験してしまうなら，理想化された親イマーゴもまた未変更のまま保持されてしまい，緊張の調整をはかる精神的構造には変容されず，利用可能な取り入れ物 introject という地位を獲得することもない。それは，自己愛のホメオタシスを維持するのに欠かせない太古的な移行的自己対象のままにとどまる。

(Kohut, 1971, p.28)

　以上が，自己愛の布置の発達停止についての大まかな概略である。コフートの主張によると，エディプス的布置がそれに特異的な転移において表現さ

れるのと同様に，自己愛布置もまた，それに特異的な転移において表現される。私が第5章と第6章で引き続き論じる『自己の分析』は，自己愛の変遷に関わる問題，つまり，その発達や転移，技法上の取り扱いをめぐる問題に対するコフートの徹底した研究である。

第5章

『自己の分析』Ⅰ：理想化された親イマーゴ

　これからの二つの章では，理想化された親イマーゴと誇大自己についてのコフートの概念と，これらの布置が治療場面のなかで活気づくときに生じる臨床的現象，つまり転移を扱う。さらに私は，私たちがこれらの概念をどのように精神分析的精神療法に適用するのかを示すために事例を提供するつもりである。

　成人患者の分析から導かれた，発達早期の精神状態をめぐる再構成が，コフートが自己愛的布置を定式化する際に依拠した基礎的情報である。しかしながら彼は，成人の情緒生活への共感的没入によって得られた情報をもとにそうした早期の体験を定式化することの難しさについても注意を促した。

> 早期の体験の精神分析的定式化は難しく，危険性も伴う。精神分析的観察の主要な手段である私たちの共感に対する信頼性は，被観察者と観察者とが似ていないほど低下し，したがって，精神発達の早期の段階は，私たち自身への私たちの共感能力に挑戦するものだということは，特筆されてよい。
>
> 　　　　　　　　　　　　　　　　　　　　　　　　（Kohut, 1971, p.38）

理想化された親イマーゴ

　このように注意を促しながら，コフートは，自己愛的布置の一つの要素，つまり理想化をはかる要素を，「精神発達の早期段階の二つの側面のうちの一つが精神分析中に復活したもの」として描く。その一方，第二の側面が復活したものが誇大自己である。二つの布置は早期の発達において同時的に展

開するが，それらは，崩壊した至福の完全状態を修復しようとする幼児の試みである。理想化された親イマーゴに関連する側面では，心は「太古的な原初の（移行的）自己-対象」（Kohut, 1971, p.37）に完全性を割り当てる。

　あらゆる力がその理想化された対象のなかには宿っていると体験されるので，幼児は，全体としてのまとまりと活気を感じようとしてその対象との恒常的な一体化を求める。しかしながら幼児は，最終的には，理想化されたものを取りもどさなくてはならない。取りもどせないなら，幼児は，完全無欠だと感じられる理想化された人物への愛着を永遠に求めるであろう。コフートの理論では，恒久的な精神構造は，理想化をはかる自己愛が再内在化されるときに形成されるのであり，それはいくつかの過程を介して生じるとされる。その一つの過程は，親の実際の限界という現実をめぐる幼児の体験を通じて理想化が徐々に修正されるという過程である。コフートは最初，1963年に記述されたこの過程を「対象通過（passage through the object）」と呼んだ。対象を通過することが，理想化を減少させるだけでなく，親の情緒的な態度と反応の特定の性質を幼児が内在化するのを可能にするというのである。

　もう一つの構造形成過程である「変容性内在化」は，フロイトが1917年に述べた喪の過程（mourning process）に似ている。フロイトによると，精神的構造が発達するのは，喪失体験の後のことである。すなわち，失われた対象へのリビドー投資が引込められ，そのリビドーが無意識的記憶という形で内在化されるときである。失われた対象は記憶のなかに保持され，その対象の性質がパーソナリティの一部となる。

　コフートの考えでは，精神的構造は，養育者に向けられていた理想化が徐々に引込められるときに発達する。理想化されていた対象の内在化が，そうした対象によってそれまでに遂行されていた心理的機能を引き継ぐ新たな構造を生み出す。その構造は対象の個人的な特性を備えていないものになる。理想化の分割的な（fractionated）撤収は，幼児の失望が徐々に起こって，取扱いが可能であるときに生じる。コフートは，この漸進的な幻滅を「最適の欲求不満」と呼んでいる。急速に起こる大規模な幻滅状況では，欲求不満は最適なものにはならず，幼児は圧倒的な喪失に対処できず，その結果，変容

性内在化は生じない。

対象のタイプ：自己−対象，真の対象，および精神的構造

　コフートは，自己愛障害を理解するうえで重要な鍵になるのは次のことだと強調する。それは，幼児のために心理的機能を遂行する対象は，その対象が遂行する機能をめぐって体験されるのであり，対象の特殊な個人的特性に関して体験されるのではないということである。そうした対象は，幼児によって自己の一部として体験される。対象がその機能を果たすとき，対象は，幼児には手足やその他の身体部分であるかのように，存在して当たり前のものとして受け取られるのである。対象がその機能に失敗したときにのみ，対象は注意を引く。コフートは，自己の一部として体験される対象を自己−対象と名づけている。自己−対象は心理的機能として存在しており，それと区別される真の対象として体験されることはない。1978年にはコフートは，機能を提供する対象は自己から分離したものとしては体験されないことを提案するために，自己−対象という表現からハイフンを取り去って，「自己対象」という用語にした。コフートは，その前年，ずっとこの変更について熟考し，1978年10月29日，ウォルフ夫妻の家でその最終決定を行った（Wolf, 1996）。ハイフンのない「自己対象」という用語が最初に使用されたのは，同年の後半に発表されたウォルフとの共著論文であった（Kohut and Wolf, 1978）。

　自己−対象とは対照的に，真の対象は，自己から心理的に分離している別個の存在である。真の対象は「愛情と憎しみの対象」になることができるが，それは，「心が太古的な対象から分離していて，自律的な構造を獲得しており，他者の独立した動機づけと反応を受け入れ，相互関係という概念を理解している」（1971, p.51）場合のことである。

　一方，精神的構造は，それまで自己−対象によって遂行されていた慰撫的，緊張調整的，適応的な機能の内在化されたものである。そうした精神的構造は，古い理想化された対象に投資された自己愛の漸進的撤収の結果として発達し，それらは，自己−対象の不在状況でも理想化された対象の機能を遂行

し続ける。

理想化転移

　コフートに従うと，最適の内在化は，幼児が，理想化された親をめぐって外傷的な喪失を体験するときには起こらない（図4-5）。その場合，そうした親が徐々に少しずつ内在化されるという経験が得られないので，必要な心理的構造が発達せず，幼児は欠けている構造の代理を果たす自己－対象との転移関係に依存してしまう。コフートによると，

> （幼児は）必要な内的構造を獲得できず，幼児の心は太古的自な己－対象に固着するであろう。それは，強烈な対象飢餓のような現象を呈する。そのように対象を追い求めてそれに依存する際の激しさは，対象が精神構造の欠けている部分の代理として渇望されているという事実による。そうした対象は（心理学的な意味での）対象ではない。というのも，それらは，その属性のために愛されたり，賞賛されたりするわけではないし，それらのパーソナリティや行為の実際の特徴はぼんやりとしか認識されないからである。それらは，思い焦がれるような対象ではなく，幼児期に確立されなかった精神装置の一部の機能の代理のために必要とされるのである。
>
> 　　　　　　　　　　　　　　　　　　　　　（Kohut, 1971, pp.45-6）

　コフートは，理想化された親イマーゴの障害を三つのグループに分けている。それぞれの性質は，図5-1に示されているように外傷の時期に依存している。最初のグループは，発達早期の前エディプス期の外傷に関係している。その外傷は，心が自力で自己愛のバランスを維持したり，その再確立をはかったりする基本的な能力の発達を妨げる。この早期の外傷は重篤であり，通常，養育者の非共感的なパーソナリティの結果である。幼児の情動的な欠求への調律が発達早期に欠けていると，幼児は，刺激から保護するとか，緊張を調整するとか，最適の刺激を提供するといった母性的機能から遮断されてしまう。しばしば，この種の障害に苦しむ人びとは，（欠いている）内的構造の

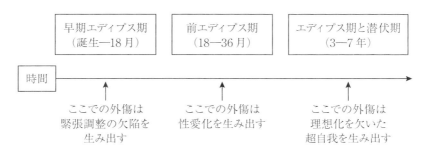

図 5-1　発達的連続体における外傷のもたらす結果

緊張調整的な機能および慰撫的な機能の代理を果たす中毒性物質に依存する患者になる。

　障害の第二のグループは，もっと後期の前エディプス期の外傷からなる。その外傷は，コフートのいう，欲動を支配し，欲動を中和する「基本的な自我組織」を妨害する。この時期の外傷は，自己愛的欲求を性愛化する傾向を生み出し，成人の場合には，その傾向は，性愛化された行動という形で表現される。コフートはこれらの性愛化を，自己愛的に障害された自己をなだめて落ち着かせる試みとして理解している。

　障害の第三のグループは，エディプス期や，超自我がいまだ不完全な初期の潜伏期における外傷の結果として生じるものである。エディプス期および初期の潜伏期に外傷を体験している成人は，価値観や道徳的規範を含む超自我を備えているかもしれないが，「外的な理想化された対象を永遠に求めるであろう。彼らはそうした対象から，十分には理想化されていない彼ら自身の超自我には提供することができない承認と主導性を獲得しなくてはならないのである」(Kohut, 1971, p.49)。

　コフートの主張するところでは，さまざまな理想化転移は，理想化された親イマーゴの発達停止中の特殊な欲求を表現しており，それらは自己愛パーソナリティ障害の病理に特異的であり，これらの人びとの分析の過程でしだいに確立される。

臨床例

理想化された親イマーゴと，それに対応する転移をめぐる臨床的問題を示すために，コフートは，症例Aを提示している。Aは20代の男性で，漠然とした抑うつ気分，同性愛的空想，意欲・興味の低下，および仕事に創造性が発揮できないことを訴えて治療にやってきた。症状がいつも決まって表面化するのは，彼にとって重要な年上の男性たちが彼に興味を示してくれないように感じられるときであった。彼らが承認していないような様子が見られると，彼は抑うつ的な，生気の失せた気分に陥ってしまい，その後は，怒りに満ちた，冷ややかで傲慢な孤立と，創造性の減退が続いた。生活に対する意欲や興味は，ふたたび彼らに受け入れられていると感じたときに回復するのであった。

年上の男性たちからの承認に対するAの敏感さは，父親との体験から生じていた。父親は成功したヨーロッパの実業家であった。Aは潜伏期の少年のころ，仕事がうまくいっていた父親を理想化していたが，生活の地がドイツ軍に占拠されているあいだに父親は仕事を失った。家族は新たな地域に移った。父親は元気になって再起をはかった。父親はそこで成功をおさめたが，その喜びもつかのまであった。ドイツ軍がその新たな地域にも侵攻したために，父親は仕事を再び失い，抑うつに陥った。父親の抑うつは，それまで父親のことを，ドイツ軍を前にしても不死身であると見ていたAにとって外傷となった。コフートの説明によると，Aが後に傷つきやすい人間になったのは，変容性内在化の過程が中断した結果であり，その中断は，父親が抑うつ的な無力状態に陥ったときに生じた大規模な脱理想化（幻滅）de-idealization によって引き起こされたのであった。その中断は，理想化の不十分な超自我を彼に残した。その超自我は父親の価値観を内在化していたので，道徳的要請に関しては機能していた。しかし彼は必要な漸進的内在化から断たれていたために，超自我は，その気高い地位を欠いており，彼が実際に超自我の基準に達したときでも彼の自己評価を高めることができなかった。自己評価は，年上の男性という外的な源泉が彼と彼の仕事に賞賛を与えたときにのみ維持されるのであった。

コフートは，Aの自己愛障害の三つの主要な要素について述べている。

① 気が動転した際に緊張を処理して，自己を落ち着かせる機能の広範な脆弱性

Aの人生における明白な外傷的出来事は潜伏期に起こったにもかかわらず，脆弱性の種がまかれたのは，非調律的な母親が彼の欲求に共感的に応答できなかった早期の前エディプス的な時期であった。彼の人生の早期においては，たった一度の外傷的出来事があったというわけではない。外傷となったのは，母親のパーソナリティであった。この点についてコフートは，以下のように主張する。通常，最早期の時期においては，母親の適切な共感が，なだめて緊張を調整するという母親の資質が内在化されるのを促進する。共感的な母親と一緒になって，幼児は緊張調整的な心理的構造を形成するのであるが，それは，心を落ち着かせ緊張を調整してくれる母親の機能の数多くの微細な内在化を通じてなされる。構造形成的な内在化は，母親が過剰に共感的であったり，非共感的であったりすると生じない。そうした場合には，なだめて緊張を調整してくれる外的な源泉に幼児を依存させることになる。

Aの状況と同じような状況では，つまり母親が共感的な調律に失敗している場合には，しばしば幼児は代償的に父親のほうに関心を向ける。そうした場合に，もしも父親が，自らが理想化され，次いで，精神的に対処可能な範囲で徐々に脱理想化される de-idealized ことを許容するならば，重要な構造が形成される。しかし，代償的な親に対する脱理想化が大規模であるときには，Aの場合のように構造形成の第二のチャンスが失われ，幼児には広範な脆弱性が残される。

② 自己を落ち着かせる能力と緊張を調整する能力の性愛化

Aは理想化された男性による支持を失った後に抑うつに陥ったとき，屈強な男性たちを支配して彼らに自慰行為をさせるという空想を抱いた。分析作業を通じてコフートが理解したのは，これらの空想は，行為には移されなかったものの，理想化された男性の強さを獲得したいという願望の性愛化されたものだということであった。これらの空想は，失われた活力を再獲得する修復的な試みであった。

③ 自己愛の傷つきへの反応としての，反応性の誇大自己の活性化

私は誇大自己と鏡転移に関するコフートの見解を論じるときに，この点を

さらに詳しく述べる予定である。さしあっては，反応性誇大自己は，傷つきに反応して出現する防衛的誇大性――その格好の例は「あなたが私を解雇できないのなら，私からやめてやる」という開き直りである――として理解するのが最善であるかもしれない。反応性の誇大自己が，傷つけられた後にAが示した高慢で冷ややかな孤立的態度の理由であった。

理想化転移の臨床的，治療的側面

　コフートは，自己愛に起源をもつ理想化転移と他の形態の理想化を区別する。たとえばエディプス的対象への理想化の場合には，その対象は，分離した単位として，また自己から分化したものとして体験され，さらに独立した固有の主体性をもつものとして体験される。エディプス的対象との関係は，相互関係という要素を含んでいる。これは，自己対象への理想化とは異なる。自己対象への理想化の場合には，対象は分離した存在としては体験されず，相互関係の体験は不可能である。

　もう一つの理想化，つまり，分析家の分析機能への理想化は，陽性転移の一部である。それはあらゆる種類の精神療法において存在するものであり，それによって分析作業が可能になる。分析機能への理想化は分析作業が進展するうえで重要なのであるが，しかしコフートが思うには，それは補助的な転移であり，分析作業の内容にとって中心的なものではない。対照的に，理想化された親イマーゴの治療的な活性化によって動き出す理想化転移は，不完全な精神的構造にとって核心的なものであり，分析作業の重要部分である。

　コフートは理想化転移のいくつかのタイプを同定し，発達上のタイミングが，理想化転移の形態にとって重要な役割を果たすという。早期の外傷を体験している人びとは，広い範囲にわたって何かと自己愛的に傷つきやすく，それに苦しむ傾向がある。彼らは，自己評価がひどく動揺した際にバランスを取りもどすことが困難であり，理想化された分析家が，彼らに欠けている慰撫機能と緊張を調整する機能を提供してくれることを期待する。コフートがいうには，これらの理想化転移は，発達早期の養育者の能力の欠如を反映しているのである。つまりそうした養育者は，幼児を過剰刺激あるいは過少刺激という事態から守り，幼児が動転したときには落ち着かせ，さらに緊張

第5章 『自己の分析』Ⅰ：理想化された親イマーゴ　109

を調整する機能を提供するということができなかったのである。

　もっと後期の外傷から生じる理想化転移は，より容易に認識できる。Ａの場合のように，それらの外傷は，理想化された対象がいなくなったり，病気にかかったりしたために，そうした対象がいきなり大規模に脱理想化されることから生じる。こうした外傷状況では，全能的な対象――つまり理想化された親イマーゴの表現型――に付着したいという思いは，隠れてしまう。それは，第6章で論じられるように，水平分裂（抑圧障壁）のもとに抑圧されるか，垂直分裂のなかで否認される。対象を徐々に脱理想化していく機会は失われ，変容性内在化は起こることができず，そして，超自我は，それが理想へと高まっていく機会を奪われる。こうしたことから，理想化された対象との一体化が際限なく求め続けられるのである。

　コフートは，自己愛に障害のある人びとのために分析過程を引き起こし，維持するうえで必要な技法上の留意点をいくつか語った。また、1971年の段階において治癒過程の本質だと彼がみなしたものを提示した。治癒過程についてのそのアイデアは、13年後に『自己の治癒』（1984）においてさらに展開されることになる。

　コフートによると，古典的転移神経症に対する分析作業と同様に，自己愛障害に対する臨床的作業も，転移が確立される時期と，転移形成後の徹底操作の時期とに分けることができる。最初の時期には，理想化転移が活発になることへの抵抗が見られる。それらの抵抗は，夢やその他の連想において明らかになる。転移が活発になることへの恐怖には多くのものがある。そのうちのあるものは，早期の理想化対象の冷たくて信頼できない予測不可能なパーソナリティと，そうしたパーソナリティによる外傷体験にふたたびさらされる恐怖に起因する。抵抗を誘発する別の恐怖は，理想化された対象と融合したいという願望が出現するために自らの個性的なパーソナリティを失う不安である。

　技法上の提案のなかでコフートは次のように示唆している。

　　分析家は，これらのすべての抵抗の存在を承知していて，友好的な理解
　　でもって抵抗を患者に明らかにしなくてはならないが，しかし一般的に

は，分析家はそれ以上に安心感を提供する必要はない。概して期待できることだが，病理に特異的な退行は，分析家による早過ぎる転移解釈…あるいはその他の有害な活動によって妨害されないかぎりは，自然に成立するであろう。転移神経症の分析のためにフロイトが提示した，分析家の適切な態度についての記述もまた，自己愛パーソナリティ障害の分析に一般論として適用される。…

　ここで私がただ一つ強調したいことは，（治療同盟を形成する必要性からときには正当化されることのある）分析家の側からの著しく友好的な行動は，転移神経症の分析の場合と同様に自己愛パーソナリティ障害の分析の場合にも得策ではないということである。転移神経症の場合には，そうした行動は誘惑的なものとして体験され，人工的産物としての転移を生み出す可能性がある。自己愛パーソナリティ障害の場合には，そうした行動は一般に，繊細な患者には恩着せがましい態度として体験される。そうした態度は，被分析者のプライドを傷つけ，孤立と疑惑（換言すれば太古的な形態の誇大自己に退却する傾向）を強め，かくして，患者に固有の病理に特異的な退行を妨害する。

(Kohut, 1971, pp.130f, and 88-9)

　コフートはしばしば，無意識的願望を充足させることに警告を発する伝統的立場の批判者から，患者に対する過度に友好的な態度を定着させたという理由で攻撃された。こうした批判は，分析家の人間的な応答性と無意識的なリビドー性の願望の充足とを混同しているのだが，それは，コフートの技法上の推奨についての誤解にもとづいている。読者にはお分かりのように，コフートが転移神経症の治療と自己愛障害の治療に関して推奨していることは，基本的に同じである。

　コフートが述べるには，自己愛障害における徹底操作の過程は，病理に特異的な自己愛転移が確立され，理想化された自己対象との結びつきによる自己愛的均衡が達成された後になって，ようやく始まるのである。理想化自己対象としての分析家との絆がそのまま保持されると，被分析者は，自分がまとまっていて，健康的で，魅力もあって，創造的である，と感じる。徹底操

作の過程は，その絆が途切れるときに開始される。自己愛障害においては，そうした途絶は，転移神経症の場合のように分析家に向けられた攻撃的願望にもとづく無意識的な反応に起因するというよりも，分析家と患者とのあいだの関係を損なうような出来事に起因するのである。

　自己愛的な絆の途絶が起こると，患者はしばしば意気消沈したり，激高したり，冷たくよそよそしくなったりする。途絶と結びついた意気消沈は，病気や事故のために自らの身体へのコントロールを失うときに体験される意気消沈と似ている。途絶するまで患者は，自らの身体に対して絶対的な支配力を有しているように，自己対象としての分析家にもそうした支配力を有していると確信している。断たれた絆は，自己対象としての分析家がコントロール不可能であることを患者に思い知らせる。理想化転移の病理に特異的な退行においては，分析家は分離した独立した個人としては体験されない。分離しているという体験，たとえば，休暇を取るという分析家の決定や，分析家の冷淡さを示唆する兆候，即座の理解の欠如，スケジュールの変更，週末の分離，さらには患者に配慮した予定変更でさえも，それらの体験はすべて，意気消沈や激高という反応の引き金となる。

　もしも治療者が転移の発達的な性質を理解できるならば，これらの途絶をめぐる患者の不平不満を（たとえそれらが外部の観察者にはじつにささいなものに見えても）了解することができる。転移の太古的性質によって，途絶への患者の体験を説明できるのである。自己愛障害を効果的に扱うためには，治療者は，その共感を患者の自己愛的な愛着の水準に合わせなくてはならない。

　途絶への患者の反応は，コフートの治療において重要な位置を占める。途絶に関する彼の技法的提案は，途絶を引き起こした外的出来事をできるだけ正確に精査することであり，そうやって，その途絶が始まった特殊な相互作用の心理的意味を探し出すことである。コフートは，症例Gの分析からの素材を提示して，自己愛的な傷つきへの患者の感受性と，それを理解するのに必要な共感の水準を例示している。あるセッションの際にコフートが一週間ほど不在にすることを予告したところ，Gは冷たくよそよそしい態度でもって怒りを示した。Gの反応を理解しようと試みるコフートは，来たる分離に

焦点を合わせたが，しかし彼の説明と解釈はまったく役に立たなかった。最終的に彼は，絆の途絶についての正しい理解だと思えることに行き当たった。じつはコフートは，Gに来たる分離について告げた際に，それまでの経験から，Gが頻回に電話をかけてきて激しい反応を向けるであろうと予想したのであった。コフートは不在の予告をした際に，その予想された反応に対して硬く身構えたのであった。そのときのコフートの声は，「ほらまた始まるぞ」といわんばかりの腹立たしげな調子を伝えていた。そこでGはコフートの声の調子に反応し，コフートの尽きることのない共感としてそれまで体験していたものを失ったように感じたのであった。コフートがこうしたことに思いいたったのをきっかけに，彼ら二人が途絶の正確な性質を発見したとき，Gは心の均衡をふたたび獲得し，理想化された自己対象との接触をふたたび確立したのであった。

　臨床的なバリエーションは無数にあるものの，コフートは，自己愛障害における治癒過程の本質であると彼が信じている「わりと単純な原理」を述べている。

> 転移神経症の分析において効果が上がる条件とは対照的に，自己愛パーソナリティ障害の分析における徹底操作の過程の主要部分は，抑圧の解除に対する自我と超自我の抵抗に打ち勝つこととは関係がない。そうした抵抗も起こりはするが，しかし…徹底操作の過程の本質的部分は，自己愛的に体験された対象を失うことへの自我の反応に関係している。…本質的な徹底操作の過程は，自己愛リビドーが太古的な対象から漸進的に撤収されることを目指している。それによって，エネルギー備給が対象の表象（およびその諸活動）から，精神装置とその機能へと移行し，新たな精神的な構造と機能の獲得にいたるのである。
>
> 　　　　　　　　　　　　　　　　　　　　（Kohut, 1971, pp.94-6）

　1971年の時点でコフートは，自己愛障害の分析的な治癒の本質は，自己愛障害に特異的な徹底操作過程にあると考えた。すなわち，分析家との絆の取扱い可能な途絶が起こり，その後，理想化された自己対象への自己愛的な

エネルギー投資が撤収され，その結果，変容性内在化を介して精神的構造が形成されるというのである。

徹底操作の過程を促進する治療的な対応は，理想化された分析家との絆が断たれるたびに，分析家と患者の相互作用について注意深く探索することである。症例Gの場合のように，途絶についての本当の性質が正しく理解されるときには，理想化転移が再確立されるであろうし，患者は通常，現在の途絶の力動を明るみに出す記憶を想起するであろう。徹底操作は，構造の増進と，分析家の不在に関連する緊張への耐性の増大をもたらすであろう。理想化された自己対象は時間をかけて徐々に放棄されるので，理想化はさほど急速には撤収されることはなく，変容性内在化を導く過程が促進されるであろう。

コフートは，理想化転移への逆転移反応について注意を促し，次のように書いている——「もしも分析家が自分自身の誇大自己と折り合いがついていないなら，分析家は，その無意識的な誇大的空想が強烈に刺激されるという形で理想化に反応するかもしれない」(1971, p.267)。このことは，治療者のなかに困惑，恥，および過剰な自意識といった感情を引き起こすであろうし，そうした治療者はそこで，患者の理想化に防衛的に反応するかもしれない。困惑をもたらすような理想化を避けようとして，治療者は，早まって転移を解釈したり，過去の理想化された人物のほうに注意をそらしたり，理想化を敵意への防衛として解釈したりするかもしれない。治療者側のこれらの防衛的反応は，重大な結果をもたらす。それというのも，それらは理想化を振り払い，理想化された親イマーゴの活性化を中断させ，そこで，自己愛パーソナリティ障害の治療において展開する分析的過程を妨害するからである。

コフートは述べなかったが，これらとは別の逆転移反応がある。つまり，患者の理想化によって治療者の未修正の誇大性が興奮してしまうことである。もしも「母親の瞳の輝き」を求める治療者の欲求が発達期において十分に調整されていないならば，治療者は，患者による理想化が自己を高揚させてくれることに病的に執着するであろう。これは治療者の転移反応なのであり，もしもこの反応が認識されないならば，それは治療にとって重大な問題を引き起こす可能性がある。

臨床例

　病理の極端な形態のものを提示することは，例証するのに有益な方法である。その好例は，私の患者のジョンという 23 歳の白人男性である。彼は理想化転移のなかで，搾取的な男性のとりこになった人物である。私が彼を提示する目的は二つある。このケースを通じて私は，理想化された親イマーゴという布置の発達停止について概念的にいっそう明らかにしたい。さらに，自己心理学的な精神力動的精神療法が，傷ついた自己がその発達の軌道にもどるのを手助けすることを例証したい。

　ジョンは，大学一年のときに出会った年上のある男性との重要な関係のなかで生じた問題のために助けを求めた。その問題が起こったのは治療の 3 年前のことであった。その男性との関係が始まるまで彼は，家を離れて通い始めた大学での生活に適応するのに苦労していた。彼は若い女性に出会い，彼女のおかげで新しい生活への移行はより容易になったが，しかし彼女はいきなり彼のもとを去った。彼は取り乱したが，このとき彼はエリオットというカリスマ的な年上の男性に出会った。彼女を失って茫然自失のジョンが，まとまりのある自分を取りもどしたのは，エリオットという人物が，寛容の精神と完全な共有をめぐる宗教まがいの哲学を主張しているのを耳にしたときであった。

　エリオットは放浪しており，ジョンにも行動を共にするように誘った。エリオットを頼みの綱のように感じたジョンは，その誘いを受け入れた。そこで彼らは国中を歩き回った後に，最終的にある場所で大いに稼げる（しかし非合法的な）ビジネスを立ち上げた。その後しばらくしてエリオットは，自分がカルフォルニアに引っ越しているあいだビジネスを管理するようにジョンを説いた。ジョンは，稼ぎのなかから生活に必要なわずかな金額を差し引いて，残りのすべてをエリオットに送らなければならなかった。ジョンにとってエリオットとの結びつきはきわめて重要なものであり，ジョンは，ビジネスに打ち込んでエリオットの機嫌を取り続けることに必死であった。「従わないと無視するぞ」といわんばかりのエリオットの脅しに絶えずさらされていたジョンは，毎日，数回もエリオットに電話を入れることで安心するのであった。

ジョンが治療にやってきたとき，その生活は常軌を逸したものであった。エリオットとの絆を維持することに躍起になっていたために，ジョンの生活は，ひたすら働き，そして元気を維持するためにエリオットに頻回に電話を入れ，後は眠るだけ，というものであった。それ以外のことは何もなかった。ジョンは年に二度ほどエリオットのもとを訪れていたが，最後の訪問の際に「問題」が起こり，そのためにジョンには助けが必要になった。私たちが「問題」を注意深く検討したところ，エリオットの暴君的な要求がジョンをいら立たせ，怒りっぽくしていたことが分かった。しかしながらジョンの感情は，彼には真実味を帯びてはいなかった。むしろ彼が望んだのは，欠かせないエリオットとの関係が続けられるように，治療によってエリオットの要求に従うことができるようになることであった。

　ジョンが受けている束縛の心理的な起源を理解しようと試みるなかで，私は彼の家族的な背景に目を向けた。ジョンは五人の同胞の第三子であったが，彼は最初のうちは，家族について語ることはほとんどなかった。最終的に私たちに分かったことは，ジョンの母親もまた症例Aの母親のように空虚な人で，子どもたちの情緒生活に波長が合っていなかったことであった。気まぐれにしか共感しなかった母親は，子どもたちが動揺しているときになだめる能力を欠いていた。母親のパーソナリティと，情緒的調律の不足は，彼に，その内的生活の調整における広範囲の脆弱性を残した。

　そうした母親に育てられた子どもたちは，代償的に父親に関心を向ける。もしも父親が情緒的に利用可能であるなら，重要な精神的構造がまだ形成される可能性がある。製材所の工場長として働いていたジョンの父親は，いうまでもなく，ジョンの人生のおいて非常に重要な存在になった。ジョンは父親を誇りに思っていた。彼は「お父さんの工場」をワクワクしながら訪ねたことを覚えていた。しかしながら，ジョンが前思春期のときにその工場は閉鎖された。父親は失業し，重い抑うつ状態に陥った。ジョンは，もろい父親だからこそやすやすと傷つくのだと気づき，彼のほうが父親に対して保護的になった。父親が抑うつ的になったことで，ジョンは，自分が必要としていた安定させてくれる理想化自己対象を失ったのである。しかしながらひそかに彼は，自分に誇りと全体性をかつて感じさせてくれた強い父親に思い焦が

れた。子どもたちは，代償的な親をめぐる脱理想化が急激かつ大規模に起こると，構造形成の第二のチャンスを逸する。そうした状況は，子どもに広範な情緒的脆弱性をもたらす。ジョンの場合がまさしくそうであった。前思春期における外傷的な父親喪失は，彼に，安定させてくれる理想化自己対象への満たされない欲求を残した。ジョンの心の脆弱性は，彼をスポーツのコーチやその他の理想化された男性に向かわせた。ジョンは，自己対象性の絆をなんとか確立しようとして，彼らを喜ばせることに努めたのである。

　ジョンが家を離れて大学に通うようになったとき，彼の生活において過去の歴史が繰り返されたようであった。彼は気づくと，移行期の通過をある女性によって助けられていたが，彼女が彼のために果たしていた心理的機能を放棄したとき，取り乱すことになった。ジョンはそこでまたしても，自分を安定させるために，理想化された人物に関心を向けた。しかしながら，この機会は，惨憺たる結果になったのである。理想化の欲求の激しさが，感情から実感が失われていたこととあいまって，エリオットという理想化自己対象への隷属化をもたらしたのであった。

　私がジョンの治療に取りかかったとき，数多くの懸念があった。その第一のものは，診断に関するものであった。ジョンの生活の乱れぐあいは，混沌とした内的な世界を示唆するものであった。診断に関する私の疑問は，ジョンが潜伏性精神病——しばしば境界パーソナリティと名づけられる——に苦しんでいるのか，あるいは，彼の内的構造は安定しており，ただ単に発達が停止しているだけなのか，という点にあった。メタ心理学的な用語で表現するなら，私の疑問は次のようになる——「内的対象が十分には構造化されていないのか，あるいは理想化された親イマーゴは安定しているものの，発達早期の形態のまま凍りついているのか」。もしも理想化された自己愛的布置は組織化されているものの，そのさらなる発達が阻害されているのであれば，停止した領域の成長は，治療状況において安定した転移が再動員されることで再開されるであろう。その一方，内的対象が十分には構造化されていないなら，転移は安定しないであろうし，成長は再開されないであろう。そうした場合には，治療目標は防衛を支持し，過剰刺激にさらされる体験を防ぐということになるであろう。

ジョンの内的生活の病理性がはっきりしないうえに，情緒を取り扱う彼の能力についても不確かであったために，私は，激しい退行を刺激する治療は避けたかった。彼の体験が激しいものにならないように，週に1回が原則の対面法による精神療法を行うことにした。驚いたことに，私の心配とは裏腹に治療は9年ものあいだ混乱もなく定期的に進んだ。

最初のころ私たちは，ジョンの生活の現実的な危険性と，エリオットとの関係において彼が体験した「問題」に焦点を当てた。私は善悪の判断を下さない態度で接して，ジョンの安全感を求める欲求と同盟を結んだ。私は，彼の仕事の非合法的な側面に反対する道徳的態度を取らなかった。やがて，生活のなかの危険なことがらについてのジョンの否認は減少し，彼は危なっかしい状況の現実を認めるようになった。

私たちは，エリオットを攻撃することなく彼ら二人の関係における「問題」を探究した。私は，エリオットが暴君的な人物だということをジョンが体験したときにはその体験を肯定し，彼が感じた「緊張」は厄介な要求がましい人物に対する自然な反応である，とコメントした。また，「緊張」はそうした状況では健康で正常なものだが，彼が自分の感情を信頼できないことは問題である，と示唆した。

ゆっくりとジョンは，エリオットがいかに彼を搾取していたかを理解していった。非解釈的で非教育的な，現実と向き合う作業がおおよそ2年ほど経った後に，ジョンは自分を解放したいという願望を声に出した。彼は，離れて行ってしまうとエリオットが彼に報復的な危害を加えないだろうかと心配したが，しかしエリオットは，ジョンが電話をかけるのをやめたとき，どこかに姿をくらましただけであった。混乱した治療体験になるのではないかという私の懸念は，杞憂であったことが明らかになった。治療は円滑に進展し，どのような重大な途絶もなかった。私はここまでのこの驚くべき経過をどのように説明したらよいのか。

私が信じるところでは，ジョンは時間をかけて私とのあいだで静かな理想化転移を確立したのであった。それは，愛着して心を穏やかにしたいという欲求を満たし，そしてそのおかげで彼は，エリオットが去ってもかまわないという気持ちになることができた。安定した転移を形成するジョンの能力は，

診断に関する当初の疑問に答えを出した。成長が再開するのに必要な構造が存在していたが，それは停止していたのであった。しかしながら，治療のこの時点においては，どのような構造的変化も起こっていなかった。理想化自己対象にしがみつきたいというジョンの欲求は変わらなかった。選択の対象が変わっただけであった。

　重大な診断的な疑問が解決され，私はそこでジョンには情緒に耐える力があることを確信した。理想化転移を積極的に取り扱っても安全であるように見えた。この作業のための機会が訪れたのは，ジョンが定職に就くことや大学にもどることについて考えをめぐらせたときであった。私は，仕事や復学をめぐる考えのある部分が転移に関係しているのではないかと思った。適切な折りを見て私は，理想化対象との絆を維持するために理想化対象を喜ばせたいという彼の欲求を問題として提起した。私は，仕事や復学をめぐる彼の考えが，私を喜ばせたい欲求の一部であるのか，と尋ねたのである。

　ジョンはそのとおりだと認めた。彼は次のように思っていたのである。もしも定職に就いたり，復学すれば，その努力によって，私が彼のことを個人的に好きになったり，私自身を治療者として有能だと感じるであろう，と。彼は，自己対象から関心を引くために支払うべきだと思っていた代価を，お金から，（私を喜ばせるための）治療的な野心に変えたのであった。彼は，彼がエリオットの欲求だと思っていたものの代わりに，私の欲求だと知覚したものを用いていたのである。

　理想化転移の存在を認識するようになったとき，私たちはゆっくりと注意深くその性質と意味を探索できるようになった。この探索の機会は，転移性の絆が途絶するたびに訪れた。途絶が起こるのは，通常，私の休暇の前後や，私が予約をキャンセルしたり，再予約をしたりしなくてはならないときであった。途絶はまた，私が私自身の思考にとらわれて心ここにあらずといったときにはいつも生じた。ジョンはこれらの途絶のあいだ引きこもった。彼は悲しくなって無気力になり，そしてひそかに怒るようになった。それに対して私が最初に試みたのは，不機嫌になり，落胆している彼の気分を彼が同定して言葉にすることを手助けすることであった。いったん彼が途絶された状態にあることに気づくと，私はそこで，その途絶を引き起こしたものを私

たちの相互作用の綿密な精査を通じて発見しようと試みた。私たちが途絶を言葉にし，その原因を突きとめることができたとき，転移性の絆は回復した。何度も繰り返されるこうした作業を通して，ジョンは，まとまりと生きている感覚を感じるためには，重要な人物への愛着が必要だということを理解するようになった。それに付随して，彼は，活力を与えてくれる絆を失うときには死んでいるかのように感じることも理解した。最初は，こうした理解は彼には恐ろしいものであった。だが，最終的に彼は，彼の切迫した欲求の激しさがいかに彼を無防備にしてしまい，彼自身の重要な一部を明け渡すように駆り立てているかを理解した。私たちは，彼のパーソナリティの理想化された領域を広範囲にわたって扱った。やがて，コフートが述べた（しかし私には詳述する紙幅がない）内在化過程を通じて，ジョンは私が提供した心理的機能をゆっくりと内在化した。

　最終的にジョンは，地方のある大学に出願し，入学が認められた。彼は勤勉に学んだ後に卒業し，やりがいのある仕事を見つけた。治療のなかでは，スポーツに対する彼の昔からの興味が復活した。これは，明らかに彼に属していた興味であった。というのも彼は，私のことを「知的なタイプ」であり，身体的活動には興味がない人間だと考えていたからである。彼は，こうした，彼の積極的な身体的自己が出現したとき，私と闘うという空想を抱いた。彼は，傷つきやすい父親を彼の自己主張から保護しなくてはならなかったことを思い出したが，いまや彼の強さが私を脅かすことはないのだという事実を認めた。ジョンは私たちの作業において自由に自己主張するようになるにつれて，現実の生活でもいっそう自己主張的になった。こうして彼は大学を卒業し，大いに成長する機会になるような仕事を積極的に探し求め，最後にはそうした仕事を勝ち取ったのである。

　人間関係における傷つきやすさに気づいていたジョンは，治療の当初，心理的にもっと強くなるまでは人間関係を避けることに決めていた。治療が始まって多くの年月が経つと，彼はあまり傷つかなくなり，デートを始めた。そしてやがてある女性と出会い，二人の関係は真剣なものになった。彼は結婚をしてもよいという気持ちになったが，しかし女性は結婚を恐れるようになって，逃げ去った。この喪失体験は，ジョンがそれまでに獲得していた

ものを試す機会となった。それというのも，読者が覚えているように，彼の最初の退行はある女性によって拒絶されたことがきっかけであったからである。今回もジョンはひどく動転したが，彼はその喪失体験と向き合って悲しみを乗り越え，重い退行にいたることもなく傷つきを克服した。

　ジョンはその後まもなくして，治療を終える準備が整ったと感じた。私は，準備ができているというその判断に同意した。しかし，私が受け入れるという反応は彼を戸惑わせた。私の反応は，彼のことなどに気にかけていないのだと彼に感じさせ，また，彼がエリオットに同行するのを父親がいとも簡単に許したことを思い出させた。彼はそのとき父親に引きとめてもらいたいと願っていたのである――目の前の私に引きとめてもらいたいと願っているように。しかしジョンは，もしも私が彼を引きとめようと試みても，それは私の必要性のためであって彼の必要性のためではないであろう，と主張した。彼はいまや，自分のために自分の人生を生きたかったのである。

　ジョンは首尾よく終結期の課題を処理し，目立つほどの困難もなく治療を終えて去った。彼は何年にもわたってさまざまな折りに私に会うためにやって来た。彼はじつに順調な生活を送っており，人生という海をみごとな術(すべ)で渡っている。9年にわたって週に1回行われた精神療法は，彼のパーソナリティの理想化された領域において修復をもたらしたのである。

第6章
『自己の分析』Ⅱ：誇大自己

　コフートは理想化された親イマーゴを同定すると同時に，誇大自己を，自己愛パーソナリティ障害の治療において再活性化される第二の無意識的構造として同定した。思い出してほしいのは，コフートの図式では，誇大自己は，自己の内部に完全性の感覚を生み出すことによって，失われた至福の状態を再獲得しようとする幼児の二次的な試みの結果であるということである。この試みのなかで，不完全なものはすべて外部の世界に割り当てられる。これらの二つの布置，つまり理想化された親イマーゴと誇大自己は，成熟する自己愛の，同等に重要な同時進行的な二つの流れを成している。誇大自己の全能感や顕示性をこれら二つの流れのうちのより原始的なものだと考える傾向は，価値観にもとづく偏見の現れである。しかしながら，個々の発達においては，早期の人生における外傷的な出来事の性質とタイミングによって一方の流れの方がもう一方の流れよりも重きをなすということがしばしば見られる。

　全能感や誇大性，顕示性は，誇大自己の特徴である。これらの特徴は，幼児の誇大性が親によって受け入れられ，さらに楽しまれるようなときには，変容される。誇大感と無限の力の感覚への共鳴を求める要求が，親によって肯定的に応答されると，幼児は，むき出しの顕示的な要求と誇大的な空想を最終的に放棄し，現実的な限界を受け入れる。誇大自己からの騒がしい要求は，現実的に機能することの喜びと現実的な自己評価にとって代わられる。

　養育者のパーソナリティは幼児の精神的構造の形成において重要であり，「対象を通過する」過程を通して幼児の誇大性にその痕跡を残す。誇大自己は，その最適な発達が養育者の非共感的なパーソナリティあるいは外傷のいずれかによって妨げられると，パーソナリティの構造のなかに統合されることが不可能になる。いずれの状況においても，誇大自己は太古的な形態で存続す

ることになるが，その太古的な自己愛は抑圧されたり，現実的自我から分裂・排除されることになり，その結果，外的世界による影響を受けなくなる（図4-4参照）。

　幼児の正常な誇大性に対する健康な親の「申し分のない」関与を例示するために，私が目の当たりにした，ある父親と2歳の男の子が興じたゲームについて話したい。そのゲームは，男の子が父親の伸ばした腕の手のひらに乗ってまっすぐに立とうとするものであった。その小さな子は父親の開いた手のひらに上り，ついで何とかバランスを取ろうとして少し体を動かしたあと，まっすぐ高く立ち上がった。父親は誇らしげに，「世界チャンピオンだ」と宣言し，一方の少年は頭上に勝ち誇ったように手を突き上げ，満面の笑みを浮かべた。彼らは彫像のように，力を合わせてしばらく立っていた。そして少年は頃合いを見計らって，二人で歓喜の抱擁を行うかのように，父親に向かってその腕のなかに飛び込んだのであった。

　そのゲームは，息子の顕示的な自己愛に父親が関与して文字通り支えるという交流の微笑ましい例である。息子の誇大性を父親が快く受け入れることは，少年の顕示性が自己に円滑に統合されるのを促進する。父親は少年の誇大性を妥当化し，受け入れ，穏やかに反響する心理的な鏡の機能を提供した。父親がゲームに参加して，息子の高揚感に呼応して大いに喜んだことは，誇大性の発露の激しさを調整する。父親は，少年の自己愛が恥や罪悪感，当惑，過剰刺激によって妨害されることなく存在することのできる安全な遊び場を創出したのである。

　同じ親子によるもう一つの体験は，異なった鏡体験を鮮やかに示している。父親と息子は，私が兵役に従事していたときに私のもとにやってきた。私たちは空軍基地を見て回り，広い格納庫に入ることが許された。私たちがその大きな建物のなかを通り抜けようとしたとき，戦闘機が私たちの目の前で滑走路に向かった。その轟音は耳をつんざくほどであった。地面は揺れ，熱波で歪んだ空気が，鳴り響くエンジンから噴き出した。それは私たち全員にとって恐ろしい体験であった。何秒かのことであったが，「世界チャンピオン」は恐怖のあまり泣きわめいた。しかし，少年の強力な顕示性を支えた手と同じ手が，今度は彼を抱え上げ，以前とは異なった抱擁によって彼を助け

た。歓喜の抱擁ではなかったが，このときの抱擁は，「チャンピオン」の恐怖をそれとして理解して受け入れ，以前に彼の高揚感を支えた強さと同じ強さでもって「チャンピオン」のもろさを支えた。この抱擁は少年の恐怖に対して，恥や屈辱感にさらすことなく妥当化をはかるという効果をもたらした。

鏡転移のタイプ

　治療場面においては，誇大自己は，コフートが鏡転移と呼ぶ転移の形をとって再活性化され，体験される。無意識的な布置をめぐる概念のなかに，理想化された親イマーゴと誇大自己が追加されたことで，図 6-1 に示されるように，ありうる広義の転移布置は，全部で三つになる。つまり，転移神経症[訳注1]，理想化転移，および鏡転移である。

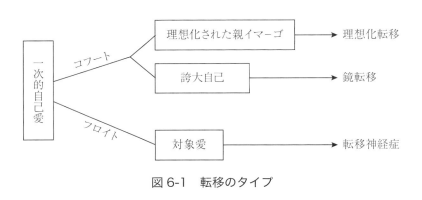

図 6-1　転移のタイプ

訳注1）4章の訳注3でも触れたように，エディプス葛藤をその中心的病理として形成される臨床単位としての各種の神経症は（現実的なストレスで生じる現実神経症と対比されて）精神神経症と呼ばれるが，それはまた，エディプス葛藤にまつわる対象や関係が転移されるタイプの神経症という意味で（転移を起こさないとされた「自己愛神経症」との対比のうえで）転移神経症（transference neuroses）である。臨床単位としての神経症は，退行とともに転移に取って代わられるわけだが，この転移こそが，神経症の起源（幼児神経症）の再現であり，いわば神経症の本体である考えられる。そうした意味で，転移そのものを転移神経症（transference neurosis）と表現することがある。本文の「転移神経症」はこの意味で用いられている。

発達的考察

　鏡転移は，誇大自己の現れである。コフートは，三つのタイプの鏡転移について述べているが，発達期の外傷の時期によって異なる形態を取るというわけである。

①　<u>誇大自己の拡張による融合</u>。この形態の鏡転移は，外傷が幼児の発達の早い時期に生じている場合に展開する転移である。臨床的には，誇大自己は分析家を包摂するほど拡張し，分析家は幼児の誇大性と顕示性の単なる媒体かつ共鳴板として存在するにすぎない。こうした体験のなかで患者は，治療者を当然のごとくコントロールして，支配することができると期待するが，それは幼児が親に対して期待するのと一緒である。患者の一部として体験される治療者はしばしば，この転移が支配的であることに気づき，その独裁ぶりに反逆したくなる。

②　<u>分身転移あるいは双子転移</u>。これは発達的にはより成熟した段階のものである。この形態の鏡転移の場合には，外傷は，融合型の鏡転移の場合よりも後の段階で生じており，誇大自己はある程度，対象と分離している。臨床的には，治療者は，誇大自己と同類あるいは類似のものとして体験され，患者は治療者が患者と非常に似ているものと想定する。後の『自己の治癒』のなかでコフートは彼の考えを改め，<u>代理自我転移</u>は鏡転移から区別される別の転移カテゴリーであると考えた。

③　<u>狭義の鏡転移</u>。これは鏡転移のもっとも成熟した形態のものである。打撃的な外傷は遅い段階で生じており，転移において治療者は分離した一人の人間として体験されるが，しかし活性化した誇大自己の欲求との関連で重要な人間として体験されるにすぎない。この形態の鏡転移を述べるとき，コフートは次のように書いている。

　治療的に復活するのは，誇大自己の正常な発達段階である。その発達段階では，幼児の顕示的な表現を映し返す母親の瞳の輝きが…幼児の自

己評価を強化し，(強化をもたらす反応が徐々に選択的に行われることで) 自己評価を現実的なものに変え始める。そうした発達段階の母親と同じように，いまや転移においては治療者が重要な対象なのである——もっとも，幼児の自己愛的な歓喜に関与して，それを肯定しようという気になっているかぎりにおいてだが。

(Kohut, 1971, p.116)

　コフートは母親と幼児のあいだの視覚的領域の重要性をよく理解している。幼児にとっては，母親に見られることと母親を見ることは，決定的に重要である。幼児は，母親が幼児の顕示的態度をじっと見つめ，幸せそうに関与してくれることを求める。幼児の身体−自己への母親の関与は，幼児が身体的なまとまりの感覚をしっかりと形成するうえで重要である。コフートは次のように述べている。

　かくして，私たちは次のように結論を下してよいであろう。幼児の全体に対して母親が喜びでもって迎えるという反応は，…それがふさわしい時期に提供されると，自体愛から自己愛への発達を支える。換言すると，断片的な自己の段階（自己がバラバラの核として存在する段階）から凝集的な自己の段階への発達を支えるのである。
　しかしそれにもかかわらず私たちは，身体の各部分がふたたびバラバラになるようなゲームを子どもが楽しむことも知っている。たとえば足の指を数えるゲームがそうである——「この小ブタさんはマーケットに行きました，この小ブタさんはお家でお留守番をしました。この小ブタさんは…」。そうしたゲームは，自己の凝集性がまだ全面的には確立されていない時期に，断片化への少しばかりの恐怖を立ち上げるためのよう見える。しかしながら，そのゲームでの緊張は（「いない・いない・ばあ」遊びのように）一定の限度内にとどまり，最後の指にさしかかると，共感的な母親と幼児は笑って抱き合うことで断片化していたものをもとにもどす。

(Kohut, 1971, pp.118-19)

顕示的な自己愛への健康な支持は全体性の感覚と幸福感を生み出し，自我機能を強化し，最終的に仕事の能力を高める。しかしながらコフートがただし書きで述べるところでは，過度の仕事は，自己愛的な顕示性のためのいわば栄養が断たれた自己の枯渇状態に対抗する死にもの狂いの活動の一つなのである。過度の仕事は断片化された状態とあまりにもよく結びついているので，人びとは原因と結果を混同してしまう。人びとは過度の仕事を断片化のきっかけとみなすが，本当のところは，断片化はすでにある期間，静かに進行しているのであり，過度の仕事は強まる枯渇感をさえぎろうとする試みなのである。

　鏡転移においては，分析家は自己愛領域における恒常的安定性が確立されるうえでの基点になる。分析家という，傾聴して映し返す存在は，自己の凝集性を維持する心理的な力を強化する。反対に鏡転移が途絶してしまうと，身体－精神的な自己の断片化がもたらされ，個々のバラバラの身体－精神的な機能と活動が際立ってくる。しかしこれらの途絶は，理想化転移の場合に起こる洞察促進的な途絶と同様に治療的な好機であり，無意識的な誇大的空想の徹底操作において取り扱われる重要な部分である。コフートは鏡転移の三つの形態のものを同定したにもかかわらず，それぞれの治療的な意味は三つのすべてが同じようなものであり，したがって彼はそれらを鏡転移として一括して言及している。

発生－力動的考察

　コフートは，発生的－力動的な考察にもとづいて鏡転移に関するもう一つの分類法を述べる。ここでも彼は三種の鏡転移を同定している。第一のものを彼は「一次的鏡転移」と呼んでいるが，それは誇大自己が治療のなかで動員されるときに発展する転移である。第二のものは「誇大自己の反応性の動員」であり，それは症例 A によって示されたように，理想化転移の途絶に反応しての退行である。ここでは，完全な他者との融合を通じて達成される全体性が損なわれており，完全性と安全性の唯一の源泉としての孤高の自己への退却が結果として生じる。こうした心理的態勢には，義憤——それには，

敵意や，冷たいよそよそしさ，傲慢さ，皮肉っぽさ，沈黙からなる雰囲気が漂う——がつきまとう。これらの退行的な揺れ動きは，治療者の共感が（母親の場合と同じく）完全ではありえないために避けられないが，かといって望ましくないわけではない。それらは治療的な好機なのである。コフートは，退行状態の<u>内容</u>を探索する代わりに，引き金となった出来事の<u>意味</u>を追求する。

> 分析作業は，退行的な態勢それ自体に焦点を当てることはない。この態勢は，分析作業が可能な自己愛転移からの退却なのである。したがって，太古的な誇大自己の顕在現象の内容や，患者の心気症的な心配と恥の体験の内容について，<u>孤立した</u>解釈を行ったところで，実りのないものであろうし，技法的な誤りであろう。だが，現在の転移性の揺れ動きの力動的文脈がいったん明確になったときには，分析における一時的な退行的態勢に随伴する感情に対応する幼児期の感情について，共感的な再構成を避ける必要はない。共感的な再構成を試みていると，患者の現在の心気症的な心配と，無防備のまま脅威を感じる孤独な幼児が抱くような漠然とした健康不安とのあいだの類似性が見出されるであろう。そしてそれが，患者の現在の状態ならびにその発生的起源についてのより深い意味について患者が理解することを促すことにもなる。しかしながら，こうした局面における分析家の基本的な作業は，なおも，治療的な動きの全体について認識することであり，分析家の解釈は，基本的には，退却を引き起こした分析中の外傷的な出来事に焦点化されなくてはならない。
> （Kohut, 1971, p.137）

　発生的－力動的な考察にもとづいて分類された第三のタイプの転移は，「二次的な鏡転移」である。それは理想化転移が治療のなかで形を成した後になって現れる。その際の理想化は，被分析者の人生物語が再創造される際の退行的な第一歩である。治療が展開するにつれて，その理想化のもとで，（鏡転移を通じて表現される）誇大自己のより早期段階における発達停止が明らかになってくる。理想化転移の後に形を成してくる鏡転移は，誇大自己の反応性の動員とは異なる。それは途絶への反応ではなく，早期の外傷とその修復

の試みという（転移を通した）連続的な再整理過程である。

臨床例

　コフートは，誇大自己の反応性の動員と二次的な鏡転移の違いを示すために症例Kを提示する。Kというある青年は，分析家への一時的な理想化を体験したが，その後は鏡転移が優勢な時期が長く続いた。再構成を通じてコフートが理解したところでは，この一時的な理想化は，弟の誕生後に試みられたものの失敗に終わってしまった父親への理想化が再現されたものであった。父親に関心を向けざるをえなくなったのは，同時に二人の子どもに愛情を向けることができない母親が，新たに生まれた弟の世話のためにKからいきなり愛情を引っ込めたからであった。母親の態度は，Kのしぐさのすべてへの無条件の愛情から，一緒にいることを母親に喜んでほしいという彼の願いへの厳しい拒絶へと一変したのである。彼は理想化された父親へ愛着を向けることで自らを安定させようと試みたが，しかしこの動きは，父親が理想化されることを快く思わなかったために失敗した。この修復的な試みを阻まれた彼は，母親がかつてとても気に入ってくれた彼の元気な動作を誇示することで，ふたたび母親の気を引こうとした。理想化と，それに続く誇大自己の復活をめぐるこの幼児期の物語は，分析のなかで繰り返された。誇大自己のこうした活性化は，共感の途絶によって引き起こされる，誇大自己の<u>反応性</u>の動員とは異なるのである。

鏡転移における治療過程

　コフートは自分の流儀にしたがって，誇大自己の徹底操作における治療過程と，転移神経症における徹底操作の過程を比較する。転移神経症の場合には，治療の目標は無意識のリビドー性の願望への自我の支配力を高めることである。この目標が成し遂げられるのは，これらの願望とそれに関連する防衛を，それらが転移のなかに現れるときに解釈することによってである。無意識のリビドー性の願望と同様に，誇大自己のむき出しの顕示的な要求もまた最初は，（以下で論じられる）垂直分裂（vertical split）を通じて，ある

いは抑圧の力によって，意識の外に置かれたままである。その結果，誇大自己に付着している健康な自己愛的エネルギーは，自我親和的な活動や現実的な成功に向けて利用することはできない。自己愛のこの源泉から遮断された現実自我は，幸福感が薄れ，自己評価が低下して苦しむ。

　コフートの技法上のアプローチを理解するためには，図6-2に示されている「垂直分裂」の概念の理解が鍵になる。垂直分裂では，パーソナリティのある領域がパーソナリティの中心的な領域から分裂・排除（sprit off）される。垂直分裂は否認（disavowal）[訳注2]という防衛によって維持される。否認によって，受け入れがたい何かを知っていながら，同時に知らずにいることもできる。この防衛によって，パーソナリティの中心領域に保持されている価値基準に対立するようなアイデアや行為（たとえば倒錯）を保持し，それらにふけることができる。垂直分裂によって，著しく矛盾した思考や行為が一人の人間のなかに存在可能になるのである。

　誇大自己と通常結びついている屈辱感や恥，過剰興奮の恐怖は，それらがあまりにもパーソナリティの他の領域と対立するために，分裂・排除された領域にある。図6-3は自己愛障害における誇大自己に関連した垂直分裂を示している。

　治療で試みることは，分裂・排除された領域の否認された内容を徐々に明るみに出すことによって分裂が癒され，その結果，否認されていた内容がパーソナリティの残りの領域に統合されることである。垂直分裂が癒されていくあいだに彼らは，それまで停止状態にあった，彼ら自身の一部と接触するようになる。その際に彼らは，「これははたして私なのだろうか」「これはいかにして私のものになるのだろうか」と，しばしば衝撃と驚きをもって自問する。コフートは，患者Cと患者Dを提示して，治療期間中に誇大自己があらわになる様子を次のように示している。

訳注2）巻末の用語集にも取り上げられ，本文でも述べられているが，否認は自我の意識状態の分裂である。denialも否認と訳されることが多いが，denialが苦痛な出来事が自我の知覚や意識，記憶において不在であるのに対して，disavowalの場合は，（苦痛な）出来事が知覚され，記憶されるが，その個人的な情緒的意味についての理解や認識が軽視あるいは否定されるのである。

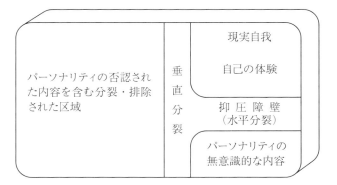

図 6-2　垂直分裂

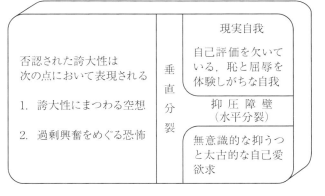

図 6-3　否認された誇大性を含む垂直分裂

患者Cは…公的な栄誉を与えられて，祝賀されることを期待していたときに，次のような夢を見た――「私の後継をだれにするかという問題が起こった。私は，後継として神はどうだろうかと思った」。その夢はある面では，ユーモアを通じて誇大感をやわらげるという，かならずしも不成功とはいえない試みの結果であった。しかし，それは興奮と不安を喚起し，（新たな抵抗にもかかわらず）自分こそ神であると感じていた幼児期の空想を驚きとともに思い出させた。

しかしながら多くの場合では，被分析者によって表現されるそうした空想の核をなしている誇大性は，ただほのめかされるだけである。たとえば，患者Dが強烈な恥と抵抗を伴いながら思い出したのは，子どものころ自分が電車を走らせているという他愛のないことをよく想像していたということであった。ところが，じつは，電車を走らせているのは自分の頭脳が発する「思考をコントロールする」力であるとか，（体の残りの部分から分離しているかのように）その頭脳は雲のはるか上からその魔術的な影響を行使している，と想像していたのであった。
(Kohut, 1971, p.149)

分裂が癒され，それまで否認されていた内容があらわになるのは，通常，治療の最初の時期である。分裂が癒されると，分裂を維持するためのエネルギーはもはや必要とされないので，そのぶん自我が強化される。強化された自我は，抑圧障壁——コフートはそれを「水平分裂 (horizontal split)」と呼ぶ——の下で維持されていた誇大自己の太古的な要素にうまく関わることができるようになる。

垂直分裂によって隠されていた誇大性や水平分裂の下に隔離されていた誇大性が動員されるようになり，鏡転移と結びついている誇大的空想があらわになる。治療の目標は，誇大自己——それは，美しくて素晴らしく，賞賛に値する格別な存在として分かってほしいという願望を備えている——を，パーソナリティの残りの部分に統合することである。それまで否認されていた恥ずべきむき出しの顕示的自己愛が，自己評価を高めるために利用可能になる。誇大的空想がはっきりと言葉にできないときには，それらは，特別であるとか，ユニークであるとか，貴重な存在であるといった漠然とした反復的な主題として現れる。図 6-4 は，癒された垂直分裂と，誇大性のパーソナリティへの統合を示したものである。

自己愛障害の中心的な不安は去勢不安ではなく，自己愛構造に関連した強烈な興奮が侵入する恐怖である。そうした障害の人びとは，理想化自己対象との融合による狂喜のなかで自己を失うことを恐れる。彼らは，孤高の誇大性の体験に随伴する恒久的な孤立を恐れ，また彼らは，顕示的な願望の侵入

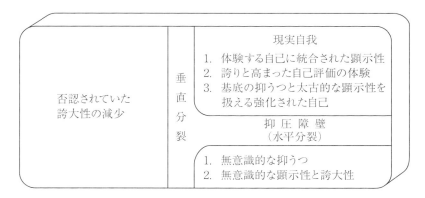

図 6-4　否認された誇大性が統合されている修復された垂直分裂

に関連する恥や自意識をめぐるなんとも不快な体験におびえる。

　誇大自己の障害の取り扱いに関するフートの提案は明快であり，そのまま引用するに値する。

　　鏡転移の徹底操作段階のあいだ … 被分析者は，（分析家に）ただ一つの機能の遂行を求める。つまり，彼の誇大性や顕示性に対して，映し返し，共鳴するという機能を割り当てるのである …。
　　 … もしも分析家が，誇大自己の要求が発達段階にふさわしいことを本当に了解しているならば，そしてまた，しばらくは患者にそれらの要求の非現実性を強調することはまちがいだと理解し，むしろ逆に，それらの要求は，早期段階そのものが転移のなかで復活しているという観点からは適切であるので，それらは表現されるべきだと患者に示さなくてはならないと理解しているならば，患者は誇大自己の衝動と空想を徐々にあらわにしてくるであろう。このようにして，次のようなゆっくりとした過程が開始される。すなわち，知覚されないほどの歩みで，多くの場合は分析家側からのどのような特別の説明がなくても，誇大自己は現実自我の構造へと統合され，誇大自己のエネルギーは適応に役立つように変容されていくのである。

(Kohut, 1971, pp.175-6)

鏡転移への治療者の反応

　鏡転移への治療者の反応は，鏡転移の特殊な形態に依存している。コフートがいうには，狭義の鏡転移においては，治療者が独立した対象として存在していることはある程度は認識されているものの，治療者に割り当てられている機能は，患者の顕示性や偉大さを承認する証人であり，賞賛するこだまである。発達的にはこれよりも早い時期に由来する双子転移あるいは融合転移においては，独立した人間としての治療者の存在は抹消されてしまう。このことは，治療者にとって苦痛な体験になる可能性がある。治療者自身の自己愛的欲求が満たされないからである。だが，治療者が果たすべきことは，誇大性を受け入れ，それがあらわになる際の抵抗を解釈し，それがかつては発達段階にふさわしいものであったことを示すことである。この作業において治療者は，分離・独立した対象としては扱われないという体験から生じる退屈感と集中困難を処理しなくてはならない。誇大自己の自己愛的要求は，治療者には，奴隷扱いされているように感じられるのである。コフートはこうした事態を患者の無関心への逆転移であると考え，耐えがたくなった際のエナクトメント——たとえばあからさまな怒りや，説教，こじつけの抵抗解釈——に注意を促している。

臨床例

　私の患者の一人は，誇大自己の領域の発達停止について学ぶ機会を与えてくれるとともに，自己心理学的な立場の治療を観察する機会も与えてくれる。ここで私が強調したい点は，二つの自己愛布置とそれぞれに対応する転移はいつも存在するのだが，ここで述べる28歳の弁護士のビンスの場合のように，どちらか一つの自己愛布置とそれに対応する転移が優勢になることもあるということである。

　ビンスは妻の治療者から，性的な問題を治療するために紹介されてやってきた。しかしまもなく明らかになったことは，性的なことを問題として感じ

ていたのは妻のみであった。ビンスは，自分が性的に無関心なのは，妻が威嚇的な怒りを抑えきれずにたびたび爆発させることへの反応であると理解していた。癇癪(かんしゃく)を起こす妻には何の魅力も感じず，自らを守るために彼女を避けた。妻が激怒しないかぎりは何ら困ることはなく，妻への無関心も，性的な問題だとは考えていなかった。しかしビンスは，残念そうに，妻は彼の身近にいる恐ろしい人物のなかでももっとも暴言を吐く人間だ，とつけ加えた。そして，じつは父親や上司たちにもおびえていることを自分から語った。もっとも，彼らのなかのだれ一人としてあからさまに怒る者はいなかったのだが。

　彼は自分自身に関するもっとやっかいな不満を口にした。自分は才能に恵まれているものの，何をやってもだめだという深刻な感覚につきまとわれており，そのために弁護士としての職務においてうまく自己主張ができない，と思い込んでいたのである。自分の才能に自信と誇りを感じることはなく，むしろ発達の遅れた無能な人間だと思っていた。彼は，無能ゆえに非難されるという恐怖につきまとわれるよりも，やりがいのある彼の仕事にふさわしい喜びを体験したいと強く願った。彼は自分のことを「パワーのあるスポーツ・カー」のように考えていたが，「エンジンをかける」ことができなかったのである。彼は，自分がまるで透明のカーテンの後ろで生活していて，周りの世界から切り離されているように感じていた。

　ビンスは，イタリア人の父親とアメリカ生まれの母親とのあいだに生まれた二人の子どもの第二子であったが，彼は両親との関係に失望していると述べた。父親は支配的で，情緒に応答してくれなかったが，それというのも，ビンスの潜伏期と青年期のあいだ，父親は順調であった研究生活に専念していたからである。ビンスは，自分の生活に父親が積極的に関わってくれることを切に求めた。彼が苦痛とともに思い出したのは，もっと息子と一緒に過ごしたらどうかと父親に提案した教師に対する父親のとんでもない返事であった。教師の提案に対して父親は，もしも父親自身が関心を向けていることにビンスが夢中になりさえすれば，喜んでビンスと一緒に過ごすであろう，と応じたのであった。

　ビンスの父親はことのほか知性に価値を置いており，ビンスの友人たちの聡明さに対して批評を加えた。当然，絶賛されたのはもっとも聡明な友人で

あった。そうでない友人たちは，何の価値もないようであった。同様の文脈でビンスは，父親が世界情勢についてクイズを出す夕食時の苦痛を思い出した。こうしたクイズのあいだ，父親は母親を馬鹿にした。愚かだといって叱り，母親の意見にはまったく根拠がないといい放った。ビンスの考える能力は，父親に質問を浴びせられると急速に失せるかのように見えた。ビンスは混乱して言葉を失っていまい，放心状態に陥った。そうした状態は，おなじみのよく起こるものになった。

ビンスの放心状態は学校に行っているときにも続いた。そのために彼は，学校でも教師からの質問にいつもおびえるという生活であった。聡明であったにもかかわらず，ものごとをうまくこなせなかった。教師たちは，潜在能力は高いのに，あまり頑張ろうとしないので期待を裏切っている，といつも話していた。彼は自分のことを発達の遅れた怠け者で，期待を裏切る子どもであると確信するようになった。父親は家庭教師を手配したが，補習的な指導は，自分は愚かものではないかというビンスの恐怖を強めるものでしかなかった。

家庭にあっては，ビンスの母親は，空虚で無能な人間のように見えた。母親が関心を向けていたのは，人そのものよりも外見と家の装飾であった。ちょっとしたブラック・ユーモアとしてビンスが思い出したのは，かつて家族で滞在した後の別荘を母親が掃除した際に母親が口にしたコメントであった。母親は，「みてごらん。完璧よ。これまでだれも住んでいなかったみたいだね」といったのである。

ビンスは，姉のほうが聡明で価値のある子どもであると信じていた。知性を愛する父親とペアになっていた姉は，彼が欲しくてたまらなかった父親からのいわば注目という賞を手に入れ，彼に見せびらかした。ビンスはといえば，価値がないとされた母親の仲間だと決めつけられた。

ビンスと私は，精神分析的精神療法を週に2回の頻度で行った。私たちの最初の一年間はほとんど進展を見ることはなく，彼は非難される恐怖についていつまでも語るのであった。無能だという感覚におびえるばかりで，深い悲しみを認めることができなかった。彼は幸福な思いを体験することもめったになかった。珍しく幸せだと感じる機会があったときも，彼は喜びに伴う

興奮を恐れた。彼がいうには，その興奮は彼を狂っているように感じさせるものであった。

　ビンスの問題を自己心理学的な立場から理解すると，彼は二つの領域の発達停止に苦しんでいたことが示唆される。一つの領域は，情緒を体験することの広範な困難に関係しており，それは早期の理想化自己対象がその機能を果たすことに失敗したことによる。この困難の源は母親との早期の体験にある。自らの内的体験に耐えられなかった母親は，ビンスがその情緒を扱い，その緊張を調整することを手助けすることなどできなかった。このことが，容易に気分が損なわれる背後にある広範な自己愛的脆弱性をもたらした。

　もう一方の領域は誇大自己の発達停止に関係している。その発達停止は，ビンスの無能感と低い自己評価によって明らかである。弱化した自己をもっと安定した自己にしようとして，ビンスは理想化された父親，つまり尊敬できる親のほうに関心を向けた。有名な父親の栄光に自らあずかることで自分を元気づけたいと切に願ったのである。ビンスには融合と内在化が必要であったのだが，そのために父親を情緒的に利用することなどできなかった。つけ加えるなら，ビンスは，自分のことを父親に誇りに思ってほしいと強く願った。自己評価を安定化させ，最終的に顕示的自己愛を調整するために，父親による肯定を必要としたのである。しかしながら父親はまたしても失敗した。つまり，誇大自己を映し出す機能を割り当てられた代償的な自己対象としても，失敗したのであった。

　ビンスの問題は多面的である。私は，失敗した鏡自己対象体験が誇大自己の発達に及ぼした外傷的影響について，彼に注意を向けるように促した。彼にとって，代償的な親とのあいだの不十分な鏡体験は，彼の誇大性を未調整のままに放置するものであった。その誇大性は，完全性と高揚感を求める強烈な太古的要求が充満したままであった。こうした無意識的な誇大的空想の要求を満たすことは不可能であったために，彼は，何をしても失敗する愚かな人間だという恒久的な感覚を身につけてしまい，その感覚は彼の優れた才能という現実をもってしても和らげることができなかった。さらに加えると，後に学んだことだが，ビンスの無能感は保護的な機能を果たしていた。無能ではないかという恐怖は，挑戦的状況に彼を参加させないようにして，誇大

自己のやっかいな要求から彼を守ったのである。

　こうした自己心理学的な観点からの説明は，古典的な精神分析的定式化とは異なる。後者では，ビンスの無能感をリビドー的，攻撃的な願望によって生じた不安に対する防衛として理解する。その古典的な理解では，不安は，ビンスの抱く願望に対して父親が去勢という報復を行うという空想から生じるとされる。この定式化に従うと，ビンスの持続的な無能感は，ビンスと父親の両者に対して，ビンスは危険な存在ではなく，むしろしくじることの多い無能な少年だというメッセージを伝えるものであった。

　最初の一年間の経過においてはどのような心理的な動きも生じなかったために，私は，もっと積極的な治療が必要なのではないかと感じた。私は精神分析という方法もあることを提案した。彼はそれを受け入れ，試験的にやってみることになった。その分析で，彼の絶望感は深まった。彼は，「いったい役に立つのか」という感覚をずっと口にした。彼は約束どおりに通ったにもかかわらず，セッションに対して熱中するようなことは一切なかった。発見のすべてが，彼の病の深刻さを示すさらなる証拠であった。何ごとも興奮をもたらすことはなかった。私はビンスの強固な絶望感に反応して，私自身がいかに無力であるかと感じていた。私は，自分の定式化が果たして正しいのだろうかと懐疑的になり，もしかしたら古典的なエディプス葛藤がビンスの恐怖の中心部にあるのではないか，とさえ思った。私は自分の印象を確証してくれるコンサルテーションを求めた。そうした確証を得るという体験は，ビンスの人生でひどく欠けているものであった。作業のなかで，情緒を安心して体験することがビンスには困難であることが，初期の中心的な問題として出現したのである。悲しみの体験も意気揚々の体験も，安全なものとしては，あるいは耐えられるものとしては感じられなかった。私はこの領域を探索しようと試み，母親とのあいだの早期の体験に焦点を向けた。しかし，この試みは実らなかった。というのも，ビンスが即座に母親を無能だといい放って，話を打ち切ったからである。しかし彼は，父親の自慢の息子になろうとする試みがうまくいかなかった数多くの機会を思い出し，その後まもなくして悲しみが現れた。

　ビンスは，悲しみが自分を圧倒しないだろうかと恐れた。同様にまた，仕

事での高い評価を最終的に受け入れてしまうと，得意になって舞い上がってしまうのではないかと恐れた。ビンスは，自らの情緒に直面しても安心していられるという確かな能力を欠いており，そのために，情緒的に刺激される状況を避けることで自らの安全を確保した。彼は激しい感情をいっさい回避し，分析のなかでそうした感情が出現するのを恐れた。連想中に想起したのは，彼と姉が幼い遊びのなかで声を上げて笑うようになったころ，父親が「浮かれ過ぎだ」と彼を一喝したことであった。

　こうした初期の作業において私は，情緒の起源よりも情緒をめぐる彼の恐怖に焦点を当てた。彼は私を波長の合った，緊張を調整してくれる対象として体験するようになり，情緒的な安全感を徐々に感じるようになった。やっかいな誇大的空想を表現する能力が，こうした作業から現れてきた。未修正の誇大性と結びついている恥によって屈辱感を味わっていたビンスが，法律事務所でどのように振る舞うべきかをめぐって，隠されていた空想を打ち明けた。じつは彼は，その才気あふれる見識がひときわ輝くものでなくてはならないと思っていた。彼にとっては，その知識は驚くほど豊富であり，異なる問題を統合的に解決する能力は人を圧倒するものでなくてはならなかったのである。ビンスは，誇大的空想の要求と現実にできることとはそもそも違うものだと理解したとき，安堵して涙を流した。

　ビンスは私たちの初期の作業のあいだ，まったく夢を報告することはなかった。その代わりに彼が取り組んだのは，事務所で繰り返し体験される悪夢のような恐怖であった。それは，自分の知的な欠陥がつねに露呈しているというものであった。分析は，彼が太古的な顕示的空想からの要求を感じるもう一つの舞台となった。つまり，彼は休むことなく話し続け，しかも深遠な洞察を伴っていなければならないと思ったのである。もしも沈黙しようものなら，私が退屈したり，いらいらしたり，彼のことを間抜けな奴だと考えるであろう，と彼は恐れた。このように誇大自己からのひっきりなしの騒々しい要求が展開する舞台になるにつれて，私たちのセッションは，少年時代の取り調べのような外傷的な夕食の場面，ならびに苦痛だった教室の場面を再現するものとなった。治療に参加することは，補習的な勉強が必要だった少年時代を彼に思い出させた。治療が必要だということは，自分が知的に劣

ることのさらなる証拠であった。治療は肯定される体験ではなく，むしろ，ビンスが自分自身に抱いていたのろまだという見方に確証を与えてしまって絶望をもたらした。彼がいうには，「私たちが私のなかにあの少年を見出すと，恥ずかしくてたまらない。私は成長することができなかった。そのことでひどく戸惑っている。そうなるのも当然だ」。しかし，絶望的な思いにもかかわらず，ビンスは，分析体験にいっそう深く浸った。彼の情緒はますます身近なものになり，耐えやすくなった（なおも恐ろしいものではあったが）。否認されていた誇大性に関連した緊張が，確実に彼の視野に入ってきた。そのとき彼は，そうした緊張を比喩的に描写した。スキー歴は長いものの，彼が滑るのは，小さくて難なく滑られるスロープのみであった。

> 私はより簡単なコースを滑ることにしている。私は長いあいだスキーをしているので，熟練者用のコースを滑ることもできるが，挑戦することが怖いし，失敗することが怖い。失敗は敗北だ。だから私は失敗しないように，私の能力以下で滑られる場所で滑るのです。それでも私は最近レッスンを受けて，インストラクターに後押しされ，私たちは難しいスロープに行った。そこで私は本当にいい気分を味わったが，しかし自分一人ではそこで滑る気にはなれない。

彼は否認されていた誇大性の横暴な要求に苦しんでいたので，彼にとって不完全であることは，いかなる場合も屈辱的な敗北であった。ビンスはその屈辱に対して気弱な警戒心で自らを守っていたのだが，その警戒心は，より急勾配な，挑戦しなくてはならない人生のスロープからも彼を遠ざけてしまった。

分析のなかで，早期理想化の転移と「狭義の」鏡転移の両者が形成されたが，しかし後者の方が優勢であった。ビンスの未修整の誇大性に対する私の非裁定的な受容によって，彼はこの否認された領域を受け入れ，探索することが可能になった。希望を抱き続ける私の態度のなかに含まれていた，彼の現実的な能力に対する私の信頼が，彼の健康的な高揚感に確証を与えた。それは，「より急勾配のスロープ」を攻めたいという彼の願望を支持する効果

をもたらした。

　ビンスはその全人生を「危険を冒さずに生きてきた」ことを認めたが，しかし，この段階になると，彼がひそかに保持している強さを受け入れる「使命がある」ように感じるようになった。こうした希望に満ちた思考は，自己を強化するという鏡転移の効果の現れであった。つまり，スキーの指導者が急勾配のスロープで滑るように彼を勇気づけたというメタファーで彼が表現した鏡転移の効果の現れであった。彼は，以下の夢で同様のことを報告した。

> 　私の家族は，私が明日には死ななくてはならないという決定を下した。そこでその晩，両親の家で私の葬式のためにパーティが開かれた。私はその決定にもパーティにも参加した。そうすることが正しいことのように思えたからであった。夜が更けるにつれて，私はその決定に賛成できなくなった。最終的に私は，自分はまだ若くて健康であり，死ぬつもりはないと心に決めた。私は，私の死を家族が計画したことが気に入らず，計画を実行したくなかった。その計画に不満が募り出した。私は，自分の考えを変えたと母親にいった。その計画は屈辱的であり，それを実行したくないといったのである。私が考えを変えたのは，そのパーティに出ていたあるイギリス人の男性とおしゃべりをした後のことであった。

夢についての連想のなかで，ビンスは自分がいかに家族の敷いたレールに盲目的に従ってきたかということについて考えをめぐらせた。彼はその後，夢に出たイギリス人の男性について考えたが，ビンスが信じるところでは，その男性は私を表していた。その男は若くて思慮深く，ビンスを理解しているように見えた。とりわけ，その男性が死の決定はまちがいであることに同意したときには，そう見えたのであった。しかしビンスは，なぜ死が夢に現れたのだろうか，死にひどくおびえているからだろうか，と思った。

　私はそれに応えて以下のことを述べた。夢のなかの死は，長期にわたって家族による肯定が欠けていたという致命的な体験を象徴化していた。家族が彼を信頼していなかったことが，彼には死のように感じられたのであった。死はまた，見向きもされない少年つまり「おチビのビニー」として過ごして

いた時代の体験でもあった。私はさらにつけ加えて次のようにいった。その夢が示唆しているのは，いまやビンスは蘇りつつあり，もはやオドオドと人生を耐えるつもりはないということであろう，と。

　夢についての私の理解は的を射たように見えたが，それに関連するビンスの反応は私を驚かすものであった。彼は分析が彼の変化を手助けしているように感じていたが，しかし一方で，ここ何年かずっと子どもじみていて自己主張的ではなかったことを取り上げて，自分を責めたのであった。私に徐々に分かってきたのは，当初は苦しめるものであったこの絶望が，保護的な機能を果しているということであった。彼のふだんの生活での体験と同じように，私たちの作業で彼がなし遂げた成果は，敗北感を招くものでもあった。絶望は苦痛であったが，彼にはなじみ深く，それゆえに，成果を遂げた喜びに随伴する興奮よりも耐えやすいものであった。ビンスにとって絶望は，彼の情緒の興奮を調整する方法であったのである。それは強烈な感情のいわば調節器であった。

　夢は希望をはらんでいたものの，夢へのビンスの反応は，またしても，情緒の安定を保つことが困難なことをほのめかすものであった。そこで私は，過去においてやろうとしてできなかった何かをもち出して自らを責めるというやり方が，現在における興奮を取り扱う際にも繰り返されている，と示唆した。彼は，新たに見出した自己主張に随伴する，緊張をはらんだ喜びを鎮めようとする際に，希望のある現在ではなく，苦痛と失意の過去の年月を眺めていたのである。私は，ビンスにとって絶望は情緒的なブレーキとして機能していることを示唆した。それは，スキーの際に挑戦することに怖じ気づいたことと機能的に似ていた。人は急勾配のスロープで滑るとき，コントロールできるかどうかすれすれのところでワクワクと滑るものである。私は，ビンスがスロープの上でも人生においても，彼には狂気だと感じられる興奮を防ぐために自ら速度を落としていることを示唆した。

　生きいきとしていて自己主張的で，力強くありたいというビンスの願望に対する私の承認は，隠されていた誇大性の漸進的な露呈と修正という結果とあいまって，ゆっくりと自己の高揚感と自己評価を高めた。彼がますます強くなってきたという証拠も現れた。それは，私がセッションのいつもの時間

を変更した後のことであった。彼は率直かつ痛烈に不満を述べたのである。そうした率直な表現はまれなことであった。彼がいうには，私の行為によって，自分は取るに足りぬ存在なのかと感じた。私の行為によって彼が思い出したのは，家族が彼には気を遣うまでもないと思っていたとき，彼は存在が否定されているいわば無のように感じていたことであった。このやりとりの直後，ビンスは新たに車を買った。新たな高価な物を買うというやり方で自分の思いを率直に表現したのだが，彼はそのときの喜びと恐怖を次のように述べた。

> 私は道路を支配しているような気分である。エンジンは，スポーツ・カーに特有の轟音を響かせる。私はその音がたまらない。その迫力が好きだ。その車には素晴らしいステレオがついている。私が音量を上げたとき，その迫力はすごかった。私はそれに夢中になったが，しかし完全に夢中になったわけでなかった。恐怖もそこにはあった。そのために，夢中になれなかった。その恐怖は暗闇のなかにいるようで，薄気味悪く感じられた。一抹の不安を感じながらも，思い切って一人で道路に乗り出した。どこに行こうとしているのか分からなかった。私は最初，なじみがあって安全だと感じたので高速道路を走るつもりでいたが，しかしその後，別のルートを走ることに決めた。そのルートがたとえ未知のものであっても，その方が興味深かった。

ビンスはまもなく，勤めている事務所を離れて自分の事務所を開設したいという願望を口にした。それは，憧れていたものの，果たすことができずにいたことであった。こうした動きとともに，彼はあることを報告した。彼の妻はよく癇癪を起こしていたが，彼はあるときの妻の癇癪に対しては一歩も退かず，それどころか，彼女が穏やかになってコントロールを取りもどすのを手助けしたのであった。彼は，私に対しては別の形で自己主張的になった。彼はある日，セッション中は静かにしていたい気がするとはっきりと表明した。そして彼は静かに横になった後，何もいわずにいても安心感を覚えるのは成果であるといった。彼がリラックスした気持ちを感じるのは，彼の人生

において稀なひとときであり，彼は去るときに，冗談っぽく，休息が取れたといって，私に感謝を表明した。

これまでより強くなっていると感じたビンスは，治療の支配権を握りたいといった。彼はもはや「治療的な援助」の必要性を感じることはなく，当初の週に２度のセッションにもどりたいと主張した。私は細心の注意を払って，この願望は彼が体験していた高揚感からの退却なのかどうかを尋ねた。私は，ビンスの「支配権の奪取」のなかに表現された，大いにありうる健康な高揚感に水を差したくはなかったが，しかし私は，彼のこの要求は，安全感を感じるために自らの歩みを遅らせる試みではないかと心配した。私たちはこの疑問について探索したが，彼のこの動きは退行というよりも，たしかに健康な主張であるように見えた。私たちは，試行的に変更することにした。

ビンスが退却していない証拠は，即座に現れた。つまり，彼は，自分自身の事務所を開設したいという願望に沿って動いたのである。その移行は円滑に進んで成功し，彼が恐れていた内的な混乱もなかったのである。ビンスの緊張調整を手助けしようとした私の努力は，否認されていた誇大性の領域における作業とあいまって，彼が正常な発達の軌道に向かうのを助けた。

ビンスは，自己愛的な緊張・興奮をそれまでよりも心地よく感じるようになり，同時にその緊張・興奮も軽減した。情緒を体験する彼の能力の向上は，誇大的な領域における私たちの作業と一緒になって，彼が誇大的空想を調整し，高揚感と健康な顕示欲を安心して抱くことを可能にした。精神療法の作業は，ビンスの自己評価を高め，無能だという恐ろしい感覚を取り去った。

第7章

『自己の修復』Ⅰ：理論における変革

中心的な心理的布置としての自己

歴史的注釈

　1971年に出版されたコフートの『自己の分析』は，精神分析の風土に新鮮な論争の窓を開いた。彼の新たなアイデアは，ある陣営からは大変な熱狂で迎えられ，他の陣営からは猛烈な反発を引き出した。自己愛は独立した発達ラインを備えているという彼の示唆は，新たな臨床的な意義をもたらすと同時に，エディプス・コンプレクスの中心的な地位に挑戦することになった。

　コフートは自分が聖域に踏み込んだことを理解しており，そのアイデアが，進化を遂げる精神分析の知識体系の一部であることを繰り返し主張した。自分はフロイトの理論に追加をしているのであって，それを置き換えようとしているのではないと主張した。コフートは，その新しいアイデアに反応して反対意見や議論が起こることを予期していたにもかかわらず，知的にも個人的にもすさまじい反応に遭遇するという事態には備えていなかった。それゆえに彼は，精神分析学界の友人や共同研究者の何人かが彼の著作のために彼を避けたり，彼に冷たく接したりしたときに衝撃を受けた。

　『自己の分析』の評価において意見を異にする強烈な反応が入り混じっていたことに加えて，この本が出版された年と同じ年の1971年の秋に，彼は衝撃的な医学的知らせを受け取った。彼は白血病にかかっていることを知ったのである。皮肉なことに，革新的な貢献を果たした著書を出版した直後の57歳のとき，コフートは，まさしく，彼が以前に述べていた儚さ（1966）に直面したのである。病気を知って途方に暮れたコフートは，病気をもっとも身近な友人や研究仲間にも秘密にしておいた。家族以外はだれも本当の診

断を知らなかった。本当のことを知らない者たちには不可解な動きに見えたであろうが，コフートは，どれくらい残されているか分からない時間を著作活動に使うために，教育と臨床のための活動を減らしていった。

　私が信じるところ，コフートは死期が遠からず訪れることに直面して，勇気を手に入れた。そして彼は，死に直面しなかった場合よりも急いで，彼のアイデアと，当時の支配的な理論とを明瞭に区別しようという気になった。コフートは『自己の修復』(1977)のなかで，古典的な「精神装置」の心理学と彼が呼んだものと決別したのである。この『自己の修復』のなかでコフートが主張したことは，古典的な理論を放棄するようなことはないものの，次のような認識にいたったということである。

　　認識するようになったのは，分析の基本的な定式のいくつかは，適用するうえで限界があるということである。また，人間の本質についての古典的な精神分析の概念に関しても，たとえそれがいかに強力でみごとなものであるにせよ，私が確信するにいたったことは，古典的な概念は人間の精神病理のスペクトルの広い範囲や，臨床状況の外で遭遇するその他の多くの心理的現象を正当には扱っていないということである。…私がこのように，古典的な概念は不適切であるとか，いくつかの点で誤った人間観を導くことさえあるなどと示唆しようものなら，きっと反対意見を喚起するであろうということを，私は承知している。
　　(Kohut, 1977, p.xviii)

体験に近い理論か古典的な理論か

　『自己の修復』(1977)は，コフートが，もっぱら共感的，内省的な観察様式を通じて得られる資料から生まれる心理学について論じたものである。コフートの論の進め方は，分析の終結をめぐる議論から始まるという点で興味深い。終結の問題を論じることは，精神的健康をめぐる概念を問うことでもある。それというのも，人は，終結の準備状態にあるかどうかを判断する際に，健康と病気に関する自分の見解を背景にして，分析で得られたものを評価し，こうした評価をもとにして，精神的健康のために必要な分析的課題が

達成されたかどうかを決定しているからである。

　1959年以降，コフートが強調してきたのは，精神分析は，心理学的な資料収集の手段である内省と共感という方法を通じて人間の内的世界を研究する科学であるということであった。これらの心理学的手段が心理学の研究領域を規定するのであるが，それは，顕微鏡が組織学者の研究領域を規定するのと同じである。コフートは，共感と内省を通じて発展した理論を「体験に近い」理論と呼んだ。というのも，その理論は，患者によって実際に感じられている体験の研究から生まれるからである。彼は，「体験に近い」理論と彼のいう「体験から遠い」理論とを区別し，後者の理論は，臨床場面における観察から生まれるというよりも抽象的な推測から生まれるのだと考えた。

　コフートは，体験から遠い理論は多くの先入観によって侵入されていると主張し，フロイトに対しても，生物学的な原理と西洋の道徳の侵入を許す理論を知らず知らずのうちにうち建てたといって批判している。どのような理論も先入観から完全に自由なものはないのだが，コフートは，文化的先入観と他の諸科学によって導かれた推測が心理学理論のなかに侵入することに異議を唱える。コフートが示唆するところでは，自らの新しい学問を正当化する必要のあったフロイトは，精神分析と，ダーウィンによって確立された周知の生物学との合体を試みざるを得なかった。本能にもとづく欲動に関する心理学は，生物学と心理学を合体させるフロイトの試みであった。こうした努力のなかでフロイトは，種と個体を保存しようとする本能は，生物学的基盤をもつ性的欲動と攻撃的欲動において現れると示唆した。フロイトにとって，欲動は人間の体験における一次的な動機であり，それゆえに，フロイトの理論の核心は，共感と内省によって規定された領域における観察にもとづいているというよりも，生物学的な推測から派生している。

　西洋の道徳は，古典的理論の教義のなかにまた別の先入観を導入している。原始的な欲動のエネルギーを利用して，それを生産的なものに変えていくことが精神的健康のあり方だとみなしている西洋の道徳は，古典的精神分析の治療目標に影響を与えたのである。その結果，治療は，文明社会を脅かす欲動を手なずけることを目指すものになっている。

　愛他主義と無私の精神（selflessness）という，もう一組の西洋的な価値

観が，古典的精神分析の立場からの発達論のなかに現れている。正常な発達は，自己愛的な態度から最終的に他者への愛情へと進展することだと考えられているのである。こうした観点に従うと，精神的健康の必要条件は，私利私欲を捨てて，無私の精神に向かうことである。自己愛は，学問的な対話では分析家や精神療法家によって冷静に議論されるが，その一方で，嫌悪されるべきものだというひそかな汚名を着せられることも，よくあることである。

独立と自足の精神（self-sufficiency）は，古典的理論のなかに埋もれているさらにもう一組の西洋的な価値観である。独立という西洋的な価値観は，対象からの分離を幼児の究極の発達課題として強調する理論的立場の根拠となっている。自足という西洋的価値観は，「分離，自律，および独立」が治療の成功する際の目標だという臨床理論のなかに見出すことができる。コフートの主張によると，古典的精神分析の見解では，これらすべての先入観がエディプス的布置という概念のなかに集約されており，このエディプス布置が人間生活の中心的動機づけとみなされている。

健康についての新たな見解──終結のための新たな基準

人間とは何かをめぐるコフートの見解は，古典的なものとまったく異なっている。彼は自己愛を生命の正常な部分として理解しており，自己愛は誕生から死にいたるまで存在するものであり，対象愛のために放棄されなくてはならないようなものではないと理解した。コフートにとって自己愛は，最終的には，全体としてまとまった機能する自己へといたる自然な発達コースをたどるものである。コフートは，『自己の分析』で描写した自己愛構造から展開する自己の布置を提案する。彼の主張に従うと，自己愛障害は，精神装置のなかの損なわれていない構造のあいだで生じる葛藤の結果というより，自己の自己愛構造の欠損の結果なのである。したがってコフートにとっては，完了した分析を正しく評価するためには，自己愛構造に欠損がある場合，自己愛構造についての査定と，自己愛構造の再機能化（rehabilitation）についての評価が必要なのである。

欠損のある自己愛構造を評価する際にコフートは，幼児期に生じた一次的欠損と，彼が「二次的構造」と名づけたものを考慮する。後者はさらに二つ

のタイプに分けられる。その第一のタイプは彼が「防衛的構造」と呼ぶもので、第二のものは彼が「代償的構造」と呼ぶものである。防衛的構造は自己の欠損をおおい隠し、その一方、代償的構造は、欠損をただ単におおうというよりも欠損を効果的に代償するものである。コフートの主張によると、終結期にたどり着くのは、自己の一次的欠損が現れてきて、徹底操作と変容性内在化を通じて構造が形成されるときか、代償的構造が安定してきて、確実に機能するようになるときである。

コフートは、欠損していたものが完全に構造化されるとは主張しない。この見解は、分析作業の完全性を強調する古典的態度からの離脱である。この離脱は、あのもっとも精神分析的に辛らつな批判、すなわち、行われている分析作業は分析的ではないという批判を招くものである。古典的な立場では、分析が完全なものとなるのは、（たとえばエディプス葛藤といった）ある問題が「十分に解消される」ときだけである。しかしながらコフートの示唆によると、たとえ欠損が存続しているにせよ、その欠損が、それまでより確実に増進した技能と才能によって適切に代償されるなら、その分析は成功しているとみなすことができる。コフートは、新たに修復された構造の機能的な安定性に関心を向けるのである。自己の<u>機能的</u>に損なわれていない状態に対する彼の強調は、被分析者の終結への準備状態をめぐる考察について新たなアプローチを導入する。

症例

コフートは症例Mを通じて、分析中の代償的構造の役割を例示し、自己における欠損の持続にもかかわらず認められる終結準備状態について、彼の主張を展開する。若いライターのMは、書字障害、低い自己評価、および空虚で死んでいるという感覚を訴えて治療にやってきた。彼はまた、女性を縛って加虐的に支配するという（ときには行為化される）空想を報告した。

コフートはとりわけ書字障害を決定的な症状とみなしたが、それは、書くことがMの自己評価の重要な潜在的源泉であったからである。その障害に対するコフートの理解は込み入っており、Mのパーソナリティのいくつかの要素を考慮したものであった。その一つの中心的な要素は、書いているさなか

に想像が刺激されて感じてしまう興奮を彼が心の内に収めるできないことであった。興奮をうまく処理できないMは，想像を何とか抑え込むか，あるいは過剰な刺激から何とか自分を守るために仕事を完全に止めるほかなかった。コフートは，この扱いきれない興奮はMの顕示的な自己愛と結びついていると判断した。分析中に想起された記憶を通じてコフートが知るにいたったことは，Mはそのパーソナリティの誇大的－顕示的な領域において，母親の早期の反応を不完全なものとして体験していたことであった。そこでコフートが推測したのは，Mの母親が息子の健康で幼児的な顕示性に対して適切な鏡およびコンテイナーとして機能できなかったことが，一次的な構造欠損をもたらしているということであった。こうした欠損状態にある精神的構造は，Mの顕示性に関連する刺激と興奮を取り扱うことができなかった。もしも母親がMの幼児期の顕示性に適切に応答することができていたならば，彼は，興奮を取り扱える構造を徐々に発展させていたであろう。だがそうはならず，興奮への対処を助ける「二者択一的な」不安定な防衛策に縛られてしまった。顕示性を抑制して，書くという行為を制止し，その結果，Mは書くことで得られる健康な自己評価を失ってしまうか，あるいは，性愛化された空想――賞賛し映し出してくれる女性を奴隷としてMの完全な支配下に置き，彼のあらゆる願望に応じさせるという空想――を行為化することで，顕示性を表出するか，それ以外にはなかったのである。

　Mの書字障害の第二の要素は，コフートのいう代償的構造における損傷であった。思い出してほしいのだが，コフートは，代償的構造を，（Mの場合のように）健康な自己評価の源泉として機能する可能性のある信頼できる才能や技能，さらには関係として定義している。代償的構造は，防衛ではないのである。Mにとって書くことはこうした代償的構造ではあったのだが，しかし頼りにならないものであった。その頼りにならない構造は，彼がなおもかろうじてライターとして機能していたので完全には彼を失望させてはいなかったが，しかし，損傷があったために，その技能は，自己愛を高めるための安定した持続的な源泉にはならなかった。コフートから見れば，安定した代償的構造は分析的治癒の重要な側面をなすものであり，分析の進展を評価する際の基準である。自己評価における一次的欠損を代償する信頼できる構

造を確立することは，分析の適切な目標であり，結果である。このことがとくに強調されてよいのは，一次的欠損を深く掘り下げることが自己の全体性と安全性を脅かしてしまうときである。コフートは，自己に障害のある人びとにおける一次的欠損のある種のものは，そっとしておくのがもっともよいと考えており，内的な混乱をもたらす乱暴な分析にならないように警告している。

　Mの書くことをめぐる物語は非常に興味深い。書く能力は，一部は彼の内的な才能から，一部は言葉を愛する文筆家の父親との関係から発達していた。青年期のあいだずっとMは，理想化された父親を熱心に見習い，文字を通じて彼の顕示性を表現した。しかしながら，悲劇的なことに，父親は息子に理想化されることを快く思わなかった。父親は息子から関心を引込めてしまった。その結果，顕示性を安心して体験させてくれる自己対象を見出そうとするMの二度目の試みは，失望に終わった。だがコフートは，健康であった幼児期について以下のように仮定している。Mは理想化された父親との良好な融合を体験していたであろう。次いで避けられない小規模の失望体験が起こり，そこで変容性内在化を通じて，緩衝的な心理的構造も生じていたであろう。こうしたことから，Mの自己評価は融合を通じて高められ，また，内的構造が発展して，母親のより早期の不十分な鏡機能のために生じたダメージを補っていたであろう。

　空想に随伴する興奮を心のうちに収めることがMには困難であったことが，思考を言葉に移すことを妨げていたのである。このことが書字障害を生み出し，今度はその障害が潜在的に重要な代償的構造を脆弱なものにしていた。分析作業は，Mのパーソナリティ障害の誇大性に関わる領域において進展し，一次的欠損状態にあった自己愛にいくらかの構造化が生じた。臨床的には大幅な改善が見られた。しかしながら終結の際にコフートは，誇大自己の領域における作業は不完全であるように感じた。そこで彼が確信したのは，大幅に改善された心理状態にもっとも貢献した分析作業は，機能回復した代償的構造の領域において起こっていたこと，そして，その作業は二つのルートを経由したことであった。一つのルートは鏡として不十分であった母親の反応をめぐる徹底操作を経由したものであり，それによって，Mの顕示

性は彼のパーソナリティの残りの領域と統合された。もう一方のルートは、（とくに言語の領域で）理想化されていた父親との融合を試みていたときに父親が退いたことをめぐる徹底操作を経由したものである。コフートは以下のように、Ｍの分析をめぐる重要な論点を要約し、機能回復した代償的構造の効果に関する一般的原側について述べている。

> 次のようにつけ加えてよいであろう。症例Ｍにおいて決定的な改善が起こったのは代償的構造においてであって、誇大的－顕示的な自己の領域ではなかったという事実は、分析の妥当な終結はこうした形で到達されるかもしれないという原則を証明している。…
> 　この要約を一般的に表現するなら、次のようにいってよいであろう。自己愛パーソナリティ障害の一症例の精神分析治療が本質的な治療終結にまで進展した（障害の治癒をもたらした）のは、治療が自己の領域のなかに一つの区域を確立することができ、その区域を通じて自己愛的欲求の途切れることのない流れが創造的な表現に向かうことができたときである。
>
> 　　　　　　　　　　　　　　　　　　（Kohut, 1977, pp.53-4）

　Ｍの分析の不完全な性質は、コフートが情緒的な健康に関する彼の見解を論じるよい機会となっている。コフートにとっては、情緒的な健康は、精神装置の二つの機関のあいだの葛藤の解決に関わる問題ではない。精神分析にふさわしい目標としての健康は、機能的な自己、すなわち、野心、才能、および理想からなる、損なわれていない連続体が存在している自己の確立である。コフートにとって健康な自己とは、その内部において、顕示性の興奮から生じる野心が心地よく体験されており、またその野心が、技能と才能の実現を可能にする頼りになる理想によって導かれている自己である。自己の内部のこうした損なわれていない連続体が、人生は楽しくて創造的なものだという感覚をもたらすのである。こうした機能重視の見解によって、代償的構造のようなある区域が、発達上の外傷の深さや重さのために修正不可能になっているある区域の欠損を埋め合わせるのだという理解が可能になる。

精神分析は自己の概念から利益を得るのか

　コフートは,「精神分析は自己の心理学を必要としているのか」と理論的な問いを提起する。彼はこの問いにイエスと答える。そして,自己心理学がいかに説得力をもっているかを例示し,古典的理論と新たな自己心理学との違いを強調する。

　まず第一にコフートは,精神分析の最初の理論家,つまりフロイト自身を突き動かした力について考察する。コフートにいわせると,フロイトは医者ではあったが,癒す人（healer）ではなかった。フロイトは,真実を知ることと,勇敢に現実に向き合うことに価値を置いた。この態度は,認識することと知識を拡大することを強調する治療論につながった。無意識を意識化することが,フロイトの治療の主要目標となった。もう一つの目標は,無意識的欲動の力に対して現実自我が支配力を強めることである。

　コフートがいうには,フロイトは「科学的客観性」の支持者であり,観察者を被観察者からまったく分離しているものとみなす立場を取っていた。しかしながらこの見解は,観察者が被観察者に与える影響を考慮することに失敗している。観察者と被観察者ははっきりと分離しているのだという考えは,精神分析における理論形成に深く影響を与えた誤ったアイデアである。「科学的客観性」を確信していたために,フロイトは分析家の存在と行為が被分析者に及ぼす影響について考慮することができず,そのために彼の作業は限られたものになった。そのように考えながらもコフートは,葛藤し合う力からなる精神装置の内部で起こる障害を描写するうえで,フロイトの理論が重要な説明力をもっていることについては認めている。たしかにフロイトの理論は,葛藤的な構造による神経症（conflictual structural neuroses）をよく説明している。だが,自己の概念と自己の障害を適切には取り扱っていないのである。

　古典的理論では,「口唇性」とか「肛門性」といった現象を,精神性的な（psychosexual）発達的連続線上において,エディプス的態勢からそれ以前の時点への防衛的退却が生じているものとして理解する。コフートは,この

説明が限局的で単純化されていることに気づく。彼が感じるところでは，そうした説明はパーソナリティの小さな区域のみを扱っており，複雑な，もっと優先されるべき全体性を見失っているのである。コフートは，発達途上の子どもに幼児期の環境が及ぼす有益な影響と有害な影響の両者に焦点を向ける。彼は次のように説明する。

> 以前は，ある患者たちの重篤なパーソナリティ障害を，早期の発達水準（口唇期）の欲動組織への固着と，それに付随する，自我の慢性的な幼児性に起因するものと考えていたが，彼らとの臨床体験は私にますます次のことを教えるようになった。つまり，欲動の固着と自我の広範な欠損が，発生論的に一次的な精神病理であるわけではなく，また力動－構造論的に中心的な精神病理であるわけでもない。彼らの病理は，幼児期の自己が両親のひどく障害された共感的応答のためにしっかりと確立されなかった点にある。その脆弱で断片化に陥りがちな自己は，（生きていることを，さらにはせめて存在していることを自らに保証する試みのなかで）防衛的に性感帯を刺激して快感を得ようとする。そこで二次的に，欲動の口唇期的，肛門期的な志向性と，刺激された身体領域と関連した欲動目標への自我の隷属化が起こるのである。
> (Kohut, 1977, p.74)

欲動と自己

コフートの見解では，幼児の発達の基本要素は，発達中の自己とその自己対象との関係であって，無意識的なリビドー欲動あるいは攻撃的欲動ではない。幼児の自己対象が，理想化を担う機能あるいは鏡としての機能のいずれかに失敗したために，自己が衰弱したり，もろくなったりすると，幼児は刺激を求めて性感帯に向かう。こうした自己を活性化する試みはしばしば成人期にまでもち込まれ，そこではその試みは倒錯として存続する。それらの倒錯には，人が利用できるじつに広範囲な自己刺激的活動が含まれる。

欲動は古典的理論の中心的位置を占めているので，コフートは，彼の心理学のなかで欲動について説明しなくてはならなかった。自己を関心の中心に

据える彼は，欲動を，破砕された自己の崩壊産物として概念化した。彼の示唆するところでは，幼児の愛情と自己主張が妨害されるとき，それらは，性愛，攻撃性，および破壊的な敵意という「欲動要素」へと断片化される。

解釈と抵抗

　解釈と抵抗の領域は，精神分析が自己心理学の新たな説明から利益を得るとコフートには判断されるもう一つの領域である。コフートは，分析における解釈の過程は，自己が構造化される際の二段階の発達過程と似たようなものだと考えている。自己の構造化の最初の段階は，共感的な自己対象との融合からなる。その融合は理解され肯定されているという体験を発達中の自己に提供する。そこでの融合はさらに緊張調整を助けるが，それというのも，発達中の自己は自らの情緒を心のうちに収めるために，自己対象の能力にあずかるからである。最終的に情緒は，広がって圧倒してくる体験として認識されるというより，信号として認識される。第二の段階は，自己対象が欲求に応えようとする行為をめぐる幼児の体験に関係する。

　コフートは，解釈の過程もまたこうした自己の構造化のように，融合の体験と行為をめぐる体験からなる二段階の過程であることを示唆する。解釈の過程における融合的な段階は，コフートが「理解段階」と呼ぶものであり，行為に関わる段階は，コフートが「説明段階」と呼ぶものである。コフートは解釈過程を以下のように述べている。

> 　換言すると，すべての解釈とすべての再構成は二つの段階からなる。最初の段階で被分析者は，自分が理解されたのだということに気づかなくてはならない。そこでようやく第二段階として，分析家は被分析者に特定の力動的，発生的要因を提示し，それによって，共感的に把握した心理的内容を被分析者に説明するであろう。
> 　　　　　　　　　　　　　　　　　　　　　　　（Kohut, 1977, p.88）

　ときに生じる，解釈後の激しい怒りは，コフートがいうには，古典的な理解とは違った方法で理解されるべきである。古典的な理解では，そうした怒

りは，原始的攻撃性を無意識的な拘束から解放して意識にもち込んだ正しい解釈の結果であると想定されている。コフートは，その怒りを，原始的攻撃性の表出というよりも，誤った説明や早すぎる説明によって引き起こされた傷つき体験の副産物としてとらえる。

　早期の発達に関する分析家の見解は，治療に関する分析家の概念化と活動に深い影響を与える。古典的な見解は，幼児というものを，早期の何カ月かは心理的な自己を備えていない生物学的な塊とみなす。古典的理解では，発達は性感帯の成熟とそれと結びついた情緒の変遷をめぐって展開するとされる。コフートはそれとは異なった点に焦点を向ける。彼は，発達していく自己と，その成熟に伴う体験に関心を向ける。自己とその環境との関係を重視することや，自己を情緒のコンテイナーとして理解することは，コフートの心理学にとって重要である。彼のアイデアのいくつかは，以下のように，乳幼児研究の分野におけるスターンの知見（1985）を予告するものである。

　　…換言すれば，私は以下のことに何ら疑問を抱いてはいないということである。自己の心理学という，自己の発生と発達，その構成要素，目標，および障害に関する研究の助けを借りて，私たちは，精神生活の新たな側面を認識したり，広大な心の深層――正常な文化的適応や古典的神経症の構造葛藤までも含む――を洞察することになるであろう。
　　それ以外のことが考えられるであろうか。複雑に組織化された共感的－応答的な人間環境は，そもそも最初から幼児に反応しているのである。私たちは，ますます洗練される心理学的方法で乳幼児期の早期状態を探究するにつれて，萌芽的な自己はすでに人生のきわめて早期の段階から存在するということを当然のごとく発見するであろう。
　　　　　　　　　　　　　　　　　　　　　　　　（Kohut, 1977, p.98）

不安，夢，および攻撃性についての自己心理学的見解

　コフートは，その心理学の説得力を，不安，夢，および攻撃性という精神的現象を検討することで例証する。まず，構造神経症において体験される不安と，脆弱化した自己によって体験される不安を比較する。構造神経症にお

ける自己には欠損はなく，その不安は通常，漠然とした恐怖として現れるが，抵抗が処理されるにつれてだんだんと明瞭かつ特殊なものになる。その不安は，それまで防衛されていた去勢不安がいまやあらわとなって体験されるので，深刻なものになる。

　自己の障害の場合の不安はそれとは異なった形で現れる傾向がある。その不安は，自己の脆弱性についての前意識的な心配によって生じる。それはしばしば，全体性と安全性をめぐる特異的な心配とともに始まり，たとえば皮膚感染から敗血症になるかもしれないとか，ささいな腫れ物が癌かもしれないとか，家屋がその土台のささいなひび割れからそのうち崩壊しないだろうかといった形で表現される。そうした不安は，漠然とした拡散的なものであるというよりも，焦点化された特殊なものである。これらの不安は，崩れつつある自己をめぐる漠然としたより拡散的な心配を限定的なものにしようとする具体的な試みである。治療が進展するにつれて，これらの限局的な心気症的な恐怖に代わって，迫りくる自己崩壊に関連する拡散的な不安が認識されるようになる。コフートの論じるところでは，精神装置に関する心理学はこうした不安について満足のいく説明を欠いており，その一方，自己の心理学はここで述べたような理解を精神分析にもち込んだのである。

　夢もまた，コフートが自己心理学の有用性を示すための議論で取り上げたもう一つの現象である。コフートは，夢に関する二つのカテゴリーについて述べている。最初のものは，構造神経症における夢である。その種の夢は，欲動性の願望，葛藤，および葛藤解決の試みを表現する。患者の連想を追うことで，分析家は，偽装をはかっている夢の作業の逆をたどり，夢の形成を促した無意識的願望を明らかにする。

　第二のグループの夢は，外傷的状態と結びついた漠然とした緊張を表現するイメージからなるものである。この種の夢の場合には，患者が夢について連想したところで，第一のグループの夢の場合のように無意識のより深部にある防衛された層があらわになるわけではない。むしろ連想は夢の顕在内容の水準にとどまりがちであり，自己に迫りくる崩壊をめぐるイメージを繰り出すのみである。コフートはこれらを「自己状態」夢と呼び，それらの夢を外傷性神経症の夢に匹敵するものと見なした。

後者のグループの夢の例を挙げよう。心機一転をはかろうとしている若い女性が、愛着のある都市から離れようとしていた。彼女は一連の夢を報告したが、その内容は、新たな家に向かう旅の途上、何度も手荷物を失うというものであった。一つが見つかって安心しても、いつもかならず別のものを突然、失うのであった。どんなに手をつくしても、一つの安全な空間に所持品のすべてを同時に集めて保持することは不可能であった。連想は、移動することと、中断される感覚をめぐるものになった。しかしそれらの連想は、無意識の欲動に関連する願望があらわになるほどには深まらなかった。夢の意味は、夢の顕在内容のなかに含まれている。その顕在内容は、混乱していて一時的に断片化された自己の状態を象徴的に表しているのである。コフートがいうには、自己の内容というよりも自己の状態を取り扱うことによって、自己心理学は、もっぱら欲動心理学的に実践する者には手に入らないような臨床的理解を提供する。

　攻撃性の問題も、精神分析が自己心理学から利益を得るとコフートが信じるもう一つの領域である。古典的理論の基本教義においては、自己主張、憎しみ、および攻撃性は一次的な心理的所与であり、その所与は人間の本質的な生物学的性質の一部であるとされる。コフートは、攻撃性と破壊性に関するこの古典的説明に疑問を向ける。コフートにとって、破壊性は一次的欲動の現れではない。むしろ、破壊性は、崩壊しつつある自己の産物なのである。破壊的な激怒はいつも傷ついた体験に動機づけられている。激怒はたしかに原始的だが、心理的に一次的なものではない。このアイデアを敷衍してコフートは次のように書く。

> 　私の信じるところ、心理的な現象としての人間の破壊性は、本質において二次的である。つまり、破壊性は本来、適量の――強調されるべきことは、最大限ではない――共感的反応を求める子どもに対して、自己－対象としての環境が応じることに失敗した結果として起こるのである。さらにいえば、心理的現象としての攻撃性もまた、単独の要素として存在するものではない。有機体の分子を構成している無機的な成分のように、攻撃性は、最初から幼児の自己主張を構成している成分なのであり、

正常な環境のもとでは攻撃性は，成人の成熟した自己主張のなかに溶けあって残っているのである。

(Kohut, 1977, p.116)

　攻撃性の一次性に挑戦したために，コフートは，人間の攻撃的本性という不快な現実を否認しているという批判にさらされた。しかしながら彼は，人間の潜在的な破壊力に異議を唱えることも，それを否認することもない。むしろその起源に関する新たな説明を提供しているのである。その主張に従うと，臨床場面において共感によって得られる，自己についての理解は，人間の条件に関して，推測による古典的理論よりも広くて深い説明を提供する。コフートにとっては，分析がぎりぎりたどりつける「心理的な最下層の岩盤」は，去勢の恐怖ではない。また身体的生存への脅威でもない。むしろそれは，自己が破壊されることへの脅威なのである。

　コフートは，激怒を，幼児の本来の健康的な自己主張の崩壊産物とみなしている。彼の理解では，乳児は，その自己対象という環境からの共感的反応によって支えられる自己主張能力を備えて生まれる。幼児がその環境によって外傷的な失望をこうむるとき，その自己主張は激怒へと断片化する。攻撃性ではなく，自己主張こそが，一次的な心理的所与なのである。彼は次のようにいう。

　　記述的な用語で表現すると次のようになる。そもそも，攻撃的であることに関する行動上の基準となるのは，激怒している破壊的な赤ん坊ではない。その基準は，最初から，自己主張的な赤ん坊である。その攻撃性は，(ごく普通の)共感的応答という環境を提供する自己-対象に対して，赤ん坊が自らの要求を表現する際の確固とした揺らがない態度の構成要素である。共感の外傷的な中断（もしくは遅延）は，もちろんすべての乳幼児が不可避的にさらされる体験だが，赤ん坊によって表現される激怒は一次的なものではない。一次的な心理的布置は，一瞬たりとも破壊的な激怒を含むことはない。その布置は純粋な自己主張からなる。後により大きな心理的布置が崩壊すると，自己主張的要素は分離され，その

際に二次的に激怒に変換されるのである。
（Kohut, 1977, pp.118-19）

　コフートは次に性的欲動に話を転じる。ここでもふたたび彼は，性愛の病理的な表現物を，一次的欲動の表出として概念化するのではなく，自己とその自己対象体験という文脈のなかで概念化する。コフートの観点からは，倒錯は，傷ついた自己が性愛化された方法で自らを刺激し鼓舞する試みの表現である。倒錯は，機能を果たせなかった自己対象との性愛化された関係を表している。コフートは次のように書く。

　　切り離された，幼児期の性的欲動は，…一次的な心理的布置ではない。一次的な心理的布置は，…自己と共感的な自己－対象との関係にまつわる体験である。分離した欲動的現象がそれとして成立するのは，まったくのところ，自己－対象という環境のからの共感の失敗が外傷的かつ長期的か，あるいはそのいずれかであるときの結果なのである。…抑うつから逃れるために幼児は，非共感的な自己－対象，あるいは不在の自己－対象から，口唇的，肛門的，さらには男根的な感覚のほうに関心を移し，それらの感覚を強烈に体験する。欲動への過剰な備給が起こる幼児期の体験が，成人の各種の精神病理の形成にとっての結晶点となるのだが，そうした病理は本質において自己の病である。…（分析において）到達される最深層は欲動ではなく，自己の組織への脅威であり，自己－対象の生命支持的な…共感的応答性の欠如をめぐる体験である。
（Kohut, 1977, pp.122-3）

　こうした議論に結論を下すために，コフートは，最初の問題提起，つまり終結の準備状態の決定をめぐる問題にもどり，それは，病と治癒に関して私たちが抱く見解しだいで決まるのだ，と繰り返す。古典的な観点では，障害の発生と力動に関する患者の知識の増大と，性的，攻撃的な本能に対する確実な支配力の発達が，中心的な治療目標である。自己心理学的な観点では，治療目標は，欠損している自己愛構造の欠損部分を埋めることと，喜びと充

実感をもたらす創造的な様式で機能する凝集的自己が形成されることである。症例Mのように，治癒はかならずしも欠損部分の完全充足によって達成されるわけではない。機能回復は，代償的構造が強化されることで生じる可能性があるのである。

罪の人と悲劇の人

　読者にはお分かりのように，自己心理学と古典的な精神装置の心理学は，大きく異なった二つの人間観によって特徴づけられている。コフートは，一方の人間観を「罪の人」と呼び，もう一方を「悲劇の人」と呼んでいる。古典的な観点から描かれる「罪の人」という人間観は，人間を快感原則に従って生きているものとみなす。「罪の人」は欲動を満たそうと試みるが，しかし環境の圧力と内的葛藤のために満たすことができない。

　自己心理学の観点から描かれる「悲劇の人」は，快感原則のなかで生きているのではない。むしろ「悲劇の人」は，創造的で充実したあり方で人生を送っていけるように，中核的な自己の生来的パターンを何とか実現しようと努める。しかしながら，充実した人生を送ることに失敗すると，それはたいてい成功に暗い影を投げかける。そのためにコフートは，（満たされることの罪悪と対比させて）満たされることのない可能性という悲劇（tragedy of unmet potential）を強調する。

　まとめると，コフートは，自己心理学は精神装置，欲動の防衛，葛藤に関する心理学では提供できない自己に関する理解を精神分析にもち込んだのだと主張する。自己心理学は，凝集的自己が，早期およびもっと後期の自己対象体験からどのように展開していって，自己に固有の中核的プログラムの健康な実現に達するのか，ということを描写している。それは，欲動の優位性よりも自己の凝集性が一次的な心理的問題に関係しているという観点に立つ心理学なのである。

第 8 章

『自己の修復』Ⅱ：臨床的考察

双極的自己

　ここまで見てきたように，コフートの心理学においては自己が中心的布置である。コフートの主要な仮説，つまり自己を形成する一次的布置は幼児と自己対象との関係にもとづいているという仮説は，成人の被分析者とのあいだで行われた再構成の作業から導かれた。こうした作業からコフートが推論したことは，幼児の中核的な自己がばらばらの断片から凝集的な全体へと展開するかどうかは，幼児の特殊な発達上の欲求に対する自己対象の応答性しだいだということである。『自己の分析』のなかでコフートは，これらの特殊な欲求の概略を示し，それらの欲求が二つの心理的布置に収束することについて詳述している。コフートによると，一方の布置の誇大自己は，幼児の顕示的な自己愛を受け入れて肯定的に反応する，鏡としての早期の母性的自己対象に関係している。もう一方の布置である理想化された親イマーゴは，完全性，安全性，および全体性の感覚を自己にもたらす理想化された自己対象との融合に関係している。二つの布置は，コフートが「双極的自己」と呼ぶ上位の布置の構成要素である。彼はより初期のアイデアを拡大し，『自己の修復』（1977）では双極的自己について詳細に検討した。

　双極的自己は，野心の極と理想の極という二つの極を含んでいる。幼児の健康的で高揚した顕示的な自己愛が，一方の極を構成している。正常な発達においては，この極と関連する自己愛は，後に野心として体験されるものへと展開する。そして，安定と緊張の調整をもたらす理想化自己対象との融合を求める強い思いが，もう一方の極を生み出す。正常な発達では，この極と関連する，理想化をはかる自己愛が，やがては，人生の指針となる理想とし

て体験されるものへと展開する。

　自己の連続性の感覚，つまり，時間を経ても同一の人間であり続けるという感覚は，二つの極の性質ならびに関係にもとづく。コフートがいうには，二つの極のあいだには，ある緊張が存在する。つまり，野心の極によって駆り立てられ，理想の極によって導かれるという感覚である。彼はこの緊張を「緊張弧（tension arc）」と呼び，それについて以下のように述べる。

　　私はこの仮説を表現しようと試みた際に，以下のように関心を喚起するような用語を用いた。空間的に離れた，（＋）と（－）に荷電された電極のあいだには，電圧という緊張の<u>勾配</u>が存在しており，そこで，電気が勾配の高いレベルから低いレベルへと流れていくという電流の<u>弧</u>の形成が促進される。それとちょうど同じようなことが，自己についてもいえるのである。自己の場合には，「緊張の勾配」という用語は自己の構成要素の互いの位置関係を指しており，…その用語は，個人の野心と理想の「あいだに」生じる行動促進的な条件のことを指しているのである。その一方，「緊張弧」という用語で私が言及しているのは，自己の二つの極のあいだに現れてくる実際の心理的活動の絶え間ない流れ，すなわち，野心によって「駆り立てられ」，理想によって「導かれる」ような人間の基本的な目標追求的営みである。
　　　　　　　　　　　　（Kohut, 1977, p.180；下線は Kohut 自身による）

　コフートはさらに，双極的自己の第三の要素を導入している。それは，二つの極のあいだに存在する技能と才能の領域である。これは，第 7 章で提示した症例Mのように，代償的構造が形成可能となる一つの領域である。コフートは個々の自己の発達と形成について次のように要約する。

　　自己は，他に優先する中心的な心理的布置である。その形成と形成不全が，成長と発達の中心部にある。自己は自己－対象とのあいだでの構造形成的な体験から形づくられるのである。顕示的な誇大的な自己は，通常は母親によって担われる，映し出す早期の自己対象によって支えられ

る。一方，理想化された親イマーゴという布置は，親が幼児の理想化を許容し，さらには喜ぶことさえあるときに形成される。これはより後期の発達であり，通常は父親を巻き込む。個々の自己がどのような形態になるのかは，幼児の自己−対象との関係の性質に依存する。もしも自己の一方の極の形成に障害があるならば，もう一方の極の強化によって弱さを代償しようとする試みがなされるであろう。深刻な自己の障害ならびに形成不全は，両方の極の発達において失敗がみられるときに起こる。換言すれば，幼児は健康のために二つのチャンスをもっているということである。もしも一方の親がその自己対象機能を遂行することができないなら，幼児は，代償的に，もう一方の親のほうに関心を転じる。病理が起こるのは，自己のいずれかの極を支持し強化するための自己対象機能を親のいずれもが提供できないときである。

　　　　　　　　　　　　　　　　　　　　　　（Kohut, 1977, p.186）

　コフートは，幼児期の重大な出来事，たとえば同胞の誕生や，死，病気，家族崩壊などが，情緒的な病の発生に重要な役割を果たすことを認めている。しかしながら，彼が信じるところでは，健康的か病的かにかかわらず，親のパーソナリティの性質が，心理的な環境に影響を与え，個々の自己の形態を決定する要因なのである。
　古典的精神分析理論においては欲動が中心的地位を占めているという事実は，コフートに欲動を彼の理論で説明するように求める。『自己の修復』のなかでコフートは，分析の伝統と決別し，欲動というものを生物学的な所与としてというよりも，断片化しつつある自己の崩壊産物として概念化する。この仮説は大幅に古典的理論からかけ離れているので，私はコフートの記述をそのまま引用する。

　　ここで，二つの基本的な心理的機能――…健康な自己主張と，理想化された自己−対象への健康な賞賛――の崩壊について検討しておくことは役に立つであろう。…幼児の自己主張的なあり方が，映し出す自己−対象によって応答されないときには，幼児の健康な顕示性は…放棄

されてしまい，それに代わって，偉大さの個々の象徴（尿道，大便，男根）に対するばらばらの性愛化された顕示的な執着が優勢になるであろう。同様にまた，幼児が，その力と融合したいと望んでいる理想化された全能的な自己－対象を探し出すことに失敗すると，…そこでもやはり，幼児の健康的で幸せそうな，目を輝かせた賞賛は終わってしまって，広範囲の心理的布置は崩壊し，それに代わって，成人の力を表現する個々の象徴（ペニス，乳房）へのばらばらの性愛化された窃視症的な（voyeuristic）執着が優勢になるであろう。

(Kohut, 1977, pp.171-2)

　伝統的な立場の分析家が欲動の現れだとみなすものを，コフートは，自己の中核部分の崩壊あるいは断片化の産物として考える。たとえば，幼児の健康な自己主張が適切に応答されないと，自己主張は激怒と攻撃性に転じる。見つめられ賞賛されたいという健康な欲求が外傷的な欲求不満にさらされると，その欲求は，性愛化された顕示性（露出症）に転じる。また，理想化自己対象を畏怖しながら眺めたいという健康な欲求が外傷的な欲求不満にさらされると，その欲求は性愛化されて窃視症になる。これらの性愛化は強固なものとなって，倒錯として成人期にもち込まれる。コフートには，倒錯は欲動の表現ではない。それは，断片化され病んでいる衰弱した自己の核が自らを鼓舞しようと試みる際の症状なのである。

　コフートの主張するところでは，治療のなかで作動する自己対象転移の体験は，より早期の幼児的な関係の単なる反復ではない。それは新たな体験である。それは，妨害されていた発達性の欲求が生きいきと蘇ったことを表現している。ふたたび目覚めたそうした欲求の存在は，停止させられ弱まっていた自己の修復を可能にする。このように主張するコフートは25年も前に提出したコメント（1951, pp.164-6），つまり，あらゆる反復は転移であるが，あらゆる転移が反復というわけではないという主張を繰り返しているのである。

病理の分類

　双極的自己を中心的な布置として確定した際にコフートは，自己の性質や形態の障害から精神病理を分類し，論じる。彼は障害を一次的障害と二次的障害に分類する。その主要な関心は一次的障害にあるが，それというのも，一次的障害は自己の形成が停止した結果であるのに対して，一方の二次的障害は生活の危機的事態への急性の反応や慢性の反応だからである。コフートは，一次的障害を五つのカテゴリーに分ける。

①精神病（自己の永続的あるいは遷延した崩壊や脆弱化，重篤な歪み）。
②境界状態（自己の永続的なあるいは遷延した崩壊や，脆弱化，重篤な歪み。ただし，多かれ少なかれ効果的な防衛構造によっておおい隠されている）。
③スキゾイド・パーソナリティとパラノイド・パーソナリティ。この二つは，距離を取る（詳しくいえば他者に対して情緒的に安全な距離を維持する）という方法を用いる防衛的組織である。

（Kohut, 1977, p.192）

　これらの一次的な障害に苦しむ人びとも治療者と有益な関係を形成することができるが，しかし自己の障害された領域は，治療的に取り扱い可能な安定した転移を形成することができない。したがって，精神分析療法はこれらの人びとにとって適切な治療ではない。その一方，コフートは，（精神分析療法のなかで徹底操作が可能な）安定した転移が形成される二つの自己愛障害について述べている。

④自己愛パーソナリティ障害（自己の一時的な崩壊や，脆弱化，重篤な歪みであり，主として，軽蔑への過敏さ，心気症，あるいは抑うつといった自己変容的な（autoplastic）症状〔Ferenczi, 1930〕を呈する）
⑤自己愛行動障害（自己の一時的な崩壊や，脆弱化，重篤な歪みであり，主として，倒錯，犯罪，あるいは嗜癖といった外界変容的な（alloplastic）

症状〔Ferenczi, 1930〕を呈する）

(Kohut, 1977, p.193)

　あるグループの自己愛障害では，衰弱した自己を鼓舞するために企てられた活動は，空想のなかに限定される。コフートは，これらを「自己愛パーソナリティ障害」と呼ぶのである。これとは別のグループの自己愛障害では，空想生活が倒錯や犯罪，嗜癖という形で行為に移される。コフートは，こうした行為による修復様式は空想に限定された修復の試みから区別できるので，行動型の障害を「自己愛行動障害」と呼ぶ。力動的な問題は，二つのグループのいずれも同じようなものだが，発生上の問題は異なっている。少なくとも親の一方が必要な自己対象機能を提供できる場合には，二つの極の一方が代償的に発達して，他方の極の脆弱性を埋め合わせる。このことが，自己愛パーソナリティ障害に苦しむ人びとが心の内側で修復を試み，その達成を空想の領域に限定することを可能にするのである。自己愛行動障害の人びとの場合には，早期の自己対象のいずれもが，自己のいずれかの極の発達を促進させることができなかったのである。この結果，情緒を取り扱う能力は弱まってしまい，衰弱した自己の再活性化をはかったり，かき乱された自己をなだめたりするために，制御不能なほど欲動に駆られる状態（drivenness）が起こる。コフートが考えるには，双極的自己のいずれの極も十分には育まれなかったために自己愛行動障害のほうがより重篤なタイプの障害である。

臨床例1

　コフートは，以前は自己を精神装置の内容として狭義に定義していたが，いまや自己を他に優先する中心的な構成概念として広義に定義する。そして，双極的自己の概念の臨床的有用性を示すために症例Xの分析を提示する。
　症例Xは，女性の分析家がコフートにスーパービジョンを求めた症例である。Xには，嗜癖的な自慰行為と，それに関連する同性愛空想が見られた。その空想は，彼にとって恥辱的なものであった。彼は実際には同性愛の体験も異性愛の体験もなかった。その性生活は，教会の牧師をめぐる空想を伴っ

た，日中に何度も行われる自慰行為からなっていた。空想のなかでのクライマックスの瞬間は，聖体拝受の儀式を受けながら彼のペニスと牧師のペニスとを交差させるときであった。空想においてフェラチオは見られなかったが，その空想は深い孤独感を食い止めているようであった。

生活史で明らかになったことは，子どものころ，母親はXを理想的な子どもと見る一方で，彼女の夫，つまりXの父親を非難していた。母親は信心深い女性で，息子によく聖書の話を聞かせ，とくにイエスと聖母マリアの関係が完璧なものであることを強調した。母親はイエスの知性を理想化し，イエスがいかなる年長男性よりも優れていることを強調した。母親はXに対しても理想化したが，しかしXの誇大性を支持したのは，Xが母親と情緒的に結びついている場合に限られた。母親は，Xが母親のもとを離れそうになったときには，彼をあがめることをやめてしまった。

コフートの推測では，Xの空想は，利用できなかった父親にとって代わる強い男性への憧れを表現するものであった。母親による父親への非難が，起こり得た父親への理想化をすべて妨害したのであった。Xの空想は，理想化された神のごとき男性と融合して，その男性の力をわがものにしたいという願望の性愛化された表現であった。父親の情緒的な不在が，理想と目標からなる自己の極の発達を妨害していたのである。

コフートは，Xのパーソナリティの内容と，分析の展開を描写するために図8-1のような構造論モデルも用いている。コフートは，理論モデルを混ぜ合わせるという，矛盾しているように見える描写を弁護すると同時に，彼のプレイフルな科学的態度も明らかにしている。

> この例で私は，心に関する構造論モデルという枠組みのなかに自己とその構成要素を当てはめることを選んだ。もちろん私は，そうすることによって自己を精神装置の内容に還元してしまい，そこで自己をめぐる独自の心理学の説明力の包括性を一時的に放棄していることを十分に承知している。だが，これらの矛盾は許容範囲なのである。それというのも，私の考えでは，価値のある理論化もそのすべてが，一時的で試行的で仮のものであり，遊びの要素を含むからである。

(Kohut, 1977, pp.206-7)

　Xの分析における作業は，二つの段階で行われた。第一段階は，見かけ上の優越感と孤立を存続させていた垂直分裂を扱った。第二段階は，抑圧障壁の下に隠されていた，抑うつ的で枯渇していた本当の中核的自己を扱った。コフートがいうには，近親相姦願望をめぐる葛藤に焦点を当てる心理学はXのパーソナリティの本質を見逃してしまうが，その一方，自己を中心的な心理的布置として考える心理学はXの中心的な領域を扱う。コフートは，Xの分析における治療上の核心を以下のようにまとめている。

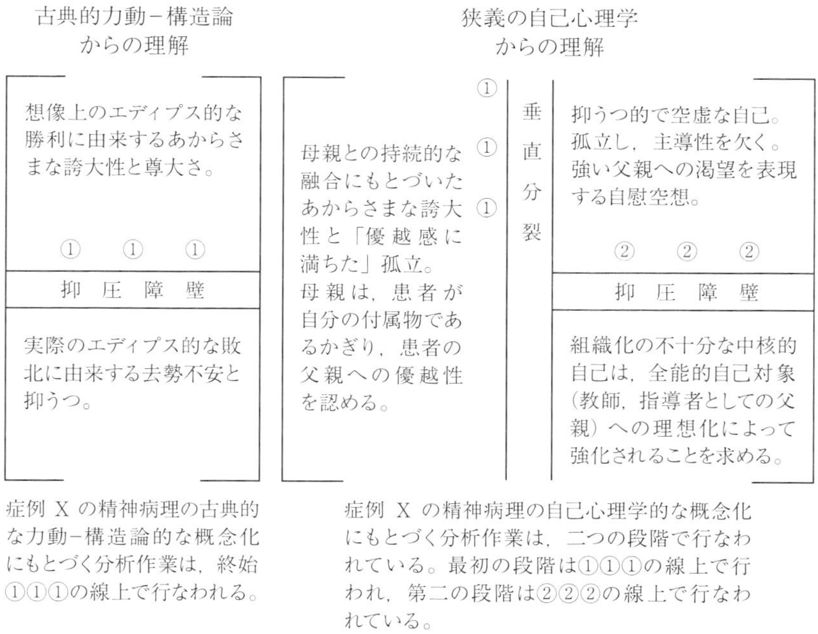

古典的力動‐構造論 からの理解	狭義の自己心理学 からの理解
想像上のエディプス的な勝利に由来するあからさまな誇大性と尊大さ。 ① ① ① 抑　圧　障　壁 実際のエディプス的な敗北に由来する去勢不安と抑うつ。	母親との持続的な融合にもとづいたあからさまな誇大性と「優越感に満ちた」孤立。母親は，患者が自分の付属物であるかぎり，患者の父親への優越性を認める。 ｜垂直分裂｜ ① ① ① 抑うつ的で空虚な自己。孤立し，主導性を欠く。強い父親への渇望を表現する自慰空想。 ② ② ② 抑　圧　障　壁 組織化の不十分な中核的自己は，全能的自己対象（教師，指導者としての父親）への理想化によって強化されることを求める。
症例Xの精神病理の古典的な力動‐構造論的な概念化にもとづく分析作業は，終始①①①の線上で行なわれる。	症例Xの精神病理の自己心理学的な概念化にもとづく分析作業は，二つの段階で行なわれている。最初の段階は①①①の線上で行われ，第二の段階は②②②の線上で行なわれている。

図8-1　症例Xのパーソナリティとその分析の二つの段階についての
　　　　コフートの図解

分析が，構造的欠損を埋めるのに本当に効果的な手段を患者に提供するようになるまで，患者は，具体化された性愛的な行為によってつかのまの安心を得ること以外には何もできなかった。こうした行為がもっとも激烈に表れたのは，聖体拝受の瞬間に彼のペニスと牧師のペニスとを交差させることを想像して，男性的な力強さのみなぎる感覚を体験したときであった。分析の課題となったのは，こうした，力強い自己——とりわけ，自己のうちの，理想化された目標を保持することのできる極——を求める欲求を，（強さの感覚を一時的に提供していた）嗜癖的でエロティックな表象から引き離して，理想化された自己 - 対象との関係を復活させたいという基本的欲求にもどすことであった。

(Kohut, 1977, pp.217-18)

　図8-1の①によって示されている垂直分裂は，Xの障害において際立った役割を果たしていた。垂直分裂が，図の左側にある否認され分裂・排除された区域をつくり出しており，その区域は未修整の誇大性を含んでいた。その否認は，誇大性にまつわる恥と当惑から彼を守るために必要であった。

　分析の最初の段階では，否認されていた誇大性が扱われ，また，その誇大性と，母親の欲求（立派な理想的な息子との融合を求める欲求）との関係が扱われた。Xは，自分自身をめぐる主要な体験であった尊大なまでの自信と優越感が，じつは本来的な自己から生じたものではないことを知った。そうした体験は，彼自身のなかにある母親の延長物の部分から生じていたのであった。この領域での分析作業によって，背後にある本当の自己をおおい隠していた，傲慢な超然とした尊大さは減少していった。

　垂直分裂がひとたび癒されると，分析の第二段階に向かった。徐々にXは，図8-1の②で示されている水平障壁（抑圧障壁）の背後にあった空虚で衰弱した，愛情から遮断された抑うつ的な自己に気づくようになった。Xは，この隠されていた自己がじつはいつも存在していたこと，そしてその自己のほうがより本来的な自己なのだということを理解するようになった。さらに，理想化された父親との妨害された幼児期の関係によって断片化されていた自己が，抑圧障壁の下にひそかに存在していたことも理解された。父親との関

係が障害されたことが，理想化の確固とした極の形成を妨げていたのであった。分析のなかで，それまで妨害されていた，男性的な理想を担う極を求める欲求が，理想化転移の出現を通じて再活性化され，表現された。徹底操作過程はこの転移を中心に行われたが，それは，自己の理想化された極の強化をもたらした。

　コフートは，彼がやっかいな問題だと考えているある疑問に向き合う。ある分析が行われる際に，多様な結果が起こりうるのだろうか。一方の極よりももう一方の極に分析家が焦点を向けることで，異なった結果がもたらされるのだろうか。コフートはそれに答えて，次のように強調する。それぞれの自己は，幼児期の自己対象とのユニークな関係にもとづいた固有の特殊な布置を備えている。したがって，共感的に行われる分析は，そうした特殊な自己の形態と波長が合ったものになり，出現する転移は，自己の病理に特異的なものになるであろう。

　　…圧倒的多数のケースでは，分析の過程は，分析が正しく遂行されるものであれば，本質的には内因性の要素によってあらかじめ決定される。…
　　…本質的な転移（あるいはそれらの継起）は，被分析者のパーソナリティ構造において分析以前から確立されている内的要素によって定められている。したがって，分析過程に及ぼす分析家の影響が問題になるのは，以下の場合に限られる。つまり，解釈が依拠している共感が正しいか間違っているかによって，分析家は，患者が既定の路線に沿って進むことを促進したり，遅らせてしまう場合である。
　　　　　　　　　　　　　　　　　　　　（Kohut, 1977, pp.216-17）

臨床例2

　私のある患者は，コフートの双極的自己の概念をなおいっそう例証する。この患者の精神療法は，通常の形態ではなかった。治療は6週間のうち2週間ほど途切れる期間があったので，1週間，2週間，場合によっては3週間

にわたって，週に数回のセッションがもたれた。この男性と治療を行うためには，彼の仕事関連の旅行のために生じた変則的な予定を受け入れざるを得なかった。治療の間隔があいても，患者が困るようなことは何もないように見えたが，私たちは最終的に，じつはより深い問題が彼の遊牧民のような生活様式のなかに表現されていることを理解するようになった。

　ウィンストンは，背が高く魅力的な41歳の英国人であった。彼は，自分のなかに発見したやっかいなパターンを解決するために2，3回だけ治療を受けてみようと思っていた。感じのよい，一見，繊細な人物であったが，彼は感情の意味を即座に退けるのであった。そのために彼は，情緒の体験が浅いような印象を与えた。しかしこの外見上の印象にもかかわらず，彼はすぐさま活発な治療過程を展開した。

　自分の問題について彼が気づいていたことは，女性との関係が深まると，その後きまって女性のささいな欠点を見出して，女性との関係を終わりにしてしまうことであった。治療にやってくる直前も，こうしたことを短期間に3人の女性とのあいだで繰り返しており，自分のどこかがまちがっているのではないかと思っていた。

　ウィンストンは，イギリスで過ごした人生の早期は素晴らしかったと主張していたが，しかしまもなく私たちには，じつは彼は孤独な人生を送っていたことが分かってきた。早期の年月は，3人の子守りに世話をされて過ごした（3人が住み込んでいた期間は，それぞれ，誕生から3歳まで，3歳から7歳まで，7歳から11歳までであった）。子守りたちは，彼や彼の2人の同胞と一緒にいても交流を楽しむことはなかった。彼女たちは，親がいるときは子どもたちに対して好意的に振る舞ったが，子どもたちだけの場合には冷たく，よそよそしかった。しつけにも厳しく，子どもたちを毎晩早い時刻にベッドに急がせた。彼の想起によると，早い時刻にベッドに連れて行かれても，その後に，よその子どもたちが外で遊んでいるのをしばらく眺めることがよくあった。従順な子どもであった彼は，部屋にとどまり，熱中できるゲームを工夫して自らを楽しませることを身につけた。

　彼は8歳のときに全寮制の学校に入れられ，家で過ごすのは学校が長期休暇のときだけであった。彼は，家から学校の寄宿舎にもどる日が近づいたと

きに感じた孤独の苦しみと，学校にもどってからしばらくは続くホームシックを覚えていた。しかしながら，親たちに許可されていたのは，子どもたちを4週間に1日，家に連れ帰ることであった。

　家での生活は形式にとらわれたものであった。3歳から7歳のあいだ子どもたちは夕方の5時から5時半まで両親と過ごすことになっていたが，父親が部屋に入ってくるときには立って待つように求められた。彼が精神療法にやってくるしばらく前に亡くなった父親については，多くの人に深く愛された特別な人間として語られた。父親はあらゆる社会階層の人びとと関わるという並はずれた能力を備えていた。ウィンストンは，父親を心から愛しており，また，2人のあいだには素晴らしい関係が築かれていると感じていた。2人のあいだの感情は深かったが，しかし2人の親密さは決して素直には表されなかった。せいぜい，すれ違いざまに平手で強くタッチすることが，彼らにできるスキンシップであった。彼らはもっぱら仕事やスポーツについて話すのみで，彼ら自身について，あるいは互いのことについて話すことは決してなかった。彼の家族は自分たちの感情を抑制する傾向があったにもかかわらず，彼自身は，父親の死を悼む能力は損なわれていないと感じていた。現に彼と妹は，父親の葬式で泣くことのできたわずかな家族メンバーであった。他の家族は涙一つこぼさなかった。

　母親はよそよそしく侵入的な批判的な女性で，他の人びとの感情を即座に退ける人間であった。噂話が大好きで，彼女は，人びとの実際の言動よりも見かけのほうを重視するような人物であった。彼は，その母親から距離を取るためにイギリスから出たのだと確信していた。彼は，「脳のなかのもつれを解くのを助けてくれるほんの2、3回のセッション」のために治療にやってきたにもかかわらず，すみやかに治療に取り組むようになった。彼は好奇心が旺盛で，自分自身のことをしきりに話したがり，どのセッションも楽しみにした。私の最初のコメントは，彼の現在の主訴をめぐるものであった。私が気づいたのは，彼の生活のなかでは女性は絶えず入れ替わっていたものの，一人の女性の存在なしではいられないということだった。彼は一人の女性の霊を創造して，忠実な友にしていたのである。私は，このことは基底にある孤独感への対抗処置として役立っていたであろうと示唆した。この示唆

は彼の注意を喚起し，彼をわくわくさせるような新たなドアを開いた．彼は自発的に幼児期を見直し始め，少年のころ孤独な存在として生きていたことをすみやかに理解した．

　女性が彼に恋をする際に彼が体験していたことは，興味深いものであった．彼は女性たちに愛されることを切に願っており，女性たちを誘惑するずば抜けた能力をもっているとも述べた．誘惑するいずれのときも彼は，自分が求めているような完璧な女性を見つけたのだと信じた．しかし彼は，女性からの熱愛を求めていたものの，熱愛されると恐ろしくなるのであった．私たちには，こうしたときが，彼が女性の不可避の欠点を見出し，そして女性から関心を引っ込めるときであることが分かった．しかしながら，彼は，別の女性との関係を開始するまでは，欠点が見えてきた女性から実際に去ることはなかった．このパターンは，18歳のときに始まって以来，ずっと続いた．彼は後期青年期からはけっして孤独ではなかったのである．

　重要なことに見えたので，私たちは熱愛をめぐる彼の体験について探索した．彼は熱愛されることを求め，そのための努力も惜しまなかったが，実際に熱愛されると圧倒されるように見えた．それは強烈な興奮をもたらすと同時に困惑させるものであった．彼が落ち着きを取りもどす唯一の方法は，自ら女性から離れていくことであった．こうした体験をめぐって，彼は別の状況を思い出した．彼は優れたスポーツ選手であったが，自分の成績が賞賛されることに耐えられなかった．彼が詳しく語った思い出のなかには，目を見張るほどみごとなプレイをした後に，心地悪くなってうなだれ，その場から歩き去ったというエピソードがあった．さらに連想のなかで思い出したのだが，両親は息子がうぬぼれ屋になることを恐れ，彼が成し遂げた多くのことをめったに認めなかった．

　彼は家庭での情緒的な生活を振り返った際に，もう一つの困惑を語った．彼の家では，だれに対しても（女の子，大人の女性，あるいは家族のメンバーであろうと），大っぴらに愛情を表現しようものなら，両親から，また親類縁者からも，馬鹿にされ，さげすまれるのであった．「彼女のことを愛しているって．なんてバカなことを」と，彼の家族はいつもあざ笑うのであった．こうして彼は，女性の「欠点」について考えるときに彼が恐れているのは，

家族から自分が非難されることだ，ということも理解した。彼は，家族からの評価を求め，家族からの批判を恐れていたのであった。

彼が疑問に思ったのは，じつに多くの人が，自分と同じように子守りに育てられていてもうまく暮らしているのに，なぜ自分だけがやっかいな問題を抱えているのか，ということであった。答えを探すなかで，子守りたちとの生活を振り返ったところ，小守りたちが彼の母親によって選ばれていたことが分かった。彼女たちは母親の延長物であったのである。彼女たちのパーソナリティが共鳴的でなかったのは，そもそも，彼女たちを選んだ母親が子どもというものに非共感的な考えを抱いていたことの反映であった。彼は，他の人びとが彼よりもうまく暮らしているのだとすれば，それはその子守りたちが愛情深かったからであろうと考えた。また，自分は7歳まで3人の冷たい子守りに世話されていたが，他の人びとのなかには15年ものあいだ家族と一緒に暮らした者もいるのだろうと考えた。

彼はただ一つの問題のために治療を求めたのであったが，私は彼を理解しようと試みるなかでいくつもの問題について考えた。たとえば，なぜ賞賛は，熱愛されることと同様に耐えがたい体験なのか。その両者の類似性は何か。移動生活の意味は何か。なぜ彼には，深く関わることのできる相手がだれ一人としていないのか。接近して親密になることは，彼にとって耐えがたいことなのか。これらの疑問に答えるために私は，彼の自己形成にあずかった発生的要因について考察し，そこでの理解を用いて彼の現在の生活の力動を説明してみようと思う。考察するうえで，彼の人生の三つの特徴は注目に値するように見える。

第一のものは彼の主訴である。つまり，熱愛されることを一貫して求めているものの，熱愛されると後ずさりしてしまうことである。彼は一人の女性との持続的な関係を欠いていたが，しかし私には，彼は知り合った多くの女性たちから構成された空想上の人物とは持続的に関わっているように見えた。何年ものあいだに，女性たちはすべて，一つのものに融合していき，ある忠実な，（顔が見えないものの）いかにも女性らしい存在になった。私が考えるには，実際の関係を継続することの困難さをめぐる疑問への答えは，彼が幼児のころに遭遇した多彩な喪失体験のなかにある。母親のよそよそし

いパーソナリティ，母親が次々に代わる子守りに彼の世話を任せたこと，および早い時期に家を離れて過ごした生活，これらのすべてが外傷的であった。彼は，深く関わることで起こるにちがいない無防備状態を回避することによって，さらなる傷つきから自らを守った。霊的な，いかにも女性らしい存在への愛着は，親しい相手を切に求める孤独な心の欲求を満たすと同時に，彼を喪失の恐怖から守った。彼の人生の第二の注目すべき特徴は，仕事に関係していた。移ろいやすい愛着と浅い情緒生活のために，彼は，会社が彼を新しい地域に異動させようとすると，何の苦もなくすばやく動いた。彼は幼いころ，情緒生活を拒否したり，否認することを学んでいた。情緒を無視することは，幼児期の禁欲的な環境では性格的な強さとして評価されていたので，彼自身にとって貴重な部分となった。情緒の無視は，成人期までもち込まれ，ひっきりなしに旅をするという移動生活を可能にした。そしていまでは，不平不満を抱くことなく関係の途絶や孤立に耐える能力は，出張の多い会社では高く評価されるものとなり，優遇されるという形で報われた。

　彼の仕事の選択にはいくつかの要素があった。ある面ではその仕事は，移動ばかりの生活を支配しているという感覚をもたらしたので，幼児期の外傷を再現すると同時にそれを支配しているという錯覚を提供した。またその移動生活は，どのような人物も場所も，あまり重要なものにならないようにしたので，彼を守った。この点で彼は，幼児期に親を失った人びとと共通していた。そうした人びととは，だれかに愛着を向けるとさらなる喪失体験にさらされることを恐れていて，そうした恐怖から自分を守ろうとする。彼が当初，求めたものが，継続的な関係よりも2、3回の一時的な相談であったのも，こうした防衛策の現れであった。

　彼の人生における第三の注目すべき特徴は，一方の特徴，つまり繊細な感受性や，容易に人と関われること，内省的な能力と，もう一方の特徴，つまり表面的な底の浅い情緒とが対照的であったことである。私が思うには，情緒の浅さは，さらなる傷つき体験にさらされないように彼を守るための見せかけに過ぎなかった。育った環境がずっと非共感的で情緒抑制的であったために，彼は人生が推移しても，それまでと違うことが起こるとは期待できなかった。彼は「自制心」で感情を処理するという方法を見つけており，彼に

は，感情などどうでもよいかのようであった．治療のなかで，そうした外見上の特徴は急速に姿を消した．それは，応答的な環境への期待がけっして途絶えていたわけではないことを示唆した．そうした期待はひそかに存続していたのであった．

　彼の情緒の浅さは，もう一つの機能に役立っていた．それは，情緒を心地よく安全に体験することを学んでいなかった彼を保護するものであった．こうした問題の起源は，幼児期の環境における自己対象との関係にあった．自己対象自身が，自らの情緒的体験を恐れていた．愛情，思いやり，誇り，怒りといった人間の体験の全般が，彼らにとって恐ろしいものであった．このような環境のなかで，情緒は回避と抑制，否認と拒否によって処理された．欠けていたのは，調律的な自己対象——彼ら自身の情緒を心地よく感じ，さらに子どもの体験を肯定し妥当化する自己対象——の鏡機能であった．一般に，情緒の肯定は情緒を扱う能力を高めるが，その一方で，愛情，思いやり，孤独感，および誇りといった感情が，恥ずべきものだとさげすまされると，情緒は否認や拒否という防衛的な蓋をかぶせられる．そうした結果として，底の浅い情緒生活が起こるのである．

　こうした理解によっていまや私たちは，彼が熱く愛されたり，賞賛されたりする際の体験の核心に接近できるようになった．熱く愛されたいという願望は，欠けていた，母親の瞳の輝きへの飽くなき追求を表わしていた．自らの素晴らしさを肯定してほしいという，誇大自己の未修正のままの欲求は，自己対象の機能不全の結果であった．つまり，自己対象は顕示的な自己愛に対して適切に関与して映し出し，そこで強度を調整するということができなかったのである．賞賛されたいという願望もまた，その起源は，熱く愛されたいという願望の場合と同じものであった．つまり未修整の誇大性が肯定されることを求める欲求であった．そして，この肯定されることへの困惑には，二つの源泉があった．一つは，肯定を求める願望が実現されたときに彼が体験する強烈な興奮に関係していた．賞賛という形であろうと熱愛という形であろうと，肯定されることは，引きこもること以外には彼には取り扱えない恐ろしい興奮をもたらした．こうした刺激から自らを守るために，彼は女性たちに熱愛されたときには彼女たちから離れ，また，実際に賞賛される時が

きても，いつもきまって賞賛を避けようとした。もう一方の源泉は，肯定されたいという願望にまつわる恥に関係していた。顕示的な誇大自己は，恥や当惑を特別に感じやすいものである。それがパーソナリティに統合されるためには，幼児期の自己対象によって心地よく受け入れられなくてはならない。

双極的自己の概念は，第13章で論じるように具象化（reification）[訳注]という危険性を伴う。さまざまなアイデアで試行錯誤を試みるという遊びの精神を備えた科学者の態度があるなら，双極的自己という概念は有益な概念的手段となる。私は双極的自己を具象的な硬直したモデルだとは見ていない。私はその概念を，ただ単に，私が理解したことがらを組織化する際のガイドとして援用しているのであり，その概念では資料を説明できない場合には，そのいかなる部分でも変更する用意がある。こうしたことを踏まえたうえで，私はウィンストンの双極的自己を以下のように描いた。彼の場合には，（誇大性の漸進的な成熟と調整から生じる）野心の極が，脆弱であった（それは，熱愛への飽くなき追求によって明らかである）。彼が身につけていたのは，肯定を求めるという無視されていた願望が実現されたときの過剰な興奮に対して，自らを守ろうとして引きこもることであった。このことが，彼が一人の大人として関係を継続させることができないことの要因であった。幼児期に自らを安定させるために，また，映し返されることも修正されることもなかった誇大性がもたらした結果を代償するために，彼は，もう一人の親，つまり父親のほうに関心を向けた。父親はそれに応えて，理想化されることを許容した。それが，理想の極をめぐる精神的構造の形成を可能にした。父親から派生した彼の理想は，彼のパーソナリティにおいて高い地位を保ち，規範としての性質を備えた。それらの理想は，彼がそれらと調和した生活を送っているときには自己愛の高揚の源泉となった。思い出してほしいのは，彼を治療へと動機づけたのは彼の理想であったことである。彼は自分が他の人びとを傷つけていたことに気づいていた。彼は礼節を重んじる人間で，自らが人を傷つけることを認める勇気があり，自分の行動を変えたいと思っていた。

訳注）物象化とも訳されるが，抽象的な概念を具体的，実体的に考えることである。

そのときはまだ，自分自身が共感的に理解され，助けられるとは夢にも思っていなかったが．

　ここで私は治療の簡単なまとめを行いたい．この事例では，治療的な努力は，自己の欠損している極（つまり映し返されなかった区域）の修復をめぐって行われた．情緒を安心して体験できなかったウィンストンは，関心の撤去や，無視，否認によって情緒を処理していた．治療のなかで私は，彼が情緒を体験することを促し，情緒が出現したときにはそれらを同定した．それへの反応として，情緒的な浅さという表面的な特徴は急速に消え去り，彼の隠されていた内省能力が表に現れ，彼は自分自身に好奇心を抱くようになった．彼が自発的に自分の少年時代を振り返ったとき，最初に出現した情緒は孤独感であった．彼はそれまで，自分が孤独な子どもであったことを理解していなかった．自分の人生は幸福であるという神話を受け入れていた．しかしまもなく彼は，ずっと思っていたことを言葉にした．子どもというものは，親にとってかけがえのない喜びの源というよりも，親の生き方を社会的に正当化する存在なのであろう，と思っていたのである．彼は少年時代の孤独を思い出してはばかることなく涙を流した．彼自身も驚いたことに，彼は自分の涙を歓迎したのである．涙ながらに彼はある隠蔽記憶を想起した．それは私たちの作業のあいだずっと保持されていた．その記憶は，両親が，その地域にあったトレーラー・ハウスに彼を連れて行き，夏休みのあいだ彼と子守りをそこに残しておいた，というものであった．沈痛な思いで想起したのは，両親の車が道を下って見えなくなったときに，残して行かないでほしいと懇願したことであった．

　自分自身を観察する能力が，急速に展開した．あたかも彼は，（気づかずにいたものの）自分を観察することを待ち望んでいたかのようであった．彼は幼児期の禁欲的な孤独を理解するにつれて，自分自身への共感能力を発揮した．その共感はまもまく他者へと広がった．それは，彼がこれまで別れた女性たちの感情に感謝できずにいたことに気づいて，ぞっとしたときであった．彼はまた，自分が一人で生きることをいかに身につけてきたかということを振り返った．彼はいみじくも次のようにいった——「私が孤独な人生を送ってきたことを見抜くような者はだれ一人としていなかった．私がいかに

友好的で社交的に見えるにせよ,孤独であったのはまぎれもない事実である。私の心のなかはいつも孤独だ」。しかし彼は,自分自身の隠されていた部分が明らかになることを大いに喜んだ。

　私は彼に数多くの感情を体験させたが,それらの感情は,幼少のころの彼には知ることを勧められなかったものである。彼のなかの否認されていた顕示欲を扱う機会が訪れたが,それは,優れた運動能力を発揮した際に体験した当惑について彼が語ったときであった。私はそのとき,誇りを感じることは彼にとって難しい課題であることを示唆し,さらに,誇りが心地よく感じられるのは,幼児期に健康的な環境があってのことであるとつけ加えた。私たちはそこで,子どもとしての,また成人としての彼の顕示欲をめぐる体験を探索した。

　彼はさらに,人びとへの怒りの感情をめぐる体験についても語った。彼は自分が人といい争うようなことはないと述べ,人ははたして人間関係のなかで怒りを表現するのだろうか,と疑問を口にした。同様に彼は,自分が愛情を感じるのかどうかもはっきりしなかった。たしかに彼は,関係のなかで愛情を表現することはなかった。しかし彼には,自分自身が優しくて寛大な人間であることが分かり,そうした自分が愛情に恵まれなかったことを悲しく思った。そこで彼が感じ始めたのは,関係が深まらないために人生の大事な部分を失っているかもしれないということだった。

　彼は万華鏡をのぞいているかのように,多岐に及ぶ情緒について語ったが,それらは幼児期に失われた感情の総目録のようなものであった。私は彼が体験していたものを統合的に理解しようとして,彼の現在の体験に関する私の理解と,彼の早期の生活に関する私の理解を結びつけることを試みた。力動的－発生的解釈を行ったのである。私がそのときに伝えたのは,彼が語っていた愛情,誇り,怒り,孤独といった感情はすべて,人間であることの重要部分であること,しかしそれらの感情は,彼にとって体験することも,他者と共有することも困難であったことである。私はさらに以下のことをつけ加えた。私たちの治療のなかで彼が体験していた感情はすべてがもともと力強い感情なのであり,養育者がそれらを安心して体験できると,子どもたちもだんだんとそれらを安心して体験することを学ぶものである。しかし少年時

代の彼には（家で過ごしたときも家を離れて学校で過ごしたときも），自分の感情に安心感がもてるように手助けできる養育者はいなかった。それどころか，彼は感じるものを葬るように教えられた。その結果として，感情は不快なものになり，いわば地下に追いやられた。さらに彼は，自分だけの世界にこもる方法を身につけた。いまでは世界を駆けめぐる人間になったものの，あいかわらず彼は内心では一人ぽっちであった（実際には何百人という人びとと知り合っていたのだが）。私のこうした解釈に反応して，彼は次のように述べた。いかに自分が孤独な人間であったか，いかにそのことが楽しいはずの人生をむだにしてきたことか，もしも助けを求めていなかったらいまもそうだったのではなかろうか，と。

彼は，人への愛着とはどんなことなのかと興味を募らせ，人生において初めて，人間関係が生まれるように放浪人生を変えることも視野に入れた。多くの治療的な仕事が残っていたが，彼の映し返されなかった情緒生活の領域において修復が起こりつつあった。幼児期において鏡体験を欠いていたために分裂・排除されていた情緒に関わり始めたのであった。

エディプス・コンプレクスと自己心理学

コフートがその自己心理学から提出する新たな概念は包括的なものであり，欲動-防衛心理学を新たな文脈に位置づける。その新たな概念は，ある谷を調査する際に谷底から行う場合と，谷を形づくる山脈の頂上から行う場合との違いを私に再認識させる。谷底からの視野は限られており，渓谷を決定している山々によって制限される。その一方，山頂からの視野は，谷そのものを決定する周囲の状況のなかに谷を位置づける。より広い視点から眺めると，谷の求心性は弱まり，谷を決定している山々が新たな意味を帯びる。コフートの自己心理学の場合がまさにそうである。彼の見解は，精神生活の決定要因としての自己をめぐるより広く包括的な視点を，欲動を人間心理の一次的動機としてみなす限られた視点に追加する。彼の見解は，発展途上にあって物議をかもすような新しいものであるがゆえに，彼は，硬直した理論の限界のために退けられた見解にいまなおしがみついている仲間からの反論

に絶えずさらされた。『自己の修復』において彼はこの論争に直接に参加し，次のように切り出す。

> 欲動とその対象に関する古典的理論は，子どものエディプス体験について非常に多くのことを説明する。それは，子どもの葛藤や罪悪感を鮮やかなまでに説明する（とりわけ罪悪感についてはそうである）。しかしそれは，人間のもっとも重要な体験のあるもの，つまり，自己の発達と変遷に関連する体験に対しては，適切な理解の枠組みを提供するまでにはいたっていない。明らかに，…こうした古典的な理論は，凝集的な中核自己の確立および維持というきわめて重要な課題に関連する体験を正当に扱うことに失敗している。
>
> （Kohut, 1977, pp.223-4）

 コフートは，自己愛パーソナリティ障害の何人かの患者に行った分析の終結期に現れたエディプス的な素材のなかに，彼の新たなアイデアを支持するものを見出した。彼は最初，エディプス的布置は幼児期の未解決なエディプス葛藤の反復であり，いまや強化された自己が，それらの葛藤を再現したうえで解決することができるようになったのだ，と考えた。しかしながら意外なことに，出現したエディプス的素材は，激しい情緒を伴った，両親と同朋をめぐる記憶をまったく含んでいなかった（コフートの予想では，そうした記憶が古いエディプス的布置の復活に随伴するはずであった）。むしろそこでの連想とエディプス的空想は，コフートとコフートの家族をめぐるものであった。コフートの解釈では，こうした素材は古いエディプス的布置の復活ではなく，新たなエディプス体験であった。コフートの仮定によれば，エディプス期の子どもの弱体化した自己には，エディプス的格闘に向き合い体験することなどできないが，その一方，成人の被分析者の強化された自己はそこで初めてエディプス段階を体験することができるのである。
 コフートが感じたのは，不適切に反応する自己対象によって汚染されてはいない環境におけるエディプス段階の本質は，新たなエディプス的素材の出現を通して学ぶことができるということであった。彼の観察では，初めて分

析のなかで体験されるエディプス段階には喜びの感覚が伴うように見えた。換言すると，伝統的にエディプス・コンプレックスに結びつけられる不安が，欠けているように見えたのである。予想に反するこの知見を説明するためにコフートは，次のように示唆した。それまで断片化に陥りがちな自己が，エディプス段階の情緒を安心して体験できるような確固とした凝集的自己へと回復したのである，と。

　フロイトの考えでは，エディプス期の子どもの，近親相姦的な願望からなる世界が，エディプス段階の情緒を引き起こすのであり，そうした情緒にとって外的な環境はほとんど意味がない。しかし，コフートの見解は異なる。コフートがいうには，エディプス段階は，自己対象環境についての子どもの体験に照らしてのみ理解が可能である。子どもの環境としての共感的な両親は，エディプス期の子どもの性的関心と競争的自己主張に対して二つの水準で反応する。一方の水準では，親は子どもの性的関心と競争心に対して対抗的な反応を向ける。親は衝動の低減化をはかって，子どもを文化的に手なずけようと試みる。もう一方の水準では，親は子どもが発達的に成し遂げたことに誇りを感じてそれを表現する。親が抱く誇りは，子どもの出現しつつある自己を支持し，また，子ども自身の力強い自己主張と段階相応の性的関心をめぐる子どもの楽しい体験に貢献する。

　対抗的な反応の水準では，親は子どもの性的関心によって刺激され，同時にまた子どもの競争心によって敵対心に駆られる。親はそこで子どもの行動の意味を把握し，性的関心と自己主張の両者に対して目標制止的に反応する。共感的な親は，子どもの性的関心によって，外傷的なまでに過剰な刺激を受けることはなく，また，子どもの攻撃性に対して威圧的に反応することもない。コフートが，共感的な親は，欲動を調節する内的構造を子どもが形成するのを手助けするのであると示唆するとき，彼はまさにこの過程を述べているのである。彼はさらに，調節する構造がその発達に失敗するとき，精神装置の脆弱化が起こり，「欲動によって駆り立てられ，去勢不安と罪悪感にがんじがらめになった」人間を生み出すという。

　エディプス期の子どもに共感的に反応できない親は，子どもの性的関心と自己主張を子どもの発達的な全体性という観点から理解しようとはしない。

つまり，性的関心や自己主張と関連している出現しつつある活気や活力が，正しく理解されないのである。子どものエディプス的特徴が歪んだ形で発達するのは，リビドー的な目標追求と攻撃的な目標追求に対する両親の共鳴がエディプス段階において欠けているときである。共鳴がないために生じる結果が，不確かで不安定な，断片化に陥りやすい自己である。

　健康な親は，子どもの活気と自己主張を喜ぶ。子どものそうした傾向を発達上の達成として認識するのである。自己愛的なバランスの取れた父親は，息子の自己主張によって挑戦されていると感じることはない。そうした父親は，息子の自己主張を喜び，息子を「自分にそっくりな息子」とみなす。その結果は，少年の自己の安定化と，男性性の感覚の強化である。コフートは，自己愛的なバランスの取れた両親をもつ子どものエディプス的体験について述べている。

　　別の問い方をすれば，もしも少年がしっかりとまとまった自己を携えてエディプス段階に入り，しかも健康な凝集的，連続的な自己を備えた両親という環境のなかにいるならば，その少年のエディプス・コンプレクスはどのようなものか。自己愛パーソナリティ障害の分析の成功例の終結期において現れたエディプス様の段階を観察した結果から，まちがいなく引き出せる推論をもとにして，私の印象を述べるなら，それは次のようになる。正常な子どものエディプス的体験は，たとえ異性の親への欲望がいかに激しくても，また，その充足が不可能だと分かって自己愛がいかに深刻に傷つこうとも，さらには，同性の親との競争心がいかに激しく，それ関連する去勢不安がいかに身のすくむようなものであろうとも，その始まりからずっと一貫して，深い喜びが混在している。それは，伝統的な意味でのエディプス・コンプレクスの内容には関係しないが，自己心理学の枠組みのなかではきわめて発達的に重要なものである。私が信じるところ…この喜びには二つの供給源がある。…一つは，新たなわくわくする体験からなる心理的世界に踏み入るという重要な前進について，子どもが気づくことである。もう一つのもっと重要なことは，子どものエディプス的欲望の内容を分かっていながらも（じつは分かっ

ているからでもあるのだが），自己対象としての両親から放たれる誇り
と喜びの輝きへの子どもの参加である。

(Kohut, 1977, pp.235-6)

　エディプス段階に関するコフートの理解は，被分析者のエディプス体験に
ついての観察にもとづいている。彼の理解では，エディプス期はもろさと弱
さの時期というよりも，潜在的な自己強化の時期である。エディプス段階は，
適切に応答する自己対象とのあいだで体験されるときには，不安というより
も喜びの時期なのである。コフートは，人間の体験におけるエディプス葛藤
の普遍性に疑問を呈し，古典的分析のいうエディプス布置は実際には病的な
発達の現れではないかと考えた。彼は次のように書いている。

　　正常なエディプス・コンプレックスは，私たちが信じるにいたったほど激
　　しいものでも，不安なものでも，自己愛を深く傷つけるものでもない，
　　といえないだろうか。換言すると，それはまったくのところ，もっとわく
　　わくするものであり，（精神装置からなる「罪の人」の言葉を借りて
　　表現すれば）快楽的でさえある，といえないだろうか。エディプス期の
　　子どもの劇的な欲望と不安は，じつはエディプス段階の自己対象という
　　環境の側の共感不全に対する反応であるにもかかわらず，私たちはそれ
　　らを正常な事象とみなしてきたのではなかろうか。

(Kohut, 1977, pp.246-7)

　エディプス段階を敵意に満ちた攻撃性と高まった性的関心からなる時代と
みなす古典的概念は，二次的現象を一次的現象と取り違えてしまった。コ
フートが示唆しているのは，エディプス時代は，エディプス的な子どもとそ
の自己対象との関係を考慮せずには十分に理解できないということである。
コフートは，自己愛的損傷のない親は子どもの自己に対して，それを肯定し
強化するという貢献を果たすという。こうした親の傷ついていない自己は，
子どもの愛情表現や競争心に対して，それだけを単独に取り上げて，危険な
脅威として体験することはない。そうした親は，子どものエディプス的な活

力に挑発されることも，脅かされることもないので，エディプス的な子どもの全体性に反応できる。その一方，自己対象が子どもの前進的な動きと交流しないときには，子どもの自己は断片化に陥りがちになる。そうした状況では，健康なエディプス的自己主張は攻撃的な敵意へと断片化し，健康な愛情は，自己を鼓舞しようとする窮余の性愛的な試みへと崩壊する。こうした場合，子どもの自己は衰弱し，野心の極と理想の極は脆弱化する。成人の生活では，衰弱した自己をめぐる体験は，「悲劇の人」の，罪意識を伴わない抑うつである。精神装置に関する心理学は，罪意識による抑うつのメカニズムを巧みに描写するが，しかし，衰弱した自己の，罪意識を伴わない空虚な抑うつについては，適切な説明を欠いている。

分析状況

　理論的オリエンテーションのいかんにかかわらず，分析家たちは，被分析者のパーソナリティのユニークな構造が，分析的に中立的な雰囲気のなかで自発的に現れることに同意している。しかしそこで問題となるのは，何が分析的中立性を構成するのかということである。コフートは，中立性，ならびに彼のいう「平均的に期待される分析的環境」（1977, p.258）に関して，じつに明確なアイデアをもっていた。彼は中立性と応答しないことを同等視する分析的スタンスに反対し，なぜ分析的な厳格さ（stiffness）が強調されるのかという点ついて批判的に説明した。彼は，医学出身の分析家が心理学を学ぶ前に受けた訓練が，彼らの分析的活動を片寄らせるのではないかと推測したのである。医学の訓練を受けた分析家は，分析家の側からの汚染を排した「清潔な」環境をつくり出すものとして中立性を理解する傾向がある。しかしコフートによると，分析的な厳格さと非応答性は，分析的中立性についての誤解にもとづいているのである。

　　人が共感的な応答のない心理的な環境では心理的に生きていけないのは，人が酸素を含まない環境では身体的に生きていけないのと同じである。情緒的反応の欠如や，沈黙，あるいは，資料をただ集めて解釈を放

つ非人間的なコンピューターのようなあり方が，個人の心理的構造の正常な特徴や異常な特徴をもっとも歪みなく描写するための心理的な環境を提供するわけではないことは，酸素のない空気と零度に近い気温が，生理的反応をもっとも正確に測定するための物理的環境を提供するわけではないのと同じである。

（Kohut, 1977, p.253）

　コフートが考えるには，分析家は並々ならぬ共感能力を発揮するが，それというのも，分析家はその自然な傾向として，被分析者に温かさをもって反応する可能性があるからである。しかし理論的な先入観は，分析家がリラックスした自然な態度で振る舞うことを困難にする。実際に多くの分析家は，患者に対して素の自分でいることに罪悪感を抱く。分析家の自然な傾向は，理論からの命令とのあいだで葛藤に陥るのである。こうしたことを観察したコフートは，次のようにコメントする――「結果として，ある種の堅苦しさ，不自然さ，厳しい自制といったものは，分析家が分析状況にもち込むあの期待されている『中立性』という態度を構成する要素として，まれならず見られるものである」(1977, p.254)。分析的な非応答性の理論的根拠は，古典的なアイデアのなかにある。そのアイデアでは，無意識的願望が欲求不満に陥ると，その願望の欲動的要素は意識に上らざるを得なくなり，そうなると，それらの願望を自我の支配下に置くことも可能になるとされる。この理論では，分析家の応答性や温かさは願望の充足として理解され，したがって回避されるべきものになる。

　分析的な非応答性は中立的だと主張されるが，じつは中立的ではない。被分析者の質問に対して沈黙でもって応じ，しかも答えを提供しないことに何の説明も行わない分析家は，無作法であり，苦痛を与える。それは平均的に期待される環境ではない。むしろそれはひどく拒絶的であり，ときには幼児期の自己対象との外傷的体験の繰り返しとなる。被分析者はしばしば，この傷つきに激怒と引きこもりで反応する。欲動－防衛の理論から作業を行う分析家はしばしばその激怒を誤解してしまい，激怒の出現を解釈の正しさの証拠としてみてしまう。反応性の激怒が，誤って欲動－防衛理論を正当化する

のである。控えめの応答性ならびに自制という分析的態度は，適切な態度であることがよくあり，とくに，子どものころに大人の提供する環境によって過剰に刺激を受けていた場合には，適切なものである。しかしながらこうした態度が採用されるのは，ほとんどの場合，被分析者の心理的な核心に共鳴するためではなく，むしろ，転移は汚染されてはならないという基本教義を遵守するためである。コフートは，こうした態度は，被分析者には非共感的なものとして体験される可能性がきわめて高いであろうと推測する。もしも分析家が意識的には理論を確信していても，分析家の雰囲気が無意識のうちに柔軟で優しいものであれば，そのかぎりではないのだが。

　コフートは温かい応答性の重要性を強調しているが，しかし誤解されないように，分析的体験の中核は再構成－解釈的なアプローチであると主張する。

> 分析家の側からのもっとも感受性豊かで応答的な態度をもってしても…自己の構造的欠損と，こうした欠損があるがゆえに確立される自己対象転移に関する分析家の意識水準の理解にもとづく再構成－解釈的アプローチに取って代わることはできない。
>
> （Kohut, 1977, p.259）

　自己心理学的に考えると，分析的設定に必要なことは，適切な応答性と，出現しつつある顕示性および理想化についての理解および受容である。古典的な分析の過程においては，自己愛障害の被分析者が停止していた自己愛的欲求の出現を体験するようになっても，これらの欲求はしばしば誤解されてしまう。もっぱら欲動－防衛に関する心理学に依拠している分析家は，理想化の動員を防衛的方策だと誤解するのである。再動員された顕示性もまた同じく誤解されてしまい，発達的な文脈で受け入れられることはない。分析中に出現する自己愛布置のこうした顕在化に対する拒絶は，幼児期の自己対象の誤った反応の繰り返しになり，それに続いて断片化が生じる。被分析者は，無気力と激怒でもって反応する。その激怒は幼児的な攻撃性の再活性化として誤解され，無気力は破壊的な願望に関連した罪悪感として解釈されてしまう。

コフートの観点からは，治療の目標——それは逆に分析的雰囲気に影響する——は，早期の自己対象による外傷的な失敗に対して，それらが転移のなかで表現され，そして再構成を通じて理解可能になるように徹底操作することである。治療の目標は，被分析者に対して無意識的な攻撃性を手なずけコントロールさせようとして，最下層にある敵意に直面させることではない。コフートは，自分に向けられたある誤解，つまり，コフートが提案しているのは，愛情による治療，あるいは「優しさの提供（being nice）」による治療ではないかという誤解に対して，次のように書いている。

　　分析状況における分析家の態度についての私の見解をまとめるなら，私が何よりもいいたいのは，患者に余計な愛情と優しさを提供することが分析家の目的になってはならないということである。分析家は，その特殊な技術の使用と，その専門的知識の適用を通してのみ，患者に実質的な援助を提供するであろう。しかしながら，分析家の専門的知識の性質——選ばれる特定の理論的見解——が，分析家が患者に対してどのように振る舞うかを決定する重要な要素になる。

（Kohut, 1977, p.261）

エピローグ

　最終的な思索のなかでコフートは、1959年の論文の中心的論点にもどる。彼は問う。精神分析の本質は何か。何がこの分野の性質を定義するのか。コフートにとってその答えは，特定の理論あるいは技法のなかにあるのではなく，分析家が患者を理解することを可能にする活動のなかにある。その活動とは，被分析者の内的生活への分析家の共感的没頭である。コフートの主張に従うと，開かれた精神で臨む分析家による共感的没頭は理論的な先入観を避けることができる。共感的な没頭に導かれて理論化をはかることで，新しい理解が可能になるのである。
　コフートは，『自己の修復』における議論を終える際に，彼が好ましい科学的態度だと考えているものを示す。彼は，自己の心理学に関する論述のす

べてにおいて，意図的に自己を定義せずにいたと述べ，定義を省略した理由を以下のように説明している。

> 私の研究は，自己の心理学を扱った何百ページもの記述からなるが，いまだけっして自己という用語に確固とした意味を割り当ててはいない。…しかし私はこの事実を認めたからといって，後悔の念や恥を感じるようなことはない。自己は…あらゆる現実と同じように…その本質においては不可知なのである。…私たちにできることは，自己が姿を現す際にさまざまなまとまりを見せるその形態を描写したり，自己を構成するいくつかの要素を示したり，…それらの発生と機能を説明したりすることである。私たちにはこのいずれもができるが，それでもなお私たちは，その顕在的な現象から区別される自己の本質を知ることはないであろう。
>
> 　ここで述べてきたことは，…私の信念を表わしている。私が信じるには，本物の科学者，つまり先にも述べたような遊びの精神をもつ科学者は，自分が成し遂げたことの不備（定式化の仮説的性質や概念の不完全さ）に耐えることができるのである。それどころか，そうした科学者は，それらの不備を，さらなる楽しい探究の旅へといざなう刺激として大切にする。…確立された説明体系を崇拝するような態度は，…科学の歴史において呪縛になる。実際に人間の歴史のすべてにおいて，そのような何かを崇拝するような態度は呪縛になっている。理想はあくまで指針なのであって，神ではない。もしも理想が神になるなら，それは，遊びの精神に富む人間の創造性を窒息させてしまい，もっとも意味のある未来を志向する人間の魂の領域の活動を妨げてしまうのである。
>
> 　　　　　　　　　　　　　　　　　（Kohut, 1977, pp.310-12）

第9章
症例Z：その二つの分析

　1979年，コフートは，Zという一人の患者に行った二度の分析について述べた論文を発表した。二つの分析は，理論的に異なった観点から行われたものであった。欲動理論の枠組みのなかで行われた最初の分析は，コフートが自己に関する仮説を発展させる以前のものであった。Zはその分析が終了した5年後にさらに治療を求めてやってきたが，その二度目の分析は，コフートの新たな理論にもとづくものであった。それぞれの分析は4年半，週に5回の頻度で続いたが，この二度の分析はコフートに，二つの理論的観点を臨床の場で比較する機会を与えた。

　コフートの報告によると，最初に治療を求めたとき，Zは20代半ばのハンサムな男性であった。その主訴は漠然としたものであったが，そのなかには，社会的な孤立と，女性たちと関係を形成することができないことが含まれていた。彼は研究職に従事していたが，その仕事は周囲から高い評価を得ていた。しかし彼は，自分の能力を十分には発揮できていないと感じていた。手のひらの発汗，期外収縮，便秘と下痢の交代といった軽度の身体的不調も見られた。

　Zは一人っ子で，経済的に成功したZの父親を失って未亡人となった母親と住んでいた。Zは大切な男性の友人との親しい関係について述べた。二人はよく一緒に映画やコンサートに出かけたが，しばしばZの母親が同伴した。Zが治療を求めたのは，この友人がある女性と親しくなって，Zを見捨てた後のことであった。

　Zの生後の1年半は幸せであったように見えた。その元気の源は，両親との早期の関係から生じているようであった。しかしながら父親は重い病気にかかり，Zが3歳半のときに入院した。父親は入院中にある看護師に出会っ

て恋に陥り，彼女と生活するために家を離れた。父親が家を離れているあいだ，Ｚは父親のベッドで眠った。1年半後に父親がもどったときには，Ｚは両親のベッドの足元にあるベッドで寝ることになり，そのために彼は，原光景に繰り返しさらされた。

　Ｚの自慰が始まったのは，父親が家にもどったときであった。自慰空想の内容は，ある奴隷の物語『アンクル・トム』のなかにある主題にヒントを得たものであったが，その本は，父親が家を離れているあいだに母親が息子に読んで聞かせたものであった。自慰空想は，Ｚが奴隷として女性たちに売られ，女性たちは彼を動物のように利用し，彼の主体性をいっさい認めずにこき使い，彼を手荒く扱う，というものであった。Ｚは11歳のときに体験した同性愛的関係を報告したが，その相手は，彼が理想化していた30代のキャンプ・カウンセラーで，その男性とのあいだで性器を用いたちょっとしたプレイが行われた。彼はまた，成人になってからは自虐的な空想とともに自慰を行っていることを報告した。その空想のなかでは，彼は横暴な女性が命令する仕事を従順にこなした。ただし，こうした空想を現実の行動に移すようなことはけっしてなかった。

　最初の分析は，Ｚがコフートに全面的な注目を求めることから始まった。コフートは，この要求を次のように理解し，解釈した。つまり，この要求は，ライバルとしての父親や競い合う同胞が不在であるという状況で，関心のすべてを息子に捧げた溺愛的な母親との体験を，分析のなかで再現させたいという彼の願望である，と。彼はこうした解釈に猛然と反対し，この解釈を行ったコフートに怒り狂った。実際に，分析の1年半ものあいだは，満たされない特権意識にまつわる怒りと，賞賛されたいという願望によって支配されていた。しかしながら，その激しい怒りはいきなり止まった。それは，自分の要求は正当なものだというＺの主張がおさまったからであった。コフートは，こうした変化が起こったのは，Ｚが自分の自己愛的な思い込みに徹底的に向き合ったからである，と解釈した。Ｚはこの説明を拒否したものの，その態度は穏やかなものであった。そしてＺは，怒りが静まったのは，コフートが解釈の一つを伝える前に述べた慰めの言葉のおかげだ，と述べた。Ｚがいうには，コフートは解釈を伝える前に，「もちろん，人は自分に与えられて当

然だと思えるものが与えられないと，傷つくものだが」という前置きをしたのであった。コフートは，そのコメントがZに与えた意味を理解しなかった。コフートは，怒りが静まったのはZが自己愛的な要求に向き合い処理した結果であるという判断にこだわった。

　この最初の分析においてコフートは，Zの症状の原因は，無意識の幼児的な性愛と攻撃性に関連する葛藤にあると考えた。コフートの考えでは，自分は特別であり，ライバルなんかいないのだというZの主張は，父親の長期の不在という幼児期の体験，つまり，母親と二人きりの生活を余儀なくされたことに由来するものであった。特別なのだという感覚のなかに表現されたZの執拗な自己愛は，父親がもどって母親を性的に独占したという苦痛な事実をめぐる気づきに対する否認として理解された。Zの「特別だという感覚」は，父親への競争心についての自覚と，それに伴う去勢不安から彼を守ったのである。Zの自己愛と否認は防衛的方策として理解され，それが治療において再演されているとみなされた。

　コフートは，母親との親密な関係を前エディプス的な態勢への退却として解釈した。その退却は，Zがもしも非退行的な敵意－競争的な態度を父親に向けたならば体験していたかもしれない去勢不安から彼を守ったというのである。さらにコフートは，年上のキャンプ・カウンセラーとの同性愛的関係を，前エディプス的な母親との関係の防衛的な再演として理解した。最初の分析では，コフートは，出現するZの自己愛的欲求をくり返し退けた。つまり，自己愛的欲求を，男性的な主張と男性との競争心に関連するより深刻な恐怖に対する抵抗として理解し，解釈したのである。コフートは，自己愛を，停止していた心理的な布置の活性化として理解し，受け入れることはなかった。

　結果的には，自己愛的な特徴は後退し，Zの転移性の要求はより現実的なものになり，彼は仕事においても自己主張的になった。コフートに対する攻撃的な連想が出現するようになり，Zはコフートの私生活や性生活にも関心を向けるようになった。一回目の分析が終結に向かっていたころ，Zはある夢を報告した（その夢は，何年もの後に，二度目の分析の終結期に思い出されることになる）。その夢は次のようなものであった。

> （Zは）家のなかにいたが、その場所は、ちょっと開いていたドアの内側であった。外には、きちんと包装された品物をいっぱい抱えた父親がいて、家のなかに入ろうとして待っていた。Zはひどく驚き、父親を追い払うためにドアを閉めようとした。
>
> （Kohut, 1979, pp.407-8）

　夢について話し合った後にコフートとZは、その夢は父親に対するZの両価的な態度に関係しているという結論を下した。二人が推測したところでは、Zは彼の愛する父親による報復的な去勢を恐れたのである。そしてZは、その恐怖を防衛しようして、母親への前エディプス的な愛着に退却するとともに、服従的な同性愛的な態度を取ったのであった。コフートは、最初の分析の終結時に考えたことを以下のように述べている。

> 私は、Zの大幅な改善が、まさしく、それまで無意識的であった葛藤が意識にもたらされたことで生じた構造変化にもとづいていることを何ら疑わなかった。私の分析的な眼は、フロイトによって記述された心理的布置を知覚するように訓練されていたが、その私の眼には、すべてのことが収まるべきところに収まったように見えた。私たちはエディプス葛藤にたどり着き、かつては無意識的であった、エディプス的な父親への両価性 ambivalence が前景に現れた。前エディプス的な葛藤を一時的に再燃させて、そこに退行的に回避するという予測通りの試みも見られ、最後には、分析家ならびに分析家との関係に対する予想された悲哀反応の時期もあった。それは、信頼と共同作業という絆の解消が間近に迫ったころに生じたが、それも最終的には薄らいでいった。こうした展開は、障害の本質的領域のすべてにおける改善を示す紛れもない証拠に思えるものが随伴した事実をとりわけ考慮するならば、まったく申し分のないものに見えた。
>
> （Kohut, 1979, p.408）

振り返ったときにコフートは，ただ一つだけ奇妙に見える特徴があったことを思い出す。Ｚは情緒を表現できる熱い人間であったにもかかわらず，終結時には生きいきとした様子がうかがえなかった。コフートおよび分析から離れることの悲しみを差し引いても，素材のなかに活気を示唆するものはほとんど見当たらなかった。
　Ｚは 5 年近く経った後に，コフートに連絡を取って会った。生活のうえではほとんど変化を体験していないと訴えた。彼は自分のマンションに一人で住んでいた。何人かの女性とつき合っていたが，どの女性にも特別な愛着を向けることはなかった。女性たちとの関係は，表面的で，満足感のないものであった。仕事はうまくやっていたが，仕事を楽しんでいるわけではなかった。仕事は義務としてやっているだけで，彼には何の喜びももたらさなかった。自虐的な空想も完全にはなくなってはおらず，Ｚは性的な体験を活性化するためにそうした空想を利用した。さらにいうと，Ｚの母親はそのパーソナリティに精神病的な変化をきたしており，明らかに妄想状態に陥っていた。コフートは，このことに困ってＺは治療にもどったのではないかと考えたが，しかし後にコフートは，母親の病気が結果的にはＺによい影響をもたらしたことを理解する。
　二回目の治療はすぐには始まらなかったが，この最初の接触の後にＺの気分は改善した。当時すでに自己愛的な欲求の存在に気づいていたコフートは，Ｚの即座の改善は，最初の分析では考慮されなかったある転移から生じているのだと仮定した。つまり，Ｚが理想化転移を形成していると判断したのであった。その転移は，Ｚが自らの関心を母親から理想化されたキャンプ・カウンセラーに方向転換したときに体験したものと似たものであるとみなされた。Ｚは二回目の分析の開始早々に夢を見たが，それは理想化転移についてのコフートの仮説に確証を与えるものであった。Ｚが見たその夢は，黒っぽい髪の男性についての夢であった。それをめぐる連想から，夢のなかの男性が，父親，カウンセラー，およびコフートから合成された理想的な人物であることが示唆された。二回目の分析のあいだ，コフートは以前のように理想化を妨げるようなことはしなかった。理想化転移はまもなく，融合型の鏡転移に自発的に置き換わった。Ｚは要求がましくなり，完全な共感をしつこく

求めた。それは最初の分析とまったく同じであった。Ｚは自分の情緒的状態がわずかでも誤解されると，激しい怒りで反応した。しかしながらこのときには，コフートは以前と異なる視点をもっていた。コフートはもはや，自己愛を防衛的な方策とはみなさなかった。むしろ自己愛を，分析のなかで活気づいているある幼児的状態の価値ある再現だとみなした。コフートによると，その態度の変更によって，最初の分析で見られた激しい怒りは見られなくなった。コフートは，最初の分析の際の怒りは，自己愛的な要求は防衛的なものだというコフート自身の主張によって引き起こされていたのだという。二回目の分析では，コフートはＺの要求がましい言動を次のように理解する。つまり，そうした言動は，Ｚが母親への忠誠を続けるかぎりはＺの望みをすべてかなえてやろうとする過保護の母親との関係の反復だというのである。コフートは，彼の分析的な態度の変化を次のように述べる。

> 私は最初の分析では，患者を本質的に独立した主体性の中心と見ていた。したがって私は，彼に進むべき道を理解させることのできる分析的な洞察の助けがあれば，彼は自己愛的な要求を断念して，成長を遂げるであろう，と期待していた。しかしながら二回目の分析では，私の強調点は移行していた。私は，成熟という目標に対してそれまでよりも覚めた態度なっていた。また私は，成長はおのずと起こるものであろうと仮定することで，いまや以前よりも自然に，目標を目指したどのような治療的野心も脇に置いておけるようになった。換言すれば，私は，それまで私を動機づけていた健康と成熟をめぐる道徳的価値観を放棄したのである。そしてそのうえで私が集中的に取り組んだ課題は，患者の発達の早期段階の体験，とりわけ，母親の病的なパーソナリティに絡め取られていたことにまつわる体験であった。いまや私たちは，転移のなかに姿を見せるようになった患者の萌芽的な自己をじっと観察するようになり，私たちはもはや，その萌芽的な自己を，変化に抵抗しているとか，成熟に対抗しているものとして見るようなことはなかった。その反対に，そうした自己を，有害な自己対象から自らを解き放って自らの境界を定め，そこで自ら成長し独立したものになろうとして，必死に（しばしば絶望

的に）格闘しているものとして見るようになった。

(Kohut, 1979, p.416)

　二回目の分析の初期の作業は，母親をめぐるZの体験に焦点が当てられた。コフートは，最初の分析では，母親に対するZの理想化を母親への近親相姦的な愛情の表現として説明していたのだが，二回目の分析では，Zが母親に抱いていた素晴らしいというイメージは，むしろ母親自身が世間にいいふらしていたイメージであると理解した。しかしながら，母親の周りにいた人たちは，彼女が周りの者を奴隷のように扱い，彼らの自立する動きを封じ込めようとするのを知っていた。母親が際限のない愛情を自分に注いでくれたというZの報告は，二回目の分析ではむしろ増えた。しかし，コフートとZが一緒に見出したのは，母親は際限のない愛情を注いだものの，愛情が注がれるにはある絶対的な条件が満たされなくてはなかったということである。その条件とは，Zが母親の全面的な支配に服従し，他者とは重要な関係をもたないというものであった。こうしたことが分かってくるなかで，父親が看護師と深い関係になり，家を離れたことも，新たな意味を帯びてきた。それは，圧迫してくる妻から自らを解放するための逃避だったのである。しかし，それは息子を犠牲にしてしまった。

　母親のパーソナリティの精神病的な性質についてZは理解を深めたが，その理解には，深刻な不安と抵抗が伴った。彼はもはや母親を理想化できなくなり，太古的な自己対象としての母親を失ったことで激しい不安に陥った。その際，幼児期の大規模な否認が，母親の風変わりな言動をめぐるZの気づきに対抗して立ち上がり，理想化対象としての母親を保持することを可能にした。その絆が，崩壊不安から彼を守ったのであった。

　二回目の分析では母親のパーソナリティに注意が払われ，そこで，Zに対する母親の不気味な関わりがもたらした影響が，明らかになった。かつて母親は，息子を固有の主体性の中心としてではなく，母親の付属物として体験していた。母親は，息子との親密な関係は変わることがないであろうと思い込んでいたのであった。しかし分析のなかでZが母親の不気味な要素に直面するにつれて，二人の関係の（母親によって促進された）理想的な雰囲気に

ついての描写は徐々に減少した。たとえばZは，母親が彼の排泄物をくまなく調べていたことを思い出した。母親のその行動は彼が6歳になるまで続いた。また，こうしたチェックが次に皮膚をくまなく調べることに移行し，それが青年期まで続いていたことも分かってきた。母親は彼の皮膚の毛穴の汚れを見つけ出し，それが見つかったときにはいつも抜き取った。そうしたとき母親は，自分の爪の強さや，抜き取ることができるという奇妙な自分の能力について語るのであった。

　こうした異様な体験に関する話題は，最初の分析ではほとんど表面には出てこなかった。たまに話題になっても，コフートは，母親がZに向けた独特の興味に関する報告をZの受身的な自己愛の表現として理解した。そしてコフートは，Zが自らの仕事上の成果を過大に評価する傾向を取り上げた。また，母親の強烈な関心についての記憶は，幼児的な誇大性の表現と見なされた。だが，二回目の分析では，最初の分析とは対照的に，Zにとって息の詰まるような母親の態度がもたらした抑うつと絶望感に焦点が当てられた。二回目の分析でZは，母親の関心は彼にあるのではなかったことを理解した。母親の関心は，彼を支配することと，母親を引き立てる装飾品のように彼が母親に付着してくれることにあったのである。彼はあることを想起した。それは，母親が一人の少年としてのプライバシーを彼に認めず，どんな時間であろうと何の前触れもなく彼の部屋に押し入ったことであった。彼の領域は母親の領域であったのであり，自由になろうとする彼に向けられた母親の激しい怒りは，彼に抗議の機会をまったく与えなかった。母親は外の世界の者には正常に見えたにもかかわらず，彼女の空虚な内面と，彼女が行った頑なな支配については，身近な者にはよく知られていた。

　コフートは，最初の分析ではこうした素材が見られなかったことに驚いている。しかしコフートは，素材は存在していたにもかかわらず，彼の注意を引くことができなかったのだという。なぜそうなったのかというやっかいな疑問に答えて，コフートは以下のように書く。

　　私が思うには，この難問の正解にもっとも近い答えは，転移の重要な側面が最初の分析では認識されずにいたというものであろう。もっとも簡

潔にいえば，私の理論的な確信，詳しくいうなら，幼児的欲動とそれにまつわる葛藤に関する観点と，精神装置の互いに対立するか協力する諸機関に関する観点から，患者の提供する素材を理解していく一人の古典的な分析家の確信が，患者にとっては，母親の隠されていた精神病の複製になっていたのである。彼は幼児期において，母親の精神病に，つまり歪んだ世界観に適応していたのであり，それを現実として難なく受け入れていたのであった。この迎合と受容の態度こそ，彼が，私と私が保持していた揺るぎないように見える確信を前にして復活させたものであった。

(Kohut, 1979, p.423)

　最初の分析におけるＺの改善は，転移において，エディプス・コンプレクスに関するコフートの確信に迎合したことで——転移性の迎合によって——生じたと考えられた。もちろん同じことが二回目の分析でもいえるかもしれないが，しかしコフートは，Ｚの迎合に関する問題は二回目の治療のなかで深く探究されて，徹底操作され，したがって迎合の実演の可能性を少なくした，と主張する。

　Ｚの母親が精神的に病んでいたことを理解するのに，何年もかかった。理解した後のＺの最初の反応は，大いに安心して喜ぶというものであった。Ｚは，それまで自分にしか分からなかったことに新たな証人を得たことで喜んだのである。しかしその後は，こうした理解に抑うつと深刻な崩壊不安が伴うようになった。二回目の分析では，幼児的欲動の満足によって快感を得ようとする願望よりも，背後にあった抑うつが扱われた。コフートは，二回目の分析における理論的な立場を次のように述べる。

　　私たちがそれまで，快感の追求——欲動の要求と欲動の満足という連鎖——を見ていたところに，いまや私たちは自己の抑うつを認識することになった。その自己は，自らの境界を定め，自らの権利を主張したいと思いながらも，気づくと，自らが自己対象の精神的組織のなかに絶望的なまでに拘束されていたのであった。私たちは，彼の自慰も原光景への

熱中もけっしてわくわくするものではなかったことを理解しただけでなく，抑うつ的な暗い気分が彼の幼児期のほとんどをおおっていたとことも理解した。彼は，高まる自己決定力と独立心をめぐって体験されるはずのわくわくするような至上の満足感を，楽しく体験することなど（空想においてさえも）できなかったために，自己への刺激によってせめて最小限の快感でも得ようと試みたのであった。それは，傷ついた自己が体験する，何の喜びも感じられない快感であった。換言すれば，そこでの自慰は，欲動に動機づけられたものではなかった。つまりそれは，健康な子どもの快感追求的な確固とした自己による力強い行為ではなかった。彼の自慰は，身体のもっとも感じやすい部位への刺激を通じて，生きていること——存在していること——の保証を一時的にでも得ようとする試みなのであった。

（Kohut1979,p.425）

　強烈な恥や屈辱感とともにＺが思い出したことがある。それは，孤独な思いで過ごしていた幼児期の日々であった。日中はずっと重い足を引きずるように過ごし，そして，ベッドで一人になって自慰にふけることができる夜を待ちわびることがよくあった。また,排泄物のにおいを嗅ぎ,味見をした際に,肛門に興奮を感じたこともあった。コフートが感じるところでは，Ｚがこうした屈辱的な記憶の想起に耐えることができたのは，次の理由からである。つまり，これらの行為の想起が，他者の共感的な共鳴のなかで起こり，しかもその他者が，そうした行為の機能が自らに生気を与えるささやかな試みであることをＺに理解させることができたからである。Ｚはコフートに助けられて，こうした行為が嫌悪すべきものでも邪悪なものでもないことに気づいた。原光景の体験もまた,新たな意味を帯びるものとなった。それはもはや，健康な好奇心が近親相姦願望のために破綻をきたしていることの現れとしては理解されなかった。それはいまや，強烈な過剰刺激として，また，Ｚを自分の体験のなかに巻き込みたかった母親によって企てられたものとして理解されたのであった。

　二回目の分析が第二の段階に入ったのは，Ｚがもっぱら母親のことに関心

を向けていた状態から，父親ついて考えるようになったときである。Zは，父親が支配的な母親に従うしかなかったこと，ならびにその父親の弱さに関心を向けた。父親の弱さは，家を捨てて，Zを母親との二人きりの生活にしてしまった点に，もっとも顕著に表れていた。こうした話題のなかで絶望感が続いたが，しかしそれは，以前ほど強烈でも深刻でもなかった。彼の抑うつは減少し，活力の要素が現れ始めた。

　この時点でZは，コフートの私生活に旺盛な好奇心を抱くようになった。コフートは，このことをZの幼児期の好奇心として解釈し，両親の性生活への好奇心に結びつけた。Zは抑うつ的になり，自分は誤解されていると主張した。コフートの私生活を知りたいというZの訴えにもかかわらず，コフートは何も語らなかった。しかしながらコフートは，Zの好奇心に関する自分の理解を見直した。コフートは，Zの好奇心は性的な窃視欲の現れではなく，強い父親を求めるZの気持ちに関係するものだと推測した。実際のところ，Zの質問は性生活に関連するものではなく，コフートが，支配的な女性によって性的に（また他の面で）支配されることのない，強くて積極的な男性であるかどうかをめぐるものであった。コフートはまた，キャンプ・カウンセラーとの同性愛的関係も，じつは性的なものではなく，むしろ強い男性と関わりたいという憧れの表現であった，と理解した。

　コフートはZのひどく要求がましい質問に何ら答えなかったが，Zはコフートのその勇気と強さに安心した。Zの抑うつは減少し，かつては影の薄かった父親のパーソナリティについて豊かに描写し始めた。Zは母親との太古的な自己対象性の結びつきを放棄するようになり，強い父親に関心を向けるようなったのである。しかしながら，こうした動きには強い不安が伴った。それは，Zのパーソナリティの主要領域は，母親の強さにまつわる錯覚を基盤にしていたからであった。母親はじつは精神的に重篤な傷を負っていたのだという理解は，孤独と破滅というおぞましい感覚をもたらし，Zは明らかになったものを直視したくないという思いと格闘した。

　コフートに対する理想化が出現するようになったのは，父親をめぐる肯定的な記憶が想起された後であった。Zは9歳のときに父親とスキーに行ったことを思い出した。その旅行で彼は，父親が有能なスキーヤーであり，世界

に知られるほどの活躍をした男性であることを発見した。Ζはその旅行中に，父親と特別な関係にあるような女性と会ったことも思い出した。彼はそのとき，父親は目の前の女性と深い仲にあるのだろうと推測し，また，彼女は父親が浮気をしたあの看護師であるかもしれないと思った。彼の推測を実証する方法はなかったが，しかし彼は，旅行からもどったときに母親に旅行のことを尋ねられても，何も話さなかったことを覚えていた。あたかもΖと父親は，旅行中の出来事をめぐる暗黙の理解を共有しているかのようであった。コフートが感じたことは，理想化することができ，そこで誇りに感じることができるような男性を求めるΖの幼い欲求が，分析のなかで蘇っていた，ということであった。この素材は分析の最後のころに出現したものだが，コフートの推測では，その理由は，その素材が，抑圧されていた素材のなかの最深層のものであるからであった。

議論の一部としてコフートは，次のことを考察する。それは，父親がある女性に興味を抱いていたことを示唆する素材は実際には，Ζの幼児期のエディプス葛藤に対する防衛的な隠蔽ではなかったか，という点である。もしもこれらの記憶がまさしく，隠されたエディプス的関心を表わしているのなら，Ζが記憶を想起して描写するときに味わう気分は，圧倒的に強い競争相手の父親に直面したことによる抑うつと絶望であろう，とだれもが予想するであろう。しかしコフートは次のような結論を下す。この記憶には，父親あるいは分析家との勝ち目のない競争心を思わせる内容が含まれていなかったので，これらは防衛的な隠蔽ではなかった，と。予想に反して，Ζは楽観的な気分と活力を維持したのである。それは，いまや力強い男性的な人物として体験している分析家－父親とつながっているからであった。Ζの気分は父親の男性性に誇りを感じるというものであり，隷属を強いる母親に支配されなかった父親の能力をめぐる喜びであった。

その後まもなく終結期を迎えた。Ζは，最初の分析で見た夢，つまり，贈り物を抱えていた父親が半開きのドアからなかに入ろうとしたが，Ζが外に追い出そうと試みたあの夢を思い出した。最初の分析では，コフートはその夢を去勢する父親へのΖの両価性の表現として解釈していた。しかし，二回目の分析での補足的な連想と新たな理論的な観点から，コフートは次のよう

に理解するにいたった。その夢は，父親が心理的な意味で帰還したときにＺが感じた圧倒的な興奮に対して，対処の仕方が分からないという戸惑いの表現なのだ，と。父親がもち運んだ贈り物は，男性性と心理的成長という贈り物であった。半開きのドアを閉じたのは，長いあいだ不在であった父親がこうした贈り物を抱えていきなりもどってきたときにＺが体験した興奮を調整しようとする試みであった。その夢が表現していたのは，憧れていた父性的な存在の心理的な帰還によって引き起こされた精神経済的な不均衡状態だったのである。

コフートは以下のように推測している。父親の強さをめぐる記憶は，Ｚの心の隔絶された領域に隠されており，それらの記憶の想起が可能になるには，母親に関する分析作業が完了するのを待たなくてはならなかった。その理由は，父親との健康的な絆は，母親の強さをめぐる錯覚――それは問題をはらむが，Ｚの生を支えているようにも見えた――を脅すものであったからである。Ｚの不安定な心理的活力は，Ｚを熱愛してくれる母親への愛着に依存していた。しかしその母親は隷属を強いる母親でもあり，熱愛の代償としてＺに多大な犠牲を強いた。もしも少年のころのＺが父親に関心があるのだと認めていたならば，母親はＺへの支持的な関心を引込めていたであろう。

終結期の進展とともに，コフートを失ってしまうという悲しみが現れた。Ｚはまた，この世にはもう存在しない父親とはもはや友好的な関係をもてないことを悔やんだ。そしてＺは，最初の分析が役立たなかったことを理由に，コフートに怒りを向けるようになった。しかし彼は将来に希望を抱くようになり，結婚して子ども（とくに息子）をもうけることにも考えを巡らせた。両親に対してＺは共感的になり，寛容となった。彼は母親から心理的に距離を取りながら，つまり自律性と男性性のいずれも保ちながら，母親を眺めることができるようになった。彼は，早期の理想化による歪曲を伴うことなく，母親の現実的なよい資質を認め，養育を通じて母親が，幼い彼に確かな人格的基盤を与えてくれたことに感謝した。コフートは二回目の分析を次のようにまとめている。

　　全体的に以下のようにいってよいと信じている。私はいまや，分析の最

後の何週間かのあいだにその概略が明らかになったようなZの構造が，いかに両親のパーソナリティと発生的に関連していたかを理解するにいたった。分析でZが心理的になし遂げたもっとも重要な点は，母親との深い融合的な結びつきを断ち切ったことである。… 私との転移関係に対する徹底操作は，Zが父親の男性性や自律性とのつながりを再確立することを可能にし，したがって，野心，理想，および基本的な技能・才能の情緒的な核の部分が決定的に変更された（たとえそれらの内容が未変更のままであっても）。いまやZは，パーソナリティのこれらの資質

古典的力動-構造論からの理解 （一回目の分析）	狭義の自己心理学からの理解 （二回目の分析）		
想像上のエディプス的な勝利に由来するあからさまな誇大性と尊大さ。 ① ① ① 抑 圧 障 壁 実際のエディプス的な敗北に由来する去勢不安と抑うつ。	① ① ① （非防衛的に）理想化された母親との持続的な融合にもとづいたあからさまな誇大性と「優越感に満ちた」孤立。 母親は，患者が自分の付属物であるかぎり，患者の父親への優越性を認める。	垂直分裂	低い自己評価，抑うつ，マゾキズム，母親に対する（防衛的な）理想化。 ② ② ② 抑 圧 障 壁 父親に対する（非防衛的な）理想化，母親への怒り，自己主張的な男性性と顕示性。
古典的な力動-構造論的な概念にもとづく分析作業は，終始①①①の線上で行なわれている。	自己心理学的な概念にもとづく分析作業は，二つの段階で行なわれている。最初の作業は①①①の線上で行なわれている。そこでZは母親との融合状態を失い，それゆえにかつて体験していた自己も失うという恐怖に直面する。第二の作業は②②②の線上で行なわれている。そこでZは，独立した自己の怒りや，自己主張，性的関心，顕示欲を意識するようになるにつれて，外傷的な過剰刺激と崩壊の恐怖に直面する。		

図 9-1　症例Zの分析についてのコフートの図解

を自分自身のものとして体験し，自分の人生の目標を追求するようになった。そこには，最初の分析の際に見られた自虐的な迎合性はなく，独立した自己の活動としての喜びにあふれていた。

（Kohut, 1979, pp.443-4）

　図9-1によって示されている症例Zの二つの分析は，コフートにとって，新たな解決方法で古い問題に立ちもどる貴重な機会となった。自己心理学という新しいレンズを通してコフートは，古典的理論にもとづいて眺めていた一回目の分析とは異なった形でZを眺めたのである。自己の心理学によって治療的な成功をおさめたコフートは，その成功体験によって強く支えられ，まもなくして最後の著作『自己の治癒』のための作業に着手した。

第10章

『自己の治癒』Ⅰ：理論の再考

『自己の修復』への反応と，その後の思索

　すでに述べたように，コフートの仕事はある方面の人びとには熱烈に歓迎され，他の人びとにはひどく批判された。もっとも厳しい批判者は，コフートの仕事を分析的ではないと決めつけた。コフートは心を痛めたものの，自分は自らの思考に正確を期したのであると感じ，批判する側のある者たちのほうが真剣な科学的な思考や異論の余地のない研究を欠いていることを嘆いた。おそらく彼への激しい反感の源泉の一つは，彼が欲動処理のための精神装置に関する伝統的な心理学から離れ，幼児期の自己対象的環境が自己に及ぼす影響に関する心理学へと彼が転向したことである。だが，コフートが理解したように，自我の領域を拡大することによって欲動を手なずけることは，心理的な発達の目標ではないし，精神的な健康を定義づけるものでもない。コフートにとっては，発達の目標，ならびにまたそれにもとづく精神的健康の定義は，生来の才能と技能を最大限に表現して，充実した生活を創出することのできる，欠損のない自己が確立されることである。私たちが見てきたように，コフートは，『自己の修復』（1977）において健康に関するこうした新たな，実用性の高い定義を提案した。コフートはその本のなかで，葛藤の完全な解消，あるいは欲動に対する支配よりも，欠損のない自己の増進した機能状態を強調した。健康に関するこの新たな定義は，精神分析の目標についての再定義と，治療終結の基準についての再考を強く迫るものである。

　しかしながらコフートを批判する者は彼の書いたことを誤解して，彼が提唱する精神分析の終結は時期尚早だと主張した。そうした誤解があったことと，新たな知識を提出したいというコフート自身の願望が，『自己の治癒』

（1984）を著すことをコフートに促した。ゴールドバーグとステンパンスキーの共同編集で死後に出版された本書は，かなり特殊なものである。そのわけは，コフートが書いているように，この本は，コフートが迫りくる死を承知のうえで著したものだからである。コフートは，科学的思考における，厳密性と遊びの精神という理念に導かれるとともに，彼の概念化を評価した信頼できる分析家集団によって支えられ，さらには，古典的な分析家集団による排斥がもたらした痛みからも解放されて，いよいよ自らの心理学についての最終的な声明を提示するのである。政治的な配慮から生じていた以前のアンビバレンスは，過ぎ去っていた。この本のなかでコフートは，情緒的な健康について再定義を行い，去勢不安とエディプス・コンプレクスを新たな光で照らし，彼の理解した分析的な治癒過程の概略を示し，さらに，自己対象転移の新たな概念を導入している。

　『自己の治癒』のなかでコフートは，それまでのすべての仕事と同様に，精神分析そのものについての議論に専念する。しかしながら，精神力動的な精神療法家が直面している課題は，コフートの貴重な概念化と技法上の洞察をどのように読んで，それらを精神療法の実践にどのように応用するかという課題である。この課題を扱ううえで，ここでしばらく，精神療法は精神分析から区別されるのか，あるいは両者は本質的に同じなのかという大きな論争に加わってみることは有益であろう。こうした疑問は，「いったい私たちは何を行っているのか」というもっと重要な疑問のいい換えである。この重要な疑問は，前者の疑問に比べて学術的ではないように見えるが，おそらくより有益な疑問である。それというのも，人は，ある手続きが他の手続きと区別可能となる前に，自分たちがいったい何を行っているかをはっきりと理解していなくてはならないからである。さらにいえば，もしも自分たちの課題をはっきりと理解していないと，私たちは，課題を果たすうえで何が必要かをよりよく判断することができない。

　コフートの概念化は，こうした疑問を解決するという当面の課題に直接的に役立つものである。そこで私は，コフートの洞察の適用例としてゴールドバーグの論文「自己心理学と精神療法の独自性」（1980）を取り上げる。その論文のなかでゴールドバーグは，精神療法のための理にかなった理論が必

要だと主張する。彼によると，セッションの頻度と空間的な位置関係は力動的精神療法と精神分析において異なるものの，その一方で操作的な治療技法は似ているという事実が，混乱のもとになっている。防衛の理解，歪曲の再検討，夢と転移の解釈，除反応，発生的再構成，および技法手段一式は，双方に共通しているが，この共通性が概念的な混乱の一つの原因なのである。こうした技法にもとづく区別は役に立たない。むしろ，技法による区別はだれが何の目的で行っているのかという議論をあいまいにしてしまう。ゴールドバーグは次のようにいう——「技法的な方策は，私たちが理論的にどのような結果をめざすかという問題ほどには，重要ではない」(1980)。

　ゴールドバーグは，方法よりも目標という観点から精神療法を定義することを選ぶ。治療目標を設定するために彼は，自己に関する知識を適用して，傷ついた自己と崩壊した自己との診断的な区別を行う。彼の主張によると，それぞれの自己にとって適切な治療目標は異なる。傷ついた自己は自己愛の損傷の結果として歪んでいるが，しかし，自己対象的環境の共感的応答性は十分であったので自己の核心部分が崩壊しているわけではない。自己は傷ついてはいるものの，基本的には健康的で，凝集性を備えているのである。したがって治療でめざすべきことは，ゴールドバーグが主張するように，「自己の象徴 self-symbol が修正されたり，拡大されたり，あるいはその欠損領域が補充されることである。すなわち，根本的な変化をこうむっていない自己に生じる部分的な変化，つまり，修復 repair が起こることである」(1980, p.62)。このようにゴールドバーグは，自己の傷ついた領域の限局性の修復が精神療法の仕事なのであると示唆する。

　崩壊した自己の場合には，事態が異なる。そうした自己は，自己対象的環境の早期の誤った反応のために核心部分が崩壊している。ゴールドバーグは，こうした事態の場合には，適切な治療目標は自己の再組織化であると示唆する。さらに彼は，再組織化は精神分析の仕事であると示唆し，次のように主張する。そこでなされるべき仕事の規模が，「頻回のセッションなどといった，精神分析を行うための条件のすべての根拠となっているのである。欠損のある自己の象徴を改変して，再組織化をはかるという仕事は，条件のすべてを必要としており，より少ない頻度でそうした仕事を行うことは，おそらく乗

り越えられない重荷を背負うことになる」(1980, p.69)。

　要約すると，ゴールドバーグは，患者やクライエントにとって適切な治療法は，技法よりも目標によって決定されると主張しており，また彼は，目標は自己の状態によって決定されると強調する。「私たちは何を行っているか」という問いへの答えは，処方される治療が修復のためのものか，再組織化のためのものかという点に行き着く。つけ加えると，方法よりも目標にもとづいて精神療法と精神分析を区別しようとするゴールドバーグの見解は，達成困難な課題を果たさなくてはならないという重荷——それはあるときには治療的な野心によって，あるときにはクリニックや治療機関の圧力によって生じている——から精神療法家を解放することに大いに役立つ。

　私がこのように一時的に脇道にそれたのは，自己の問題に関する心理学があらゆる治療者に役立つことをいっそう説明するためであり，精神療法と精神分析の上述のような有益な区別を示すためである。すでに述べたように，コフートがその仕事のいたるところで言及しているのは精神分析の過程であるが，その概念化は精神療法の過程についても適用可能である。次の第11章の終わりで，私はこの適用可能性を示すために精神療法のケースを提示する。

重篤な人格障害と行動障害の分析は不完全なまま終わるのか

　『自己の治癒』の冒頭でコフートは，自己心理学と伝統的な理論との主要な違いについて論じている。コフートは精神的健康を彼の理解にもとづいて定義し，そこから，『自己の修復』で述べた症例Mの分析の終結を「不完全」だと誤解した批判者たちに反応する。その批判者たちは次のように確信している。コフートは，たとえ患者が構造的な欠損を残していたとしても，患者が苦痛でストレスの多い退行を体験しないように早く分析を終結させるべきだと提唱している，と。コフートはそうした誤解を訂正したいと思い，問題の原因を突きとめる。そして，その原因は，心理学的な健康と精神分析的な治癒に関する新しい定義を彼が適切に伝えられなかった点にあると考える。

　誤解を解くためにコフートはまず最初に，彼の理論の基本原則を繰り返し，

以下のことを主張する。分析可能な自己愛パーソナリティ障害の治療においては，阻害されていた幼児期の自己対象欲求の自発的な活性化が起こる。欠損のある自己は，特殊な自己対象転移の活性化を通じて自己の発達を遂げようと試みる。古典的分析において見られる類似の状況のように，これらの転移の活性化にも抵抗が随伴するが，抵抗は解釈によって処理される。自己において欠けていたものが，変容性内在化と自己対象転移の徹底操作を介して構造化されるようになる。

　コフートは次に精神的健康の新たな定義を提示する。彼の主張によると，自己にとっての目標（および分析過程にとっての最適の結果）は，欠損のないまとまった自己が確立されて，潜在する生来的な技能が実現できるようになることである。まとまった自己の確立は，創造的，充足的な生活をもたらす。こうした新たな定義をもとにしてコフートが示唆するのは，不完全な分析に見えたとしても，終結は可能であるということである。コフートはその理由として以下のような力動を説明する。

　発達は外傷から免れることができないが，自己は深刻な反復的外傷にさらされながらも，心理的な生き残りを確実にする方法を探し求める。自己はその発達性の欲求の不満に際して，その解決策を探し求める。一方の自己対象が外傷的な欲求不満にさらし，重要な自己愛的欲求を満たすことができない場合には，発達中の自己はもう一方の自己対象に向かう。コフートは，ある人びとは幼児期においても，深刻な障害をもつ自己対象（たとえば精神病の母親）から自らを解放することができると述べる。そうした人びとは，自己の弾力性の特性としての修復的な動きのなかで別の潜在的な自己対象（父親，おじ，おば，あるいは他の活用できる養育者など）との新しい関係を形成しようと試みる。新たな自己対象が頼りになる健康的な存在であるときには，そうした動きは，心理的な救命効果をもたらす。新たな自己対象は，幼児の自己高揚感を適切な方法で映し返したり，重要な理想化の形成を許容したり，さらには人間性をめぐる共通感覚に共鳴することによって，本質的な自己愛的欲求を満たす。心理的な救済をはかってくれる第二の自己対象への代償的な方向転換を通じて，幼児は外傷的な一次的な自己対象と関連した欠損を克服できる。第７章・第８章で述べたように，コフートは，第二の自己対象を

めぐって展開する内在化を代償的構造と呼んでいる。これらは，最初の失敗した自己対象との体験によって生み出された欠損を代償する構造なのである。

しかし自己愛パーソナリティ障害の人びとの場合には，救いを求める試みが失敗している。それは，代償的な自己対象が，その自己対象機能において（小規模ではあっても）頼りにならず，不十分だったからである。代償的構造はたしかに形成されるが，それにもかかわらず，それらは不安定で，当てにならない。症例M――論争の的になったその終結期の過程は『自己の修復』（1977）において提示されている――は，そうした例である。Mは有害な母親からは自らを解放していたが，それでも分析を体験しなくてはならなかった。それというのも、Mは，理想化していた父親が拒絶的であったために，その父親とのあいだでは十分には形成されなかった代償的構造を，あらためて強化する必要があったからである。

分析体験を通じて代償的構造の安定化をはかることが，コフートにとって重要な治療方策なのである。コフートは古典的な先輩たちとは違って，一次的な外傷の復活とその十分な徹底操作を強調するようなことはない。コフートは，そうした作業からは有益な収穫は得られないであろうと信じている。その理由は，失敗した自己対象は心理的に役に立たないからであり，それに，すでに自己は多大な犠牲を払って自らを救い出しているからである。コフートは，欠損のある一次的な自己対象と関連したおぞましい外傷をすべて発掘することに，何ら価値を認めていない。コフートが確信しているのは，自己の構造形成と安定化は，阻害されていた自己愛的欲求が，分析家とのあいだで体験される特殊な自己対象転移において動員され，復活することから生じるということである。分析過程を通じて強化された自己は，代償的構造を脆弱のものから強固なものにすることができ，結果的にそうした構造は自己愛的な栄養と支持の重要な源泉となるのである。こうした基本的な教義を述べながらコフートは次のように書いている。

> しかし，重要な点を強調するなら，自己が早期の発達期においてだれにも頼ることなく建設的に乗り越えた乳幼児期の外傷状況を再活性化することは，不可能である。さらにいえば，そうした状況の復活がたとえ実

現可能だとしても，私たちがその復活を実際に引き起こしたところで，よい目的に役立つようなことないであろう。

　この最後の点を強調することで私は，『自己の修復』のいくつかの節をめぐって，親しい批判者が示した誤解を解きたいと思うのである。1977年に論じ，いまここでも繰り返したい点だが，中核的な自己がその発達のなかでうまく関心を撤収できた，早期の自己対象の外傷的な側面は，自己愛転移において復活することはできない。外傷をもたらした早期の自己対象が復活不可能なのは，発達中の自己は人生の早い時期にすでにそれらから退いているからであり，また，構造形成の別の源泉——それは最後には代償的構造の形成にいたる——に関心を移行できているので，その後は早期の自己対象には要求を向けないからである。
　　　　　　　　　　　　　　　　　　　　　（Kohut, 1984, pp.43-4)

　自己はその生き残りを確実なものにしようとして格闘し，構造的な再建を求めるのであるというコフートの理解は，精神的健康に関する彼の定義を方向づけ，分析の目標に関する彼の見解に影響を与えている。私がいたるところで強調しているように，コフートは，精神的健康について，構造的にまとまっているか，機能的に再建されているか，あるいはいずれの特性も備えた自己を所有していることだと定義する。コフートは，代償的構造によって支えられた自己が堅固なものとなって安定化し，そこで人生を楽しく体験できるようになった段階で分析を終えることに満足する。彼は，精神分析のさまざまな理論家によって大切に堅持されている目標の完璧な遂行を主張することはない。彼は以下のようにいっている。

　　私たちは自信をもって次のように明言してよいと思う。自己が転移において，（すでに早期の発達段階で）絶望的な欲求不満から方向を転じて新たな道を見出したか，あるいは少なくともその新たな方向への動きが部分的に成功したことを（防衛をまじえずに）示している場合は，病理の指標ではなく，豊かな資質と健康のサインなのである。そうした自己を，つながりをすでに断ち切っている領域へと治療のなかでふたたび押

しもどす試みは，失敗する運命にあるだけでなく，そもそも患者に対するはなはだしい誤解を露呈しているのである。そうした試みに取りかかる分析家は，被分析者の病気を，分析家が普遍的だと判断するある特定の類型に当てはまると主張し，さらには，分析家が本物の分析の必須条件と考えている，あのきわめて強引に適用される治療過程――エディプス・コンプレクスの解消とか，妄想 – 抑うつ態勢の情緒の再体験とか，出生時外傷の除反応とか，早期の自己損傷の再体験とか，あるいは他の理論が想定する万能的な過程――に，被分析者は従わなくてはならないと主張することで，患者の回復にいたる道を遮ってしまうのである。

(Kohut, 1984, p.44-6)

したがってコフートにとっては，分析の終結としてふさわしいのは，分析家があらかじめ考えていた理論上の課題が考察されるにいったときではなく，むしろ自己の構造的な修復が機能状態の向上をもたらすほど十分なものになるときである。

　コフートの批判者たちは，自己の機能回復に関するコフートの強調を誤解している。つまり彼らは，コフートは患者が「過度の混乱」に陥ることを防ごうとして，時期尚早に，つまり混沌とした深層に到達可能となる前に分析を終わらせている，と批判する。しかしコフートは，実際には情緒的な混乱を恐れなかった。現にコフートは，いたるところで（とくに『自己の分析』において），患者のなかに生じる精神病様の重篤な退行について述べ，そして，適切な理解によって退行は分析的に意味のあるものになり，やがて穏やかなものになるだろうから大丈夫だと主張する。私が思うには，コフートが浴びた，怒りに満ちた批判の一部は，じつは次の事実に関係しているのである。それは，コフートが無益な情緒的混乱を回避するように提案したことで，批判者のある者たちは治療的な野心の傷つきを体験したという事実である。

去勢不安の再検討

　『自己の治癒』でコフートは，去勢不安についての最終的な理解を提示し

ている。コフートが強調するように，去勢不安に関する彼の理解は，臨床作業のなかで出現した転移の観察から発展したものである。コフートは自分が観察した現象から結論を引き出すときに，ある基本仮説が彼の理論化を特徴づけていることを認める。その仮説は，分析過程は表層から深層に進んでいき，また，連続的に継起する一連の転移は発達の再現であるが，それが生起する順序は発達の順序の逆であるというものである。つまり，もっとも新しく形成された布置が最初に出現し，より古い布置はその後に現れるのである。

　コフートは，自己愛的なパーソナリティ障害と行動障害の人びとの順調な分析の最後の時期に現れるエディプス段階について述べている（1977）。コフートの考えに従うと，これらの人びとの場合には，自己が強化されたことで，初めてエディプス的な課題に取り組めるようになったのである。そのエディプス的な課題はそれ以前には体験されていなかったので，分析過程において出現するエディプス段階の発達課題は，非共感的なエディプス的自己対象による外傷の影響を受けてはいない。コフートは，こうした発達上の時期を「エディプス期（oedipal stage）」と呼び，それをその病理的現象としてのエディプス・コンプレクスから区別する。

　コフートは彼の観察にもとづいて，分析のエディプス期に関連して出現する三段階の転移について述べ，いずれもの転移も，以下の図式的説明のなかにあるように抵抗段階によって先行されるという。

　　①一般的に強い初期抵抗の段階
　　②強い去勢不安によって支配されたエディプス・コンプレクスの転移段階
　　③強い抵抗段階
　　④崩壊不安にまつわる恐怖によって特徴づけられる転移段階
　　⑤軽度の不安によって特徴づけられる抵抗段階（その不安は去勢不安とは異なっており，楽しい予感と交錯する）
　　⑥性別の分化した自己へと向かう発達的な前進によって特徴づけられるエディプス期の転移段階

　コフートは，正常なエディプス期およびその病理的な結果に関する力動を

仮定する。その仮定は，臨床場面において（未外傷状態で）出現するエディプス物語の観察にもとづいている。コフートが仮定した力動では，健康な幼児は，自己対象によって適切に応答されたという体験とともにエディプス期に入る。そうした場合，鏡自己対象によって自らの活力と自己主張を肯定されたいという幼児の欲求は，拒絶されてはいない。理想化自己対象に慰められ元気づけてほしいという欲求も，不満にさらされてはおらず，<u>分身</u>という支持的な存在を求める欲求もまた応えられていた。幼児はいつも，これまでどおり理解のある自己対象によって応答されるであろうと予想し，熱い愛情と自己主張にまつわる感覚によって特徴づけられる新たなステップに力強く進もうとしてエディプス期に入る。これが正常なエディプス期の物語なのである。

　コフートが信じるには，エディプス・コンプレックスは応答に失敗した自己対象をめぐる体験の病的な結果なのであり，エディプス・コンプレックスが形成される際には，エディプス的な幼児は，それまでは調律的であった親が，以前と同じように調律的に応答してくれないために，驚くべき事態にさらされる。こうした親は，幼児の強まった愛情に刺激されて興奮してしまい，前意識水準で幼児に対して過剰に刺激を与えてしまうか，もしくは，幼児の強まった自己主張によって挑発されて，前意識水準で幼児の自己主張に対して敵対心や競争心で応じる。コフートが再構成を通じて見出したことは，親の誤った反応が言語的であることはまれだということである。こうした親は通常，幼児の新たな情緒に困惑するようになり，そこで抑制が働いて幼児から関心を引込める。正常なエディプス的な幼児のそれまで力強かった自己は，親からの刺激や挑戦，関心の撤退に反応して力が弱まってしまう。弱まった自己はそこで断片化し，非性愛的なエディプス的な愛情と非敵対的なエディプス的な自己主張は，あからさまな性愛的欲求と敵意へと分解されてしまう。エディプス的な体験をめぐるコフートのこうした記述は，古典的なものと著しく異なる。彼の理解では，エディプス・コンプレックスは，まったく内的な，環境に影響されない生物学的欲動の表現というよりも，非共感的な環境への反応なのである。コフートは，エディプス的な女児と男児の活発な力動を次のように<u>述べる</u>。

(エディプス的な) 緊張が起こるのは，愛情のこもった態度や自己主張的な態度の崩壊の後に，幼児が，自己の断片化や脆弱化に随伴する病的な性的欲動状態や破壊的な敵意を体験するときである。親が幼児に健全な反応を示すことに失敗すると，エディプス段階が打撃を受けてしまい，その結果，幼児の自己に欠損が生じるのである。本来ならば，確固とした自己がいっそう発達して，発達段階にふさわしい，愛情のこもった性的な機能状態をめぐって，健康な喜びのほとばしりを感じることができ，また目標を追求する際に自信に満ちた自己主張能力を用いることができるのだが，むしろ私たちが見出すのは，生涯を通じて見られる次のような傾向の持続である。それは，愛情よりも愛情の断片（性的な空想）を，自己主張よりもその断片（敵意に満ちた空想）を体験し，さらに，こうした体験──そこにはいつも幼児期の不健康な自己対象体験の復活が伴う──に対して不安を抱く傾向である。

(Kohut, 1984, pp.24-5)

　転移神経症に対するコフートの臨床的なアプローチは，伝統的な精神分析の場合と同じである。いずれも，エディプス的な転移が分析において動員され，そしてそれが，防衛への系統的な分析と転移解釈を通じて徹底操作される。ただし，古典的な分析家の目標は，患者がその幼児的な欲望と敵意を知って支配することを手助けすることである。古典的な理論が教えるところでは，心の最深層にまでたどり着くのは，患者がその無意識的な衝動，願望，および欲動を体験するときである。しかしながら，コフートの立場はまったく違う。コフートの主張では，エディプス・コンプレックスは，エディプス的な自己対象との障害された体験が基盤となって形成されるものである。したがってコフートにとって分析の中心的な作業は，表層の敵意と性愛の背後にいつも存在する，エディプス期の幼児の損なわれた自己対象的な基盤と関連した抑うつと自己愛的な怒りを扱うことである。

　コフートの考えは，エディプス・コンプレックスは心理的な発達における正常な出来事であると示唆する古典的な仮説と対立する。エディプス・コンプ

レクスの遍在的な性質が、その正常性の証拠としてしばしば引き合いに出される。だがコフートは、遍在性と正常性の区別を主張する。エディプス・コンプレクスがしばしば見られる（遍在的でさえある）からといって、それが、エディプス・コンプレクスが正常であることの証拠になるわけではない。それは、ただ単に遍在的だということを示しているにすぎない。コフートの主張に従うと、自己対象が不完全であるという事態が遍在的なのである。エディプス期の不完全な自己対象による不完全な反応こそが、エディプス・コンプレクスが遍在的に見られることを説明するのである。

科学的客観性をめぐる問題と精神分析的治癒の理論

　コフートは、分析はどのように癒すのかという問題を扱うためには、分析的環境とそれが被分析者に及ぼす影響を考察することが必要だと考える。分析的環境をめぐる古典的見解は、無意識の内容が汚染されていない転移として出現するためには、分析的環境は中立的であるべきだ、と要請する。コフートはこの立場に断固として反対する。そして、分析的な環境が中立的であることは不可能であり、それゆえに不可避的に分析過程に影響を与えると論じた。コフートは、『自己の修復』で着手した科学的客観性をめぐる議論を広げていき、科学の歴史と、科学的客観性をめぐる概念の変化について論じ、古典的な立場に反対する彼の意見をさらに説明する。19世紀末のフロイトの思考に影響を与えた、当時の隆盛していた科学的態度は、ニュートン物理学の方法をモデルにしたものであった。それは、物質の大粒子（large particle）を扱うものであった。実験による観察で資料が収集されるという方法は、観察者が観察される対象に明白な影響を与えることはないとされた。資料は純粋だとみなされ、絶対的な真実を表現するものだと考えられたのである。フロイトは、そうした方向性を精神分析という学問にまで拡大し、精神分析において分析家は、観察される対象にいっさい影響を与えない中立的な観察者であると考えられた。こうして精神分析は、自我、イド、および超自我といった、精神装置のマクロな機関を研究する一方で、分析状況に分析家が存在することの意味を見落とすようになった。コフートがこうした精神

分析のために使用した用語が,「大粒子」精神分析である。

　コフートは,彼自身の観点が微粒子の研究を行なう 20 世紀のプランクの物理学のモデルに似ていると示唆し,分子レベルでは観察道具が研究の際にその環境のなかに存在するために,観察される対象に影響を与えることになると考える。じつに重要な点だが,コフートはそこで,分析家が逆転移を通じて分析的環境に及ぼす影響よりも,傾聴する存在としての分析家がもたらす影響について言及する。コフートは他の箇所(1971, 1984)では逆転移の問題を扱っているにもかかわらず,ここでは,傾聴し理解する環境が被分析者に及ぼす影響に注意を促しているのである。

　コフートは,被分析者に及ぼす分析家の非逆転移性の影響を認めたフロイトの短いコメントに注目する(1984, p.216)。この有名な陳述のなかでフロイトが示唆しているのは,分析家は,患者とのあいだで適切なラポールを確立するまでは患者に影響を与えることができないことである。フロイトは次のように書く。

> 精神分析ならびに医者という人物に愛着を向けさせることが,いまもなお治療の最初のねらいである。これを確実にやり遂げるためには,患者に時間を与える以外に何も行う必要はない。もしも医者が患者に真剣な興味を向けて,治療の始まりとともに生じる抵抗を注意深く取り除き,そして明らかな失敗を避けるならば,患者は自ら医者への愛着を形成し,かつて患者をいつも愛情深く扱ってくれた人びとのイマーゴの一つと医者を結びつけるであろう。
>
> 　　　　　　　　　　　　　　　(Freud, 1913, pp.139-40)

このコメントは,フロイトが見通していた(とコフートには感じられる)分析家の影響範囲を示している。いうまでもなくこれは,分析過程を自己心理学的に理解するうえで重要な自己対象的環境に言及するものである。傾聴して理解する自己対象的環境が被分析者に及ぼす影響について,コフートは次のように述べる。

…私たちがめざすべき方向性は，原則的にいって，本来的に重要な意味をもつ人間的存在としての分析家の影響を認識し，ついで検討することであり，歪んだ逆転移の影響についてそうすることではない。前者の影響は分析状況の全般を特徴づけ，とりわけ徹底操作の過程において顕著になる。

　この最後の要点を，曖昧さを残さずにもう一度はっきりと述べておきたい。もしも一人の人間が私たちを理解してその内容を私たちに説明するために，私たちの話に耳を傾けているという状況に私たちがいて，しかも私たちは，そうした傾聴や説明が（最初は無制限に見えるほど）長く続くことを知っているとしたら，私たちは，中立的であると定義するのが適切だといえる状況にいるわけではない。それどころか，その状況は，私たちに心理的な影響を与えるというという点では中立的状況とは正反対である。実際のところその状況は，人間の心理的な生存と成長にとってもっとも重要な情緒的体験を提供してくれるといってもよい状況である。換言すると，自己対象的環境という，共感を通じて私たちの心理的生活への理解と関与を試みる人間的な環境から注目されている状況である。…実際に分析家は患者の内的な生活に集中的に注目するのであり，そこでの理解の成功や失敗が，いわば精神分析過程の本質的な原動力なのである。

(Kohut, 1984, pp.37-8)

　コフートは，科学的客観性というのは神話であり，科学の客観性も相対的なものとして理解するほうがよいと論じており，分析的環境における分析家の役割についての新たな理解を提唱する。彼がいうには，分析家は，影響を与えない架空の中立的な観察者ではなく，むしろ，傾聴する人間として存在することで分析過程に影響を与える。実際のところ，分析家という共感的な存在が，眠っていた自己対象欲求を呼び覚まし，治癒過程において「原動力」として機能するのである。

精神分析的治癒の本質

　精神分析的治癒に関するコフートの議論は，その教育者としてのスタイルの優れた例である。コフートは古典的な理論に精通していることを利用して，古典的な立場と彼自身の立場の比較を進める。コフートがいうには，フロイトの局所論モデルに従うかぎり，治癒は無意識系の内容についての気づきが増大する結果である。フロイトのモデルでは，疾患は，抑圧障壁を形成する力によって無意識系のなかの隔離された，手なずけられていない欲動と願望に由来する。治癒は，抑圧が減少して，無意識系の内容が意識的領域にもち込まれるときに起こるとされる。このモデルでは，治癒の本質は認識が拡大することにある。しかしコフートの理解する治癒は，認識の拡大にあるわけではない（もっとも，結果として自己への気づきは通常，広がっていくが）。

　フロイトの三極モデルは，局所論にもとづく治癒の理論に変更をもたらした。フロイトのそのモデルは，ある機械的な装置を想定する。その装置は，欲動の表出や処理，支配をめぐって葛藤し合ういくつかの機関からなる。このモデルによると，治癒は，自我が欲動への支配力を獲得しようとして自らの領域を拡大した結果である。自我が欲動への支配力を強めることによって，欲動派生物によって生じる罪悪感や不安から防衛的に回避しなくてはならないという事態が減少するのである。コフートはこのモデルとコフート自身の観点を対比させる。コフートの観点では，自我の拡大はたしかに分析の結果として起こるが，しかしそれはかならずしも治癒の本質ではない。コフートのモデルでは，自我の拡大は二次的な結果なのである。

治癒を構成する要因

　治癒に関するコフートの理論は，いったいどのようなものか。自己心理学は，治癒過程をいったいどのように理解するのか。コフートの見解では，治癒過程は三つの要因からなる。そのうちの二つは技法的なものでる。その第一のものは防衛分析に関係しており，第二のものは，展開する転移をめぐる徹底操作に関係する。これらの二つの技法的な要因は，古典的な分析の場合と同じだが，後述するように，防衛への自己心理学的アプローチと，転移に

ついてのコフートの理解（1966，1968，1971，1977）は，古典的立場とは異なる。

　分析的な治癒に関してコフートが理解している第三の要因は，古典的な立場と根本的に異なっている。だが，この要因はもっとも重要なものである。コフートは，その要因について，「治癒の目的と結果を定義づけるために本質的な要因である」（p.66）と考えている。この第三の要因は，（抑圧あるいは分裂・排除された未修整の自己愛的欲求の水準ではなく）成熟した成人の水準に見られる，自己と自己対象の共感的なコミュニケーションの確立である。分析の目標のこうした移行は，正常な自己愛の発達と自己対象の重要性に関するコフートの理解にもとづいている。臨床的な観察を引き合いに出しながらコフートは，自己対象への欲求は生涯を通じて存在するのだと主張する。コフートがいうには，分析を通じて自己は，自己を太古的な自己対象に縛りつけている早期の欲求から自由になる。分析を通じて，理想化された自己対象との融合や，肯定してくれる自己対象による映し返しを求める<u>未修整の欲求</u>が減少するのである。しかしながら，自己対象とその機能を求める欲求は消失することはなく，むしろ生涯にわたって存続する。太古的な自己対象に縛りつけていたものから解放された自己は，分析が終了した後には，以前よりも成熟した水準でより自由に自己対象を選べるようになる。

　コフートの見解では，分析の目標は，強化された自己がより健康的で支持的な自己対象体験を選択する能力の向上である。容易に理解できることだが，この見解は，分離と独立という西洋的な価値観を帯びた目標に向かって作業する古典的立場の見解とは根本的に異なる。自己対象への持続的な欲求をめぐるコフートの思考は，自我心理学の概念に準拠していた早期の仕事において表現された彼の思考から進化したものである。1971年の段階では，コフートは，成人のパーソナリティを自律的な組織として，つまり「自己対象との結びつきを放棄した，換言すれば養育的な自己対象的環境を求める欲求を克服した組織」（p.218）として概念化していた。しかしここにいたって，「独立」と「自律性」という西洋の倫理から解放されることで，コフートは生涯にわたる自己対象欲求を認めることができるようになる。分析的治癒の必須条件は，「自律性」の漸進的な確立というよりも，自己対象との成熟した共感的

な接触の漸進的な確立なのである。

適度の失敗を介してもたらされる強化

　コフートは分析の本質的な目標と結果を明確にする際に，分析の期間に自己を強化するある過程に注目する。コフートが以前に述べたように，自己対象－分析家の側の非外傷的な失敗が，分析過程にとって重要なのである。この点についてコフートは，次のような技法上の提案を行っている。

> 　分析の早い段階で自発的に確立される分析家への自己対象転移によって提供される，静かに支える母体は，繰り返し損なわれる。それは，分析家の不可避的な，しかし一時的な（それゆえに非外傷的な）共感不全，すなわち「最適の失敗」が起こるからである。分析家が理解に失敗したり，分析家の解釈が誤っていたり，不正確であったり，不適切であったりすると，被分析者はそれに反応して，共感を頼りにしている状態から早期の自己対象関係に一時的に後退する。たとえば，早期の理想化された全能的な自己対象と融合したいという欲求や，即座に完全に映し返してほしいという欲求が再動員される。被分析者は，分析中に生起した最初の自己対象転移のなかですでに一時的に放棄していた早期の関係にもどるのである。‥‥分析家は患者の退却に気づいたときにその行動をしっかりと見つめ，開かれた精神でその連想を聴かなくてはならない。開かれた精神で聴くという表現で私が伝えたいことは，次のことである。つまり，分析家が保持する理論的な前提概念がいかなるものであろうとも（クラインの理論，ランクの理論，ユングの理論，アドラーの理論，古典的な分析理論のいずれであろうとも，もちろん自己心理学理論であろうとも），患者についての理解をそれらの厳格な枠のなかにむりやり押し込めたくなるという誘惑に抵抗しなくてはならないということである。患者の欲求の本質をより正確に把握して，分析家の理解をより正しい解釈を通じて患者に伝えることができるようになるまで，そうしなくてはならないのである。
>
> 　　　　　　　　　　　　　　　　　（Kohut, 1984, pp.66-7）

いかに説得力のある理論であろうと，それが正統派にありがちな硬直性でもって実践に適用されることに対して，コフートは警告を発する。その際にコフートが強調するのは，被分析者の体験への共感的な没頭が最適な分析的環境をつくり出すのだということである。コフートは，傾聴され理解されるべき内容を方向づけ，傾聴され理解されたものを秩序づけるためには聴き手は理論をもたなくてはならないことを認めるが，しかし彼は，理論はあくまで手助けになるものであって，主(あるじ)ではない，と警告する。理論は背後に置いておかれるべきものであって，背後でまとめ役として機能するものなのである。その一方，私たちは被分析者の体験のそれぞれに開かれた精神で耳を傾けるのであり，理解したことを，はやりの理論が提示するお決まりの融通のきかない枠に押し込めるようなことはしない。だがしかし，どのように開かれた精神でいようとも，分析家は，いつかは被分析者を誤って理解してしまうであろう。しかし，分析家が，間違うこともあり得るという可能性に開かれた態度を保つことができ，患者が分析家の誤りを正すことを許容できるならば，害はないであろう。もしも分析家が理解の失敗を認めて，引きこもりや怒り，不安といった患者の反応を受け入れることができるなら，過ちは「最適の失敗」になるであろう。そういうわけで，分析家の課題は，誤った理解とそれへの患者の反応を，防衛することなく認め，次いで，患者の退却の力動を批判せずに解釈するということになる。この仕事は，分析の過程において何度も起こるであろう。コフートは次のように述べる。

> 最適の失敗が起こるたびごとに，分析状況の内外で遭遇する共感の失敗に対する患者の回復力が増してくるであろう。つまり，それぞれの最適の失敗の後に，新たな自己の構造が獲得され，またすでに存在していた自己の構造は確固としたものになるであろう。そうなると今度は，これらの発達は，患者の自己評価の基本レベルを上昇させる——たとえそうした構造の増大が微細なものであり，被分析者と分析家にそれとして感知されないほどであるにせよ。
>
> (Kohut, 1984, p.69)

共感的な共鳴と非外傷的な欲求不満

　コフートは，正常な発達過程が健康な自己を形成するためには二つの出来事が必要だと述べる。最初のものは，自己と自己対象とのあいだでかわされる基本的な調律の体験である。第二は，自己対象とのあいだでのそうした調律体験の非外傷的な失敗の繰り返しである（つまりコフートのいう「最適の欲求不満」である）。この二段階の発達過程は次の二つの結果にいたる。

①最適の欲求不満は，変容性内在化の過程を通じて新たな内的構造の形成をもたらす。
②こうした新たな内的構造によって，自己は，全体性を感じるために理想化自己対象，鏡自己対象，および分身自己対象との融合を求める段階から，自己対象の共感的な共鳴による支持を体験できる成人期の生活に移行できる。幼児が融合していた自己対象によってかつては果たされていた自己評価機能は，最終的に，家族や友人，仕事，文化といった成人期の自己対象的な環境によって提供される。

　コフートは，分析的な治癒を次のようにまとめる。

　　治療が成功する理由は，被分析者が…幼児期に妨害された自己の欲求を自己対象転移のなかで再活性化できるからである。いったん再活性化されたこれらの欲求は分析状況のなかで生き続け，そして最適な欲求不満の波に何度もさらされる。そうしたことが，患者が最終的に，成人の環境に存在する利用可能な自己対象の助けを借りて自己を支えるという確かな能力を獲得するまで，続くのである。したがって自己心理学の立場からは，分析的治癒の本質は新たに獲得された患者の能力である。つまり，適切な自己対象（映し出す自己対象および理想化できる自己対象）が現実の環境に現れたときに，それを自己対象として同定して追い求めることができ，そしてそれらからの支持を体験できる能力である。
　　　　　　　　　　　　　　　　　　　　　　（Kohut, 1984, p.77）

分析過程は自己に対して構造と安定性をもたらすが，しかし，自己対象体験を求める欲求から自己を解き放つことはない。コフートは，心理的な生活における共感的な共鳴への欲求と，身体的な生活における酸素への欲求との類似性を指摘する。いずれの欲求も力強い。成功した分析は，対象からの独立をもたらすわけではない。その反対に，自己がより健康的な自己対象を選び，生涯にわたる自己愛的欲求のためにそうした自己対象をよりうまく使用できるようにするのである。

　分析的な治癒を概説する際にコフートは，分析は洞察の獲得よりも「修正感情体験（corrective emotional experience）」[訳注]を提供するのだと主張する。自己における欠損は，共感的に理解される体験と，構造の形成を導く「最適な」欲求不満に非外傷的に遭遇するという体験を通じて修正されるという。コフートが主張するには，「修正感情体験」という用語は有益だが，不運なことに，分析過程に関するフランツ・アレキサンダー（Franz Alexander）の不幸な誤解と結びついている。コフートは自分が誤解されないように，自分が愛情や共感，理解を通じた修正感情体験を提案しているわけではないことを強調する。共感はまず何よりも分析家が資料を集めるための手段なのであって，治癒を引き起こす積極的な作用因（agent）ではないのである。だが二次的に（かといって重要性として劣るわけではない），資料を集めるた

訳注）本文にあるように，フランツ・アレクサンダーが提唱した治療作用（治療要因）をめぐる概念である。それは，分析関係が，患者の神経症の起源となっているかつての外傷的な関係を修正するような情緒的な関係を提供する側面を重視し，それを治療要因として明確にしたものである。患者が転移対象とは異質の新たな対象として分析家を情緒的に体験することの治療的な効果を強調したことの意味は大きいが，しかし，①転移の分析，内的葛藤の解消こそが治癒をもたらすという治療論からの逸脱，②転移対象とは異なる対象像や，それに関わる関係や雰囲気を意図的，操作的に提供するので「中立性」に反するなどの理由から，伝統的な立場からは批判されている（『精神分析事典』［岩崎学術出版社，2002］）。伝統的な立場からは，アレクサンダーの治療（論）は「分析的ではない」治療（論）とみなされ，コフートの治療も，それと同種の「愛情や共感，理解」によるものだと批判された。コフートは，治療関係のなかで新たな関係や情緒を体験することの治療的な重要性を認める点では「修正感情体験」を評価するが，しかし本文にあるように，一次的な治療操作として「修正感情体験」を引き起こそうとしているのではないことを強調している。概してコフートの論述には伝統的な立場からの批判への考察や再批判が多いが，伝統的な分析家であったコフートは，彼の新たな理論や治療への伝統的な立場からの批判をよく理解しており，彼の論述は彼のなかの伝統的分析家の部分と自己心理学者の部分との葛藤の産物でもある。

めの共感とまったく同一の共感が，有益な効果をもたらす。その理由は，コフートがいうように，共感的に理解されるという体験は，心理的な生活にとっての酸素だからである。分析家のなかには，共感的に理解されるという体験がいつまでも患者を分析家に縛りつけるのではないかと心配する人たちがいるだろうが，コフートは彼らの懸念を払拭するために次のように述べる。共感的な共鳴は，分析状況の外の世界において新たな様式で自己愛を維持することを患者に促す発達的な推進力を再活性化するのである，と。

第 11 章

『自己の治癒』Ⅱ：治癒過程についての再考

治癒過程に関する自己心理学的再評価

分析場面：分析家の態度，分析的雰囲気，および治癒の理論

　理論の変化は最終的に技法の変化をもたらすので，私たちは次のように問わなくてはならない。コフートによる新たな理論は，どのような技法上の変化をもたらすのか。その理論によって分析的態度は多少とも変わるのか。治療室での雰囲気は，変化するのか。

　コフートは，自己障害の患者への分析的アプローチは伝統的な分析的アプローチと同じだと信じている。しかしながら，患者の自己愛的欲求についてのコフートの新たな気づきは，それらの欲求が転移に現れる際の現象に対する彼の態度に変更を促し，彼の治療室に新たな雰囲気を生み出した。自己愛的欲求に関する新たな理解にもとづいて，分析家としてのコフートは，自分自身が，停止していた自己愛的欲求の対象なのだと考える。彼はいまや，再活性化された自己愛的欲求，つまり，理想化された対象との融合や，映し出す対象による肯定，人間性を保証する分身との双子的関係を求める欲求を肯定的な事象として理解する。それらは，かつて阻害された発達の道を改めて歩む動きとして歓迎されるのである。コフートは，停止していた自己愛がこのように活性化されて表出されることを拒否することも批判することもない。むしろ，それらの表出を，（幼児期の外傷的な欲求不満のために影をひそめていた）正当な欲求が治療によって生きいきと蘇っているのであると説明する。再活性化された自己対象欲求は，分析における肯定的な展開の現れとして迎えられるのである。

　対照的に欲動心理学の立場の分析家は，分析家への理想化と誇大的‐顕示

的な願望を防衛的方策として理解し，それらは，背後の性的欲動および攻撃的欲動をめぐる罪悪感と不安から患者を保護するために動員されるのであると考える。これらの再活性化された自己対象欲求が防衛として理解されると，そうした欲求は，欲動をおおっている蓋を取り除くという分析作業を妨害するものとして判断される。欲動－防衛に関する理論は，自己愛の発達上の産物を治療妨害的な方策だと考えるために，欲動－防衛論的な技法として正しい方法は，これらの歓迎できないように見える防衛的動きに対抗することである。

　欲動－防衛の心理学と自己心理学のそれぞれが勧める治療的態度は，非常に異なる。コフートは自己愛転移をその背後の自己対象欲求とともに受け入れることによって，彼の治療室により友好的な雰囲気をもたらす。だからといって，そのようにするために自己心理学的な分析家が何か特別なことを行うわけではない。患者に体験されている現実を理解し，受け入れることと，（患者にとってしばしば屈辱的な）自己対象欲求の出現を許容すること以外には，何も必要なことはない。その一方，古典的な理論家は，停止していた自己愛の表出を防衛的な活動として考える。そして彼らは，患者の体験の現実性よりも，隠された力を暴露することのほうを好むという，ひそかに疑った批判的な態度を採用する。

　コフートは「症例Ｚ：二つの分析」を引用しながら，彼自身の分析的態度が，自己対象欲求に気づいた結果，どのように変化したかを具体的に示す。コフートは回顧して，以下のように言及する。自己愛的欲求の表出を「本当の問題」からの回避的な退行であると理解していたときには，彼の作業のなかにひそかな拒否感と非難が含まれていた。しかしその後，彼が患者の自己愛的欲求を妥当で正当であると理解し，それを受け入れたときには，分析場面の雰囲気は変化し，以前よりも友好的で，道徳的色彩のより少ない雰囲気が確立された。たとえばＺの場合，コフートは，幼児期の自己愛的な欲求が停止していたことがＺの障害の一次的な要因であり，それらの欲求の分析中の活性化が発達の再開を可能にしたと理解した。このようにＺの自己対象欲求を一次的で非防衛的であると理解したことで，コフートは，それらの出現を分析における前進として歓迎することができたのである。印象的な言い回しで，コフートは，変化した治療室の雰囲気について描く。

もしも分析家としての私の人生において学んだ教訓が一つあるとすれば，それは，患者が私に語ったことはおそらく真実だということである。つまり，私はいく度となく，自分が正しくて患者がまちがっていると信じることがあったが，明らかになったのは（長い探索の後にようやく分かることもしばしばであったが），私の正しさは表面的であり，<u>患者の正しさは深いものであった</u>ということである。

(Kohut, 1984, p.94)

技法に関する考察：理解すること，説明すること，および誤った解釈の治療的影響をめぐって

　何が治癒をもたらすのかという問題は，二つの方向から取り組むことができる。一つは，治癒を導く再開された発達過程を描写する方向であり，もう一方は，その発達過程を活性化するための技法上の留意点を述べる方向である。コフートは仕事の大部分を費やして，最初の方向からの論述を詳しく行っている。つまり彼は，分析が，停止していた発達過程の再開を通じてどのように治癒をもたらすのかという点について述べるのである。その一方で，『自己の治癒』（1984）においては，第二の方向，つまり治療的な発達過程を活性化するための技法上の課題に注意を向ける。ここにいたってコフートは，休止状態の心理的布置を活性化し，それらを本来の発達経路に沿って動かすために，分析家は実際に何を行っているのかという実践的問題について扱う。

　分析家が行うことに関する「いかに（how to）」をめぐる疑問に答えるために，コフートは次のようなやっかいな問題を提起する。もしもコフート自身の理論が正しいのであれば，エディプス神経症が伝統的な立場の分析家によって首尾よく治療されることが，いかにして可能になるのか。私たちは，私たち以外の（異質でさえある）理論を用いる分析家によって成功した自己愛障害の治療をいかに説明したらよいのだろうか。

　コフートは，この逆説めいた現象について技法上の考察を行うために，クライン派のある分析家の仕事に言及する。コフートは，その分析家の症例報告の一部を取り上げる。あるとき分析家は，予定していたセッションを取り消さなくてはならないと彼女の患者に告げる。その次のセッションのとき，

患者は沈黙を続け，分析家から何を体験しているかを話してほしいと求められても何の反応もしない。分析家はその引きこもりにも温かく応じて，次のようにいう。予約の取り消しが告げられたことで，患者が分析家に感じていたものが，それまでのよい温かい乳房から，いまや悪くて冷たい，授乳を拒む乳房に変わったのにちがいない，と。さらに分析家は，患者が加虐的な怒りを感じており，分析家を噛んで引き裂いてバラバラにしたいと思っている，という。分析家はつけ加えて，これらの衝動を防衛するために，患者は自分の活動，とくに口の活動を抑制し，そのためにいまや話すことができないのである，という。すると患者は穏やかになる。患者は，分析家に噛みつきたいという空想を表現し，そこで気分がさらによくなる。2人とも，分析家がそれまでのよい乳房の状態にもどったことを認める。

コフートは以下のように示唆する。ここでの解釈が，もしもエディプス的な用語を用いて，父親とのセックスのために寝室に鍵をかける母親に置き去りにされたように感じていると説明していたとしても，同じように効果的であったかもしれない。また，自己心理学的な用語で，患者の自尊感情が分析家の不在の予告によって傷ついたのは，幼児期に支持し肯定してくれた料理人が冷淡な母親によって不意に解雇されたときに幼い自尊感情が傷ついたのと同じようなものであると説明していても，やはり効果的であったであろう。

こうした示唆は，コフートがすべての理論を受け入れる折衷主義者だということを意味するのか。その反対にコフートは，いずれの解釈も有益な結果をもたらしたかもしれないが，正しいのはただ一つの解釈のみであると信じている。どうして，そうしたことがいえるのか。

コフートは，その種の疑問に答えようとしたエドワード・グローバー Edward Glover（1931）の試みに言及する。グローバーはその有名な論文で，ある不正確な解釈がもたらした治療的な効果について述べた。グローバーは，その不正確な解釈による有益な効果は患者の被暗示性のせいだと考えたが，コフートは，グローバーの考えには同意しない。コフートは，その解釈の言葉にされた内容は不正確だったかもしれないが，その一方，伝達されたメッセージの本質的な部分は正しいのかもしれないと感じている。クライン派の分析家の例では，分析家によって人間味や温かさとともに表現された本質的

メッセージは，予約の取り消しのために患者がひどく動転したことをしっかりと理解していることを伝えているのである。患者の動転を分析家が察知していることが，患者が聞いて分かったことの本質的な内容なのである。動転に関してこの分析家が行った力動的説明は，本質的なことではない。力動的説明は，クライン的な用語，フロイト的な用語，あるいは自己心理学的な用語を用いてどのようにでも表現できる。しかしながら，もしもこの分析家のメッセージが伝えられる際に，適切な温かさを伴っていなかったり，そこでの言葉が動転を察知したものではなかったとすれば，分析家は，自分の理解していることを伝え，修復的な反応を引き起こすこともできなかったであろう。

　コフートはこの症例の検討を通して，完全な技法的介入は二つの要素を含んでいることを示す。つまり，①理解の要素と，②説明の要素である。実践においては，解釈のこうした二つの要素あるいは段階は相互に関連し，しばしば一つの介入において一緒になっている。コフートは，ある患者たちの場合には，説明の提示が可能になるまでに，特別に長い，理解のみの期間が必要となるという。

　クライン派の分析家が報告したやり取りは，介入の一つの例だが，コフートはこの例を用いて，説明の段階と理解の段階を区別してみせているのである。クライン派の分析家は，予約の取り消しをめぐる患者の当惑体験を正しく理解し，その理解を伝えている。コフートが感じるところでは，その際の力動的な説明はまちがったものだが，しかし分析家の「的はずれの」説明でも，中心的な体験が理解されているので，患者には耐えられるのである。不正確な解釈でも有益な場合があるのは，そうした解釈が二段階の解釈過程の正しい第一段階に関係しているからである。不正確な「的はずれの」説明でも，心理的構造の形成に貢献するのである。コフートは次のように問う。では，二つの段階からなる解釈過程の第一段階だけで，構造の形成に影響を与えることができるのだろうか。できるとすれば，いったいどのように構造を形成することができるのか。こうした治療は，ただ単に愛情，優しさ，および理解を通じた治癒の変種ではないのか。

　これらの疑問に答えるために，コフートは，彼の中核的な理論，すなわち，

心理的構造が形成される過程は最適の欲求不満に導かれるという理論をもち出す。ではいったい，先ほどの分析家が自らの理解を伝達したことが，どのように最適の欲求不満になるのか。コフートは答える。

> それが欲求不満をもたらす理由は，分析家が，患者の感じていることを<u>理解</u>し，患者の動転が正当なものだということを<u>承認</u>しているにもかかわらず，…分析家はまだ患者の欲求に応じた<u>行為</u>を行ってはいないからである。クライン派の分析家の例では，セッションの恒常性と連続性が，分析家の来たる不在によってなおも妨害されるであろう。だが，そのことが最適の欲求不満となる理由は，コミュニケーションが患者の欲求になおも応答しているからである（その程度は直接的な行為には及ばないが）。それが最適の<u>満足</u>というよりも最適の<u>欲求不満</u>である理由は，多少とも正確な分析家の理解を通じて共感的な絆が分析家と患者のあいだに確立（再確立）されるものの，しかしその絆は患者の欲求の実際的満足の代理でしかないからである。強調されるべき点は，これらの要素はすべて，なおも，治療を構成する基本単位のなかの理解段階にとどまるということである。
>
> （Kohut, 1984. pp.102-3）

介入の理解段階で分析家が伝えているのは，患者が分析家とのあいだで動転したことに分析家自身が気づいていることである。患者の動転は欲求不満である。分析家が自らの理解していることを伝えたことが，その欲求不満の外傷的な強度を和らげており，そのことがその欲求不満を<u>最適な</u>ものにしている。コフートは最適の欲求不満を詳細に検討し，それが三つに細分化できる事象からなる連続的現象であるという結論を下す。その三つは以下のとおりである。

①<u>欲求</u>　早期の自己愛的欲求の再活性化が，分析家への自己対象転移において体験される（私たちが検討した症例では，理想化された自己対象との途切れることのない融合を求める欲求が蘇って，分析家

に途切れることなく存在してほしいという願望のなかに表現されている）。
② <u>途絶</u>　再活性化された自己愛的欲求が自己対象によって応えてもらえないという失望が起こる（症例では，復活した自己対象欲求の挫折は，来たる予約の取り消しが分析家から知らされたことで惹起されている）。
③ <u>修復</u>　自己と自己対象とのあいだの共感的な絆が再確立される（症例では，修復がもたらされたのは，予約の取り消しの知らせによって生じた患者の内的混乱を分析家が理解していることを伝えたからである）。

コフートの主張に従うと，この欲求－途絶－修復の継起は最適の欲求不満の一環として，健康な発達ならびに分析状況において起こる。そのことは遍在的であり，伝統的分析の状況においても自己心理学的分析の状況においても起こるのである。コフートは次のように述べる。

> 私が信じるところでは，精神分析（伝統的精神分析）は，<u>いつも私が提示した三段階の過程を通じて成功を収めてきた</u>のであり，自己心理学がもたらした本当の前進がただ一つあるとすれば，自己心理学が精神分析理論を拡大したことである。とりわけ，阻害されていた発達性の欲求の転移中の再活動の全領域が，自己対象転移の発見を通じて理論的に解明されたことである。
>
> （Kohut, 1984, p.104）

あるやり取りをめぐって，それが実際に「分析的」なのかと疑う，しばしば意地悪な質問はさて置いて，コフートは，本当の分析的介入とは何かという疑問に向かう。彼にとって分析的介入は，解釈を構成する理解と説明という二つの要素の両者を含むものでなくてはならない。いずれもが，分析過程には欠かせないものである。このことは別の疑問を提起する。もしも構造形成が，最適の欲求不満をもたらす理解の段階のみで可能であるとすれば，説

明の段階が必要なのはなぜか。その段階の機能は何か，またそれは構造形成の過程に何をつけ加えるのか。

それに答えるためにコフートは，説明の段階を検討し，さらに二つの要素を区別する。

（a） 力動的な要素。これは，患者の現在の情緒的な反応を，いまや転移において体験されている復活した発達性の欲求の観点から説明する分析家の陳述である。
（b） 発生的な要素。これは，患者の早期の生活体験について検討し，それらを用いて現在の転移体験の起源を説明する分析家の陳述である。

以下は，私たちが検討してきた臨床状況を例に用いて完全な解釈の拡大版を示したものである。分析家は，来たる予約の取り消しを告げた後の患者の引きこもりに次のように反応する。

1　理解段階：
「あなたは，私たちが近いうちにあるセッションを失うことを告げられたことで動転したために，私と口を利く気になれない。私の伝え方がいきなりでぶっきらぼうなものに見えたので，あなたは傷ついた」
2　説明段階：
「あなたがそのように感じた理由は」
（a） 力動的な陳述として：
「あなたは，安心感とまとまりの感覚を体験するために私を頼りにするようになっており，関係が途切れるようなことがあると，混乱してしまうからである」（この陳述は，理想化転移とその断絶についての説明を提供する）
（b） 発生的な陳述として：
「あなたは幼かったころ，すべての子どもたちと同じように，安心感とまとまりの感覚を体験するためにお母さんの一貫して途切れることのない存在を必要としていたので，このように関係が途切れるこ

とに特別に敏感になっている。孤独で抑うつ的であったお母さんは，（しばしば予告もせずに）あなたから離れることが頻繁にあった。あなたを残してお母さんは，自分の母親と過ごすために長い旅行を続けることが多く，そのあいだあなたは何人かの子守りに世話をされたが，そのうちのだれもあなたのことを本当にはよく分かっていなかった」（この陳述は，理想化自己対象へのもともとの欲求と，幼児期に起こったその外傷的な挫折——それは現在の挫折への患者の過敏性を引き起こしている——について中立的に説明している）

説明段階の機能をめぐる問題にもどろう。コフートがいうには，この段階は，理解段階の効果を増大させる。説明段階はその際に，解釈全体の特性を質的に変える。完全な発生的－力動的な説明は患者に二重の影響をもたらす。つまり，

①分析家との共感的な絆の現実性に対する患者の信頼は，分析家が理解の深層部にあるものを説明するときに強化される。こうした体験はまた，患者の自分自身への共感的な理解を深いものにする。
②発生的－力動的な二段階の説明は，患者が転移体験の意味について考えるための持続的な方法を提供する。時が経つと，理解段階そのものはあいまいなものになり，まとまりを失う傾向がある。完全な力動的－発生的な説明が追加されることで，患者が人生の物語という文脈で転移体験について考えることが可能になる。こうした文脈で理解されることによって，途絶はより大きな意味を帯びてくる。そうなると，患者が，分析家の別の不在状況における同様の体験を理解することさえも可能になる。力動的－発生的な説明は，徹底操作過程における重要な手段である。

分析の経過中に何度となく繰り返されるこうした二段階からなる解釈の基本単位，つまり理解とそれに続く説明が，コフートが分析的治癒をもたらすと信じる技法的要素である。この技法上の方策は，分析家の理論的な立場が

いかなるものであろうと，転移が解釈され徹底操作される分析のすべてにおいて同じである。この治療的方策は，自己心理学的治療に特有だというわけではない。

新たな構造はつくることができるのか

　心理的構造の形成は，治癒過程にとって本質的要素である。コフートは，分析中に形成される構造は新しいものか，あるいは幼児期から脆弱な状態で存在していた構造の修復されたものか，と問う。それに答えてコフートは，まったく新しい構造をつくることはできないと述べ，その理由について，中核的な自己は新たに確立されることなど不可能であるからだという。分析で形成される構造は，古くて欠損のある不安定な構造が修復されたものであり，分析治療は，もともと存在しないものを提供することなどできないのである。こうした理解は，診断と治療方策に関する示唆を含む。精神分析療法が効果的であるためには，患者が自己の基礎的な部分を備えていることが前提である。分析的治癒にたどり着けるためには，分析状況において動員される転移のなかに，幼児期に停止した欲求を再活性化させる能力が必要である。コフートがその概略を示した分析治療は，顕在的あるいは潜在的に精神病的な人びとには有効ではない。

分析的治癒の本質的要素に関するコフートの見解の要約

　ここで，コフートが分析的治癒にとって本質的だとみなしている要素について，図式的に要約しよう。それは，コフートのもともとの考えを分かりやすく提示し，コフートが概念化している治癒について考えやすくするためである。

1 精神的健康：分析治療の新たな目標に対応するコフートの新たな健康概念
（a）コフートによると，精神的健康は，自己が一方の極からもう一方の極にいたる連続線上で機能している状態として現れる。それは，構造の形成を促進する健康的な幼児期の結果か，あるいは幼児期にお

いて阻害されていた構造が停止中の自己愛的布置の再動員を通じて発達を遂げるという成功した分析の結果である。
（ｂ）精神的に健康な人間の人生においては，自己の機能的な連続性とまとまりが内的な能力と技能の発揮を可能にしており，それが今度は自己愛的な満足の源泉を豊富にする。

2 構造形成過程：構造の新たな強化に貢献する再活性化された発達過程
（ａ）欠損のある構造の機能的な回復は，停止していた自己愛的欲求が<u>動員</u>されて，それらがいまや分析家への自己対象転移という体験として出現することによって起こる。
（ｂ）（最適の欲求不満によって導かれる）<u>変容性内在化</u>は，上述の動員がいったん起こった際に自己の強化をもたらす過程である。

3 技法：構造化を促進する二段階の介入
（ａ）<u>理解段階の介入</u>。分析家は患者の情緒的体験への共感的な没頭を通じて，患者の内的な生活に関する資料を手に入れ，適切なときに理解を伝える。共感は分析家の資料収集の手段であって，治療技法ではないのだが，しかし，理解されているという患者の体験は，心理的な生活に欠かせないものである。そのことが二次的に治療的利益を生むのである。
（ｂ）<u>説明段階の介入</u>。分析家は，患者の早期の体験に関する理解（発生的再構成）を現在の状況についての理解に追加する。分析家は知的な決めつけに陥ることなく，早期の特殊な体験がいかにして現在の状況の力動において再演されているかを説明する。説明はどんなに感受性豊かに伝えられても，現在の体験の直接性からはわずかながら隔たっている。そうした説明は，理解に認知的要素をつけ加える。このことが，患者がその人生という文脈に照らして自らの体験について考えることを可能にし，徹底操作を促進し，最終的に自己を強化するのである。

防衛と抵抗への自己心理学的アプローチ

　いうまでもないことだが，私はある自明の原則を繰り返したい。つまりそれは，病を生み出す力についての理解は，その病を治すための合理的試みを教えてくれるということである。ここでしばらく，身体医学からの例を考えてみよう。局所的に細菌に侵入された身体は，侵入している細菌を膿瘍などの防衛的組織に封じ込めることによって，全身的感染から自らを保護する。しかしその一方，膿瘍膜は，侵入している細菌を身体の免疫反応の及ぼし得る影響から保護し，細菌が防衛的組織という保護された環境のなかで成長することを可能にする。こうした医学的な理解や情報によって，膿瘍を治療する技術は，膿瘍膜を切開して，内容物を排出するというものなる。

　膿瘍形成の過程についての理解がその治療を決定するのとまったく同じように，一定の心理的状態についての詳細な理解は，その治療アプローチを規定する。心についての理論は，心理的問題への臨床的アプローチを決定する。このことを認識したうえで，私は，精神分析における防衛と抵抗の技法的取り扱いついて話を進めたい。心は，やっかいな感情や情緒の侵入という脅威に対して一連の防衛でもって反応する。臨床状況では，防衛は抵抗と呼ばれる。歴史的には，防衛と抵抗の分析は精神分析の治療戦略の中心的位置にあり，もっぱらフロイトの心のモデルによって導かれてきた。私はそこでまず，防衛と抵抗への古典的なアプローチを論じ，ついで，防衛と抵抗という心理的な保護的方策についてのコフートの理解にもどりたい。

　フロイトの局所論モデルの概念では，欲動−願望からなる無意識系は，意識から壁で仕切られている。それは，膿瘍の有害な内容物が身体から壁で仕切られているとのと同じようなものである。この局所論に従うと，精神的な病を治す技法は，膿瘍の医学的治療と似たものになる。保護的構造——それは精神的な病の場合には防衛と抵抗から構成されている——は，切開され，その有害な内容物——欲動とそれに関連する不快な情緒——は暴露されなくてはならない。防衛と抵抗の分析，つまり有害な無意識的素材を取り囲む防衛的な鎧に穴を開けることは，伝統的な分析技法の主要な要素である。こうした医学的なアプローチが正式なものになったのは，フロイトが次のように

提案したときであった。分析家は，「精神分析治療のあいだ，あらゆる感情を（人間的な同情心さえも）脇に置いておく外科医を自らの手本とする」べきある（1912, p.115），と。

その後，フロイトの構造論が精神的機関の概念を導入した（1923）。そのモデルに従うと，治癒が起こるには，自我が無意識的な欲動を手なずけなくてはならない。このモデルでは，分析技法は，欲動が転移と転移性の行為化（enactment）のなかに現れるときに，患者にそうした欲動の存在を教えることを含んでいる。しかしながら，欲動 − 願望は不安や罪悪感を帯びているので，患者はさまざまな無意識的な性格防衛を用いて，欲動 − 願望が自覚されることから自らを守ろうとする。古典的な分析家が，出現している防衛を分析の進展への抵抗として理解するのも，防衛が欲動についての認識を妨害すると考えられているからである。おのずと分析家の聴き方は，抵抗の存在への感受性によって導かれる。分析家の技法上の主要目標は，抵抗の存在を同定し，そこで抵抗の防衛的な機能を解釈することによって，抵抗を克服することにある。古典的な分析家にとっては，防衛と抵抗の分析がそれ自体で目的になる。そこでは，欠損のある自己の基底にある抑うつと，自己の損なわれた心理的発達——コフートはそれらがパーソナリティの中核にあるとみなしている——は，主要な焦点にはならないのである。

フロイトの伝統的なモデルは，いい間違いや，夢，各種の行動制限，さまざまな症状形成といった精神過程を説明するが，しかし，人間の複雑な精神状態を説明することはない。この伝統的なモデルは，パーソナリティの形成についても，また発達の停止が自己の形成に及ぼす影響についても，適切な説明を提供することはない。自我心理学者が構造論モデルを拡大したのは，発達上の問題を考察し，発達の停止した自我の阻害された成長に注目したときであったが，しかし彼らはなおも，その中核にある自己の枯渇よりも自我の諸機能を強調した。

対照的に自己心理学者にとっては，病は無意識的な欲動の結果ではなく，自己の発達の停止した結果なのである。その治療的な努力は，知識を拡大して自我の領域を増大させることにあるのではない。自己心理学者にとっては，治癒は自己の脆弱化した構造が修復されることで起こるのである。修復は，

自己対象転移の動員——それは自己対象欲求の表現として理解され，生育史の文脈で説明される——を通じて生じる。コフートは，抵抗への伝統的なアプローチと，彼自身の新たな観点について以下のように考察している。

> 欲動−願望，防衛，および抵抗を分析することが，長いあいだ治療の最終目標とみなされてきた。分析家は，…その伝統として，欲動−願望，防衛，および抵抗といった心理的な布置に対して，患者が抱えるもっと重要な背後の問題に向かう際の過渡的な問題として注目するようなことはなかった。むしろ彼らは，そうした布置そのものに時間をかけて集中的に取り組んだ。それは，いったん欲動−願望，防衛，および抵抗が十分に分析され徹底操作されると，それに続いて他のあらゆる治療的な現象が起こるであろうという信念にもとづくものであった。いうまでもなく自己心理学は，科学的客観性についての考え方においても，主要な理論的方針においても，この伝統的な信念と対立している。…
> 　私の個人的な好みは，患者の「防衛（defensiveness）」について語ることであり，…患者の「抵抗」を語ることではない。…
> 　このように，ある程度，熟練した分析家（なかでも自己心理学的な分析家）は，欲動−願望と防衛という観点から患者を眺めることはきわめてまれであろう。…分析中に立ち上がる防衛は，心理的に生き抜くために企てられた活動という観点から理解されるであろう。すなわちそれは，幼児期の自己対象という発達促進的な基盤における重篤な機能不全にもかかわらず，構築し維持できていた中核的な自己のある領域を（たとえその領域の確立がいかに小規模で不安定であるにせよ）何とか守りたいという試みとして理解される。
> 　　　　　　　　　　　　　　　　　　　　　　　　　（Kohut，1984，pp.114-5）

古典的な観点から大きく移行するなかで，コフートは，患者たちの自らを保護しようとする態度を，かつてうまく機能しなかった自己対象からの予想される破壊性と侵入に対して自らを安全な状態に保つ最善の試みとして理解する。コフートは，患者の保護策を分析過程に対する抵抗としては考えない。

むしろ，保護的な態度を，妨げられていた成長をいよいよ再開することができるという待ち遠しい時が訪れるまで，自己の安全とまとまりを確保するために利用可能なもっとも健康的な方法として理解する。

　コフートは，性格的な保護策の使用を「自己保存の一次性の原則」によるものだと考える。彼が信じるところ，心理的な自己を保存することこそが，すべての個人の基本的な原動力であり，自己は有害な環境のなかでは，自らを保存しようとして保護的な見せかけの背後に隠れる。自己は自らを隠して安全な状態に保つために，迎合から攻撃にいたる，あるいは引きこもりから競争にいたるありとあらゆる方法を利用する。治療の過程のなかでは，これらの保護策の特殊な性質が推敲される。そこでは，いわゆる抵抗は，欲動－願望が自覚されるのを避けるためではなく，自己を安全な状態に保つために存在するのである。

　こうした理解は，防衛を掘り起こすという伝統的な分析技法に似ているように見えるかもしれないが，実際にはそれとはまったく異なる。保護的な見せかけについて推敲するという目的は，自己心理学の観点からは，欲動－願望への支配力を自我が獲得するのを手助けしようとして，自我の知識の拡大をはかることではない。むしろその目標は，自己の統合性がどれくらい脅かされているかを患者が理解するのを手助けすることであり，どうしてそうした事態になったのかを理解して説明することである。こうした分析作業は，防衛機能の目的が，失敗した自己対象の破壊的影響から自己のまとまりと安全を守るためであることを強調する。保護的方策への分析家の共感的な理解は，自己対象的な絆を強くし，治療の前進的な動きに貢献する。コフートは以下のように，自己の保護的な方策を尊重する彼の姿勢について述べる。

　　傷ついている自己の欲求が転移のなかで活発になると，患者はそうした欲求を隠すのである，という見方は，父親－分析家に向かう欲動―願望の出現を許してしまうと，被分析者はそこで直面しなくてはならない苦痛と不安に対抗するのである，という伝統的な分析家の見方と同類なのか。けっしてそうではない。これらの患者が示すいわゆる「抵抗」はすべて，自己の基本的な目的に奉仕するものである。それらはけっして「克

服」される必要はない。

(Kohut, 1984, p.148)

症例

　私の患者の一人は，精神力動的精神療法の実践にコフートの概念が適用できることを例証してくれる。傷ついた自己と崩壊した自己をめぐるゴールドバーグ（1980）の区別が，ここでの議論に役に立つ。私は，傷ついた自己を保護していた防衛的態度に焦点を当てる。この症例において私は，その防衛的態度が何のための保護だったのかをいったん認識したあとは，傷の深部を理解することができた。その結果，修復が起こり，自己はその発達の軌道にもどった。

　シンディは受け身的で，無能といっていいほどの女性で，日々の生活において何ごともほとんど決定できなかった。彼女はひ弱な子どものように見えただけでなく，実際にもそう振る舞っており，単純な状況でもどう理解したらよいのかと不安そうに尋ねていた。じつは聡明な女性であったにもかかわらず，彼女は何かにつけて自分では答えを出せないと感じていた。まるで彼女は自分自身の心をもたないかのようであった。会っているうちに私は，彼女が強烈な情緒体験によって揺さぶられたときには，きまってこうした「愚かな」態度を取ることに気づいた。それは情緒の性質そのものには関係ないように見えた。彼女の「愚かな」反応は，情緒の内容よりもその強さに刺激されるようであった。

　シンディは4人の同朋の第二子である。シンディを生んだとき母親は潜伏性の精神病で，社会的にはうまく機能していたものの，育児にひどく戸惑い，理性的には対処できなかった。シンディの幼児期の好奇心や，遊び心，知的関心に対して適切な理解と反応を示すことができなかったのである。それどころか，シンディの有能ぶりが示唆される言動に腹を立てた。母親は，母親自身の母親と姉に強く結びついていた。その3人（シンディの母親，祖母，伯母）は一体となって，独特のルールと文化を備えた一つの組織体のように機能していた。その文化から離れて振る舞う家族メンバーは，だれであろうと，彼女たちからあからさまな怒りや，憎悪のこもった無言の無視という反

応を向けられた。従順と迎合は歓迎されたが，自発性と独立性は罰せられたのである。

精神的にいつも追いつめられていた母親は，4人の子どもの世話を手助けするメイドを雇っていた。そのメイドは温かくて安心感を与える，物静かな，しかし芯の強い女性で，子どもたちに愛情を注ぎ，一緒に楽しんだ。シンディには，メイドとの楽しい思い出がたくさんあった。またそのメイドは，怖い目に遭っているシンディをよく救った（それは，シンディの恐怖をさらに強めるように見えた母親と対照的であった）。シンディの父親は家庭でのもう一人の応答的な存在であった。その父親は，子どもの面倒をよく見る，活力にあふれた人間で，いわば有害な母親に対する解毒剤であった。

シンディが16歳のとき，父親は悲劇的な死をとげた。母親はその悲劇に向き合うことができず，独特のやり方で避けた。父親は心筋梗塞の後，数日ほど生き延びていたが，母親は父親の病気がどれくらい深刻であるかをどの子にも伝えることができなかった。子どもたちは入院中の父親を見舞うことが許されず，シンディはお別れの言葉を伝える機会がなかったことをいまだに悔いていた。父親が死んだとき，母親は，子どもたちに鎮静剤を射ってもらうために小児科の医者を呼び寄せた。

生前の父親は，傲慢な存在であった。見かけ上堂々としていた父親は，シンディが抱くどのような疑問にも答えをもち合わせているように見えた。実際の父親はおそらく支配的で尊大であったようだが，しかしシンディの記憶では，父親は，肯定してくれるという，けっして悪性ではない影響力を備えた人物であった。彼女は，母親の破壊的で不適切な情緒応答を克服するために代償的にそうした父親に関心を移していた。その父親の突然の死は，たいへんな打撃であった。それは，深刻な，長きにわたる混乱をもたらすものであった。彼女は何年ものあいだ，父親の死の現実性を認めることができなかった。彼女は大好きな父親との絆を保つために，魔術や儀式を用いたり，何も知らない無力な子どもという性格を演じたりした（ほかのだれかに自分の頭脳になってほしかったのである）。

シンディは，自分自身に頭脳が欠けているかぎりは，父親が存在しているという感覚を保つことができた。シンディのこうした著しい受け身性は，怒

りっぽい母親——娘が強くて有能であるように見えたときにはいつもきまって娘を拒否した——との（問題をはらむ）絆を何とか維持することにも役に立っていた。そうした母親と結びつくのは恐ろしいことであったが、シンディにとっては、一人のときにいつも体験した孤独よりもましなものであった。シンディは自らの自己を安全な状態に保つために、母親に結びつく一方で、自分を隠して、愚かで無力な子どもを装った。

　古典的な理論は、この萎縮した女性の極度の受け身性を、彼女の性愛、力強さ、および能力からの防衛的な後退として決めつけるであろう。この防衛は、空想上の母親の怒りから自らを守る無意識的な試みとして理解されるであろうし、さらには、空想のなかでは、母親の怒りはシンディの父親への愛情と、母親への競争心に対する母親の報復として体験されているのであろうと理解される。彼女の退行的な行動は、「私はあなた（お母さん）を脅かすような存在ではない。私はただの無力な小さな少女です」というメッセージとして、古典的な分析家には理解されるのである。

　彼女の麻痺しているような受け身性は、別の次元では、自己に科した処罰の表現として理解されることであろう。処罰欲求を動機づけている空想は、彼女自身が父親の死を引き起こしたのだという確信的な空想であると理解される。空想のなかでは、父親の死は、彼女が父親に抱いた近親相姦的な欲動－願望と、母親を殺したいという欲動－願望に対する罰として生じたのであろう。古典的な治療の目標は、無意識的な願望を自我に気づかせ、そうすることによって自我が欲動への支配力を獲得できるようにもっていくことである。このことを成し遂げるために、治療では、（転移や抵抗において表現される）欲動－願望を意識の外に置いておこうとする彼女の反復的な防衛的試みに焦点が当てられるであろう。

　自己心理学的アプローチは、それとは根本的に異なっている。私は、シンディの極度の受け身性と無能ぶりの十分な意味を把握するまでに長い時間を要したが、いかにその受け身性が、傷つき隠れている自己を保護していたかということをはっきりと理解したのであった。私には、彼女の受け身性が、（暴露される必要があるとされる）欲望－願望からの防衛的な退却であるとは考えられず、シンディの空想生活を無意識的な欲動の手の込んだ産物だとは理

解できなかった。むしろ私は，コフートにならって，自己と自己対象という文脈でシンディを理解したのである。

　この治療の理解段階において，シンディは，抑うつ気分と，精神病的な母親にまつわる恐ろしい体験を伝え続けた。それは何年にもわたって続いた。最終的にシンディは，母親の病気の深刻さと，それが彼女の心理的な発達（なかでも，安全であるためには「小さい」存在でなくてはならなかったこと）に及ぼした影響について理解するようになった。

　私たちが作業していたとき，シンディはフランク・ボームの作品の『オズの魔法使い』のドロシーについてしばしば語った。シンディは，まとまりの感覚と家庭的な安心感を探し求めてさまよう少女・ドロシーに同一化したのである。シンディは，ドロシーと一緒に旅をした仲間たち——脳みそのないかかし，生きいきと感じる心をもたないブリキの木こり，および勇気のないライオン——を壊れた自己の断片として理解した。そしてシンディは，全能の父親のように魔術的に彼女を元通りにできる魔法使いを待ち焦がれる心境を表現した。

　治療中に際立った転移は，理想化であった。私は当初，その理想化を，理想化自己対象への停止していた欲求の再動員として理解した。しかしながらその理想化は，時間が経っても変化しないという意味で注目に値するものであった。私の予想では，それは内的な構造が生じるにつれて徐々に減少するはずであったが，しかしそれは頑として同じ状態にとどまった。最終的に私は，その理想化は新たな成長に奉仕しているわけではないことが分かってきた。むしろそれは，おびえている弱い自己を保護するための大がかりな装置の一部であった。

　私たち二人に分かってきたのは，不器用で愚かな「小さい」存在であることは，精神病的な母親の怒りから彼女を守る安全策であったことである。それはまた，生を支えてくれた，亡き父親とのつながりを維持することにも役立っていた。私があらゆる答えをもっていて，彼女は何も分からないという転移は，無意識的な欲動にまつわる危険性からの防衛的な退却ではなく，また，理想化自己対象の動員のせいでもなかった。むしろそれは，転移のなかで，亡き父親をめぐる幼児期の記憶を実演することによってまとまりと安全

の感覚を得ようとする努力であったのである。さらに，彼女の子どもっぽい状態は精神病的な母親がもたらす脅威から避難する方法になっていた。

　転移が母親から自分を守る保護的機能を果たす一方で，生を支えた父親との絆を維持するものであったことを理解した後に，私はようやく転移を効果的に扱えるようになった。私たちがいったん父親転移の部分を扱い始めると，何年も遅延していた悲哀の過程が始まった。悲哀の作業のあいだ彼女は，それまで姿を隠していた，傷ついていた自己について口にした。そしてはっきりと次のように語った──「私は，父が死んで，気が変になったことがやっと分かりました。父が死んだときに，私は父と一緒に棺桶のなかに入ったようなものです。棺桶が唯一の安全な場所のように見えたのです」。

　治療が進展するにつれて，小さい存在でいることが彼女を安全な状態に保っていたということが，ますます明らかになった。小さい存在でいることは，傷ついた自己が修復を遂げて強くなって，父親の喪失に徹底的に向き合えるようになるまでは，避難のための見せかけであった。シンディは，かつては父親への代償的な方向転換を通じて精神病的な母親による有害な影響に対抗していた。しかし父親の死は，シンディを，まとまりの感覚の源であるかのように思えた母親との絆にもどしてしまった。しかしながら，このまとまりの感覚は錯覚でしかなかった。それは，母親の破壊性はとどまることがなかったからである。

　傷ついた自己の修復が進むにつれて，シンディは徐々に精神病的な母親との絆を緩めるようになった。シンディは母親がいかに破壊的であったかという現実を理解し，自分の望むような母親が実際にはいなかったことを嘆き悲しんだ。強くなった彼女は，父親の死という圧倒的な外傷に向き合った。私たちは精神病的な母親からの有害な影響を処理するのに多くの年月を費やしたが，しかし父親の喪失は，彼女が取り組む問題としては母親との問題以上に困難なものであった。それというのも，彼女は，早い時期に救いを求めて父親と世話してくれたメイドに関心を移したことによって，母親の与える有害な影響から何かと自分を守ることができていたからである。父親は，生と健康にとって第二の最善のチャンスを与える存在であった。その父親の早すぎる死は，彼女にとって特別に破壊的な影響を与えてしまった。父親は，正

気と安全感を提供する代償的な親であったのである。

　いったん私たちが父親の死にまつわるシンディの体験の深層を扱えるようになると，治療は急速に展開した。彼女を安全状態に保っているように見えた理想化への欲求は減少した。こうした変化は，私が予定していた休暇をめぐって現れた。新しい体験として彼女は，私が遠くに出かけることに怒りをあらわにし，まもなく何かにつけ私に腹を立てるようになった。最初はまき散らすように激しく怒っていたが，その後，その怒りは，裏切られ見捨てられたという感情をめぐるものになった。そして，それまで味わったことのない，父親の病気と死をめぐる感情が現れてきた。彼女はもはや，父親の死をめぐる深刻な体験を否認する必要がなかった。悲嘆のなかで，痛みを味わいながらも，彼女は欠損のないまとまった存在だと感じ始めた。

　興味深かったのは，オズの魔法使いに関する彼女の連想である。彼女から見ると，その魔法使いはもはや魔法の使い手ではなく，カーテンの後ろで狂ったように糸を操る愚かな男でしかなかった。傷ついた自己を修復し，魔法の力を備えた父親の死を悼んだとき，彼女は，「小さい」ものでなくてはならないという拘束から自由になった。彼女はもはや，理想化の保護的機能を必要としなくなった。彼女は，自らの思いを主張できる，この世界に根を下ろした，自信をそなえた有能な人間のように感じたのである。彼女は，自分の能力を伸ばして，将来は充実した人生を送るであろうと確信した。自分の靴で自分の家を運んだあのドロシーのように，シンディは自分自身の人生を主導できると感じた。あるセッションで彼女は，「いまでは私は，欠陥のないまとまった人間です。私には心臓も頭脳も魂もあります」とコメントした。

　自己心理学的な視点によって，私はシンディの防衛的な態度にもともと備わっている健全性を把握することができた。おびえ傷ついている自己が安全な状態にとどまろうと試みているという印象に導かれて，私は，シンディの受け身的な態度そのものがいわば生命維持のための装置なのだと理解した。私は受け身的な態度に対して，無意識的な欲動を回避しているのだとは考えなかったのである。こうした観点に立つことで，私たちは傷ついた自己の修復をはかることができた。自己は，拘束する要塞から自らを解放し，自らの発達の軌道にもどったのである。

第12章
最後の言葉――共感をめぐる思索

　コフートは1981年10月8日にこの世を去った。それは，カルフオルニアのバークレーで開かれた第5回自己心理学会年次大会で，「共感について」(1981) という講演を即興で行なった3日後のことであった。大会を前にしてコフートは，自分の死が間近に迫っており，この講演が最後にものになることが分かっていた。彼はそこでいったい何を論じようとしたのか。最後の言葉にふさわしいのは，何を論じることだったのか。興味深いことに彼は，共感というテーマに，つまり1959年の論文で提出したあのじつに重要なテーマに立ち返った。彼がそうしたのはなぜか。

　コフートは，その共感概念が批判者たちに誤解されていることに深く悩んでいた。一方でまた，共感概念が，共感が癒すのだという者たちの誤った（コフートの立場とまったく異なる）主張によって乱用されているとも感じていた。彼はそうした誤解にひどく心を痛めていたので，「事実をはっきりさせなくてはならないという義務感」(1981) に駆られた。そこでコフートが何としても提供したいと思ったのは，「愛情を通じて（情熱を通じて）癒すことをめぐって精神療法において見られる感傷的な倒錯，すなわち，ただそこにいて，優しく振る舞えばよいのだという態度に対するいわば解毒剤」(1981) であった。

　この課題を果たすためにコフートは，主張したい重要な結論を述べる前に，共感のいくつかのレベルについて論じる。彼はまず，心理学的領域を定義づけるものとして述べた彼のもともとの共感概念 (1959) にもどり，その初期の主張について繰り返す。その主張に従うと，外的世界がさまざまな科学で使用される外部観察手段を通じて研究されるように，内的世界は心理学的な観察者によって共感という手段を通じて研究される。分析家は，複雑な精神

状態からなる患者の世界の情報を得るために共感という手段を使用する。分析家は，患者の体験を理解することに専念するのである。コフートが繰り返し強調することは，共感は，心理学的な観察者が人間の体験の内的世界に関する情報を集める手段なのだということである。共感はあくまで資料収集のための手段だというのである。組織学者が用いる顕微鏡が彼らの研究領域を決定するように，共感は心理学者の研究領域を決定するのである。もしも組織学が顕微鏡によって接近できる領域なのだとすれば，心理学は共感よって接近できる領域なのである。

　こうしたレベルの共感は具体的な行為ではなく，特定領域を定義づける方法 definer なのであって，それ以外の何ものでもない。共感できることが心理学的領域を決定する要因であるので，共感的に得られる情報のみが，精神分析的な研究領域の内部に属する情報である。精神分析をこのように定義することによって，コフートは，他領域から精神分析に侵入する可能性のある原理を排除する。とくに彼は，フロイトによって生物学的な本能概念が導入されたように生物学的原理が精神分析に侵入することを懸念するのである。彼が述べる次のレベルの共感は，目的に叶う行為をめぐる情報を提供するもの（informer）としての共感である。コフートは共感のこの側面を考察するなかで，もしも人が他者に対してどのように振る舞うとよいかを知りたいならば，他者の立場に身を置かなくてはならないのだという。目的に叶う行為は，他者についての知識によって知らされるのである。そうした知識は，よい目的にも悪い目的にも使用できる。いうまでもなく，人は他者の役に立つためにはその他者を知らなくてはならない。また，もしも他者に苦痛を与えたいと思うなら，やはりその他者を詳しく知らなくてはならない。それは，苦痛を与えるためには，当の相手が何に傷つきやすいかを知っていなくてはならないからである。

　共感で得られた情報にもとづく行為の例としてコフートが語るのは，ナチスが，犠牲者の弱みを知ってそれを悪用し，犠牲者に対してありとあらゆる最大級の精神的苦痛を与えたことである。これとはまったく異なる文脈で，コフートは，子どものことを知って，そこで応答するために，自らの共感を用いる母親について述べる。コフートは，そうした母親と同じように，分析

家たちもまた共感を用いることによって，患者のことを知り，分析的な作用を提供するのであると示唆する。コフートの主張では，こうした共感は，行為の意図のいかんにかかわらず，行為のための情報を提供するものなのである。

　コフートが考察する次のレベルの共感は，彼にとって，説明するのがもっとも困難なものである。彼は，共感は行為ではないと論じたが，しかし，共感は有益な影響を及ぼし，広範な治療的効果をもたらすものだと考えている。彼によれば，共感は治療的行為ではないが，しかし治療的効果をもつという逆説が，彼の著作をめぐって生じている混乱の源なのだという。皮肉っぽい強調をまじえて，コフートが主張するのは，共感の使用目的がよいものであろうと，邪悪なものであろうと，周囲の環境に共感が存在することは，心理的な存在にとってきわめて重要だということである。目的の正邪にかかわらず，共感は他者の存在を認めている。共感は他者の人間らしさを肯定しているのである。共感の破壊的な使用ほど恐ろしいことはないが，しかしコフートは，共感を欠いている環境はもっと悲惨だと主張する。そうした環境は，人をまったく存在しないかのように無視する。この点に関して彼は，ナチスがその犠牲者たちに強いた最大の恐怖は，その犠牲者たちの人間性に対する全面的な無視であったと述べている。

　共感的な人間環境の本質的性質についてさらに論を進めるために，コフートは，宇宙船が故障したためにそのコントロールを失った宇宙飛行士たちの話をする。故障の内容が特定されて修理される前に，彼らは宇宙空間のなかで永遠に地球を旋回し続けるか，それとも，大気圏に突入する際に灰になるかもしれないことを覚悟して地球への帰還を試みるかという究極の選択を迫られた。コフートは，宇宙飛行士たちが迷うことなく地球への帰還を決断した理由について詳しく説明する。彼らは，無人空間の永遠の円軌道にとどまるよりも，灰になってしまう危険のほうをあえて選んだのであった。コフートによると，この選択は，共感的な環境との接触を求めるという，人間の心からの願望にもとづく行為であり，生命のない無限の空間のなかに孤立することがすさまじい恐怖であることの表現である。

　コフートは，共感的な人間環境とのつながりは人間という心理的存在に

とって欠かせないものであると主張する。彼が分析作業の経験から推測するには，「共感的な環境の喪失，理解してくれる環境の喪失，（正しい行為が得られない場合はまだしも）いかなる理解も得られないという喪失は」（1981、p．531），あらゆる不安のなかでもっとも深刻な，人を無力にする崩壊不安を生み出す。共感的な環境の喪失が人を無力状態に落とし入れる理由は，それがあのもっとも基本的な人間的欲求，つまり，心理的な存在であることの確認を求める欲求に打撃を与えるからである。こうした確認を求める欲求は，たとえそれが苦痛につながる文脈のなかで生じても，基本的な欲求なのである。この点に関してコフートは次のように主張する。つまり，親の恐ろしいほどの誤解が大変な情緒的な外傷を生み出すのはまちがいないが，しかし最悪の苦悩は，養育者が中身を欠いたじつに空虚なパーソナリティであるために存在しないのと同然だという名状しがたい不在から生じるにちがいない，と。養育者の空虚な心こそが，最悪の苦悩を導くというのである。コフートが深い感慨を込めて静か語るには，幼児が存在するという現実を無視して，幼児を単なる物とか養育者自身の延長物として扱う養育者の隠された精神病は，「酸素のない」心理学的環境を生み出す。そうした養育者に育てられる子どもたちは，まちがっていることについて描写できない。それは，彼らが自分たちの育った環境を正常なものだと想定しているからである。こうした子どもたちは，養育者に提供できないものを望むだけで，ひそかに罪悪感を抱いてしまう。コフートは結論的な主張のなかで，共感には発達ラインがあると示唆する。つまり，養育者が抱っこしたり，なでたり，においを嗅いだりするといった身体的に接触する行為のなかに表現される早期の共感から，言葉や顔の表情を読み取って理解するという，なおも近くで接触しているもののそれまでよりもいくらか距離のある共感へと進展するというのである。この点を例示するためにコフートは，新しい世界を探険するために母親から離れる冒険好きの幼児と母親とのやり取りについて語る。そうした幼児は，一歩を踏み出す前に，母親の支持的で勇気を与える笑顔を見るために立ち止まり，振り返る。コフートは，そうした子どもに向けられる，母親の誇らしげな，安心感を与える笑顔は，より高次の共感を表わしていると示唆する。より高次の共感が，抱っこしたり，なでたりするといった身体接触的な体験

第12章 最後の言葉——共感をめぐる思索 257

を，幼児の能力への誇りや信頼でいっぱいの波長の合った——しかし体験としては距離のある——笑顔へと取り換えるのである。

コフートは，より低次の共感体験からより高次の共感体験への進展は，治療状況においても見られると主張する。最初に患者は，分析家の理解による共感的融合のなかで「抱えられる」という体験を通じて早期の形態の共感を体験する。ある患者たちの場合には，こうした期間が長いあいだ続くが，しかし結局は，次の段階が起こり，より高次の共感が体験できるようになる。患者が発達の道筋に沿って進展を示すとき，分析家は，発達的により早期の「体験に近い」共感から，より高次の，いくぶん「体験から遠い」共感へと反応の仕方を変えていく。より高次の共感が表現されるのは，分析家がそれ以前のより低次の「体験に近い」理解に解釈をつけ加えるときである。

結論に際してコフートは，共感の複雑さを強調する。彼がいうには，共感のなかには，体験に近い理解と，より高次の，体験から遠い説明という二つの要素が混在している。体験から遠い説明は，過去の複雑な物語が，現在の感受性や傷つき体験，その他の諸反応のなかにどのように存続しているかという点についての理解をつけ加える。注意深く差し出されるそうした説明は，なおもある種の共感であるが，しかしより高次の発達水準における共感である。分析家はなおも内的世界を観察しているのだが，しかしその内的世界を言語的な二次過程にもとづいて表現するのである。コフートは，共感が発達的な性質をもっており，その発達的な連続体にそって患者と分析家の両者が移行していくことが重要であることを確信していたので，このことこそが，『自己の治癒』（1984）のなかで指摘しているもっとも重要な点なのだと明言するのである。彼は次のように書いている。

> 分析は，説明を与えること——解釈というレベルで介入すること——によって治癒をもたらすのであって，理解すること——患者が感じ，語ることに繰り返し応答し，それらに確証を与えること——によって治癒をもたらすのではない。理解することは第一段階にすぎない。その後，分析家はそこから進んで解釈を与えなくてはならないのである。分析では，解釈は発生的，力動的，ならびに精神経済的な観点から，何が起こって

いるかという点について説明することである。‥‥私が信じるところでは，理解から説明への移行は，つまり，患者が感じ，考え，想像することを分析家が知っている（患者の内的生活に波長が合っている）ことを保証する段階から，解釈を与えるという次の段階への進展は，より低次の共感からより高次の共感への移行なのである。

(Kohut 1981,p.532)

　臨床家であり続けたコフートは，ある臨床場面を挙げて講演を終える。それは，コフートがもっとも低次の共感的な理解で患者に関わる一方で，なおも分析家であり続けているという臨床場面である。コフートが語るその患者は非常に傷つきやすい女性で，深刻な自殺念慮を抱いていた。彼の詳しい説明によると，この女性が初めて寝椅子に横になったとき，彼女は次のように語った。まるで，たったいまカチャッと鋭い音を立ててふたが閉まった棺桶のなかに横たわっているようだ，と。彼女は深刻な抑うつ状態にあった。コフートは，彼女を失ってしまうであろうと思うようなときが何度もあったと述べている。彼女が絶望の淵にいたあるときのこと，コフートは，もしも話している彼女の前に，握ってもらうために二本の指をほんの一瞬，差し出したなら，彼女はどのように感じるであろうか思い，実際に尋ねた。そして彼は，「それはあなたの助けになりますか」といった。彼は，このときの体験について次のように述べている。

　　（私の行為は）問題のあるやり方である。もちろん私は，そのようなやり方を推奨しているわけではない。しかし私はせっぱ詰まっていた。私の心配は深刻であったのである。‥‥さてここで，この話のとてもよいところについて皆さんに伝えよう。それがよいのは，分析家がいつも分析家にとどまっていることである。私は彼女に二本の指を差し出した。彼女は私の指をつかんだ。即座に私は，自らに向かって発生的解釈を行なった。それは，乳児のまだ歯の生えていない歯茎が，ミルクの出ない空っぽの乳首をしっかりとくわえている，というものであった。自分はそのように感じた。だが，私は何もいわなかった。私にはその解釈が正

しかったかどうかいまも分からない。しかしいえることは，私はそこでも自分のなかで分析家として反応したということである。こうした機会はそのときだけで，その後はもはやけっして必要なかった。私がいいたいのは，それが状況を一変させたということではない。しかしそれは，危険性をはらんだある時期に生じたどうにもならない行き詰まりを克服し，また，私たちがその後じつに長い年月にわたって順調に作業を続けるための時間になったのである。

(Kohut, 1981, p.535)

　ところで，いったいなぜコフートは，最後の臨床的な言及として，数ある症例のなかからこの例をわざわざ取り上げて提示したのか。彼はいったいどういうつもりなのか。なぜ，「非分析的だ」というさらなる非難に自らをさらすのか。彼はここで，愛情と優しさを通じて治療することを試みてはいないのか。いったいなぜ，彼が整理しなくてはならないと感じている当の問題を混乱させるのか。

　この点に関して，まず最初にコフートは，この話の説明を，彼が「四角四面の分析家」ではないという言明から始める。コフートは，彼の体験と広がった理解が，彼の仕事にいっそうの自由をもたらしていると見ているのである。提示された症例の断片は，そのことの例なのだという。

　しかしながら私が思うには，コフートの因習を打破するようなやり取りが示しているのは，共感は，患者と分析家によってさまざまに体験される多面性を備えているということである。症例を提示する前にコフートが主張しているように，『自己の治癒』のなかで彼が強調したいもっとも重要なことの一つは，共感は発達的な連続線上にあり，最終的にはより低次の共感からより高次の共感に移行するということである。彼によると，正常な情緒的成長においては，母親と子どもはその連続線に沿って前進していく。母親は抱きかかえるとか，手でなでるといった身体的に密着した早期の形態の共感的コミュニケーションから，勇気づけるような「遠くからの微笑み」によって代表されるより後期の形態の共感に移る。そうした後期の共感によって伝えられることは，移動する能力をめぐる幼児自身の確信，ならびに母親の力強い

保証のもとで，幼児が実際に移動を試みる際に体験する多くの感情について，母親がよく分かっているということである。それと似た様式で，患者と分析家も発達的な連続線に沿って前進する。患者が成長するにつれて，分析家は，分析家の理解との融合状態のなかで患者が「抱えられる」というより低次の共感を提供する段階から，二次思考過程によるより高次の共感体験——つまり言語による説明——を提供する段階に進むのである。

　『自己の治癒』においてコフートが説明しているように，介入の説明段階は，理解段階に認知的要素をつけ加える。それは，患者が自分自身を自らの生育史という文脈で理解することを可能にする。感受性に富む説明は，認知的要素をつけ加えることによって，小規模ながらも内的構造をつくり出す。その構造によって，分析家がいなくても患者は自らを理解し，最終的に自らをうまく扱うことが可能になる。理解段階そのものは最終的にあいまいになり，記憶から失せていく。介入の二つ段階のうちの説明段階が，介入を分析的なものにする。

　コフートは，症例の断片を詳しく説明する際に，「この話のとてもよいところ」は，「分析家がいつも分析家にとどまっている」ことであるといっている。彼はいったい何をいおうとしているのか。私が思うには，彼がいいたいのは，発達的に最早期の形態の共感でもって患者に関わったにもかかわらず，分析家としての機能を保持していたということである。言葉がまったく無効であるように見えた絶望的な時間に，たしかに彼は，患者に欠けていた心理的連続性を確立させるために，患者に触知しうるつながりの体験を提供した。それにもかかわらず，彼は内的には介入の第二段階（説明段階）へと向かうことによって，分析家としての機能を保持した。内的には彼は，発達的により高次の二次過程による説明を（彼は実際の場面ではそれを患者と共有しようとはしなかったが），より低次の，体験に近い理解につけ加えたのである。いうまでもなく，共感は患者と分析家にとって多様な機能と意味をもっている。分析家にとっては，共感は成熟のさまざまなレベルに関する資料を収集する方法であり，また同時に適切な分析的行為が何かを知らせてくれるものである。そして患者にとっては，共感は，生きるために欠かせないものなのである。

第 12 章　最後の言葉――共感をめぐる思索　261

　こうした話を最後に，コフートはその傑出した経歴を閉じた。トマス・マンの『ベニスに死す』のアッシェンバッハの心理的衰弱についての研究を皮切りに，コフートは探究を進めた。その過程は，古くからの事実を新しい目で眺めることを可能にする，沸き続ける勇気と発展する着想が特徴的であった。悲劇的なことに，その人生は，才能の開花の絶頂期に断たれてしまった。その結果，私たちは，彼の思索がいかなる未知の世界に向かってさらなる旅をしたであろうかということを知るよしもない。だがしかし，コフートは精神分析に新しい方向を与えてくれた。自己心理学のなかに具現した彼のアイデアは，彼がいなくても発展し続けるにちがいない。私は彼のアイデアの発展の航跡を伝えようと試みてきたが，それは，精神分析的精神療法を学ぶ者たちが彼の豊かな知恵から恩恵を受けることができるようにという思いからであった。私が思うには，その科学者としての態度と，自己愛についての理解を通して，ハインツ・コフートは，人類に，自らを眺めるための新たな窓を提供したのである。この章を閉じるにあたって，彼の公的な場での最後の言葉を挙げておきたい。それは，精神分析の開拓者が未来の世代に向けて呼びかけた言葉である。

　　以上で，私の話を終えようと思う。皆さんが私を待っていてくれたことが，私にはこのうえなくうれしい。まずまちがいなく今回が，私の出席する最後の自己心理学会になるだろう。十分には約束を果たせなかったもしれないが，私としては，とにかく最善を尽くしたかった。では，自己心理学のなかに具現されたアイデアにとって明るい未来が訪れることをみんなで期待しようではないか。
　　グッド・バイ。

（Kohut, 1981, p.535）

第 13 章

批判と結論

　ハインツ・コフートの仕事を論評する際に忘れてはならないのは，それが未完の「進行中の仕事」だという事実である．フロイトのアイデアのように，コフートのアイデアも絶えず発展し続けていたが，その早い死はアイデアの発展に彼自身が関与する機会を奪った．コフートのアイデアは進化を続けているので，人はその個々のアイデアを考察するときに，「コフートは彼の理論発展のどの段階でこの特定の問題を論じているのか．彼は，思考する際にどこにいて，どこに向かっているのか」と問わなくてはならない．同時にまた，彼の仕事のなかの問題点を，「彼はまだ理解するにいたらなかったのだ」などといった，議論を台なしにするような弁明で簡単にかたづけないように気をつけなくてはならない．そうした反応は論争を閉ざしたり，理論の硬直化をもたらしたり，さらにはアイデアの発展を中断してしまう．それではいったい，コフートの仕事を批判的に再検討するという課題に取り組む際の適切な態度はいかなるものか．コフートの仕事を論評するに際して私は，科学的な努力のためにコフートが示唆している次の精神を援用しようと思う．

　　ここで述べてきたことは，…私の信念を表わしている．私が信じるには，本当の科学者，つまり，先にも述べたような遊びの精神をもつ科学者は，自分の成し遂げたことの不備（定式化の仮説的な性質や概念の不完全さ）に耐えることができるのである．それどころか，そうした不備を，さらなる楽しい探究の旅へといざなう刺激として大切にする．…確立された説明体系を崇拝するような態度は，…科学の歴史において呪縛になる．実際に人間の歴史のすべてにおいて，そのような何かを崇拝するような態度は呪縛になっている．

(Kohut, 1977, pp.310-12)

　目下の課題を前にして私が強く思うのは,コフートはフロイトのように恒久的な価値のある概念を発展させたということである。力動的無意識に関するフロイトの概念は,人類が果たした恒久的な貢献のうちの一つである。無意識をどうとらえ,どう描写するかという問題があるにせよ,心のなかにある未知の情動的な力の影響はつねに存在していて,否認することはできない。同じように,私は,コフートの概念のあるものは,まだ時の試練に耐えるだけの機会を得てはいないものの,恒久的なものになるであろうと信じている。
　さて,コフートの貢献のまとめに取りかかることにしよう。その第一のものは,精神分析の分野を定義づけるものとして共感について述べたことである。コフートは,精神分析という分野を,もっぱら内省と共感を通じて人間の内的生活を研究する科学として定義することで,精神分析の概念を非心理学的な関心のなかにある偏見の侵入から解放する。患者の内的な生活に関する資料を収集するためにもっぱら共感を使用したことが,彼を新たな仮説と概念化に導いている。それらの最初のものは,自己愛は正常であり,健康な発達コースを備えているという仮説である。この見解は,自己愛を好ましくない種類の退行的な精神病理であるとみなす価値判断から,自己愛を解放する。コフートの主張するところでは,自己愛は発達するにつれて形を変える。それは特殊な早期の布置——理想化された親のイマーゴと誇大自己——から始まるが,最終的に早期の自己愛は発達を遂げて,理想と野心の確立にいたるのである。
　成人患者の心理の再構成を通じて,コフートは,特殊な欲求が早期の自己愛に関連していることを学んでいる。これらの欲求には,理想化できる対象を求める欲求,対象によって肯定され,価値を与えられ,映し返されたいという欲求,および他者との共通性や類似性を感じたいという欲求が含まれる。コフートの主張によると,これらの欲求は,成長の途上にある子どもの発達,生存,および活力にとって絶対的に必要である。コフートはさらに,子どもの成長に欠かせない心理的機能を提供する対象は自己の一部として体験されるという。そうした対象は自己の一部として体験されるために,コフートは,

第13章 批判と結論

それらを自己対象と呼び，それらを求める欲求を自己対象欲求と呼ぶ。そして彼は，自己対象欲求の充足を求め，その充足が体験されることを自己対象転移と呼ぶ。

私の予想するところでは，上述した四つの貢献，つまり，資料収集のための最善の分析的な方法として共感的没入を定義したこと，正常な発達の健康な側面として自己愛を詳しく描写したこと，生涯を通して存続する自己対象欲求という概念，および自己対象転移についての概念化は，精神分析と人類への恒久的な貢献になるであろう。

こうしたコフートの仕事に対する私の批判の最初のものは，文体に関するものである。彼の書いたものを読むのは難しい。とくに初期の文献は，じつに難しい。彼の文体はきわめてドイツ語的である。読者は，彼のいっていることに意味と秩序をもたらす動詞を探しながら，彼の冗長な文章のあちこちをながめることであろう。コフートを読むときに私がよく思い起こすのは，音楽を聴く喜びの心理について述べた際に彼が書き記している内容である。作曲家は作曲過程において，最初に音楽的な前提を決めておいて，次にその前提を崩すことで破壊的な緊張をつくり出し，そこで，認識可能なメロディにもどることによって秩序を取りもどすというのである。コフートを読むということは，それと似たようなものである。読者は，最後に修復されて報われるためには，彼のこみ入った文章が奏でる不協和音にずっと耐えなくてはならないのである。

コックス（1994）はコフートの書簡集の編集に際して，彼の語り方と書き方の大きなずれに注目している。すでに述べたように，コフートは雄弁な詩的な語り手であった。彼は，多くのトピックスに即興で，しかもまとまりよく話す彼自身の能力に誇りを感じていた。ではいったいなぜ，彼の書き方は，話し方とまったく異なるのだろうか。コックスは，コフートの初期の書き方は彼の提案への彼自身の不安の表れであると推測している。私もコックスと同じように考えている。批判が起こるであろうと懸念していたコフートは，不安な（警戒しすぎといっていいほどの）心境のなかで主張を制限しており，それが，読者が読むことを困難にしているのである。

コフートは，彼のアイデアと，古典的理論によって提供されている主要な

説明との関係をめぐってアンビバレントなのである。コフートは自分のアイデアが精神分析の既成組織を脅かすことに気づいていたので，自分の仕事をフロイトの思考の置き換えというよりもその拡大として提示することに腐心する。しかしながら，湧いてくる勇気，支えてくれる仲間集団の存在，さらに，病気によってもはや寿命は長くはないことを悟ったことが，最終的に分析のコミュニティに対するアンビバレンスを減少させることになった。奇しくも，専門家として生きるうえでの彼の格闘は，彼が仕事のなかで考えた仮説の妥当性を証明している。新しいアイデアのために予想される，精神分析の主流にいる仲間からの非難と無視をめぐる彼の不安は，支持的で応答的な肯定的な環境を求める欲求はけっして途絶えることはないという彼の観察が真実であることを逆説的に反映している。事実として，早期の自己対象欲求は消滅しない。それはただ形を変えるだけなのである。

　しかしそれにもかかわらず，コフートにアンビバレンスがつきまとっていることは，彼の書き物の多くで（とくにより初期の論文で）随所に見てとれる。そのアンビバレンスが，彼の仕事に見られる多くの混乱のもとになっているのである。オースティンとオースティン（1995）は，コフートのこうした特徴について次のように述べている——「彼は依然として，一方の足を古い概念的な枠組みの上に置き，もう一方の足を（当初のためらいを越えて）新しい概念的な枠組みの上に置いていた」。

　前述のように，コフートの仕事のなかにある特定の問題を考察するとき，人は，「コフートの理論発展のどの段階でその問題が生じたのか」と問わなくてはならない。上述した，コフートの理論と古典的な理論との関係をめぐるコフート自身のアンビバレンスについて考察する場合が，まさにこのように問わなくてはならないときである。このアンビバレンスの中心にあるのは，二大本能の果たす中心的な役割である。二大本能は，エディプス的布置についての論及で例証されているように，コフートの心理学の場合よりも伝統的な精神分析において中心的な役割を果たしている。

　『自己の修復』（1977）のなかでコフートは，古典的な「欲動－防衛と精神装置」に関する心理学と自己の心理学を鮮明に区別する。彼の提案によると，ほとんどの精神病理の中心部には，欠損のある自己が横たわっている。した

がって，分析のもっとも深い作業は，本能欲動にまつわる葛藤を明るみに出すというよりも，欠損のある自己に関連した根底にある抑うつを明るみに出して，それを徹底操作することである。コフートの主張では，長いあいだエディプス的精神病理の中心にあるものとして理解されてきた攻撃性と性欲は，実際には，自己対象的環境のより早期の不適切な反応によって脆弱化した自己の崩壊産物である。古典的な分析家が一次的な性的欲動および攻撃的欲動として考えているものを，コフートは，断片化された自己の二次的な表現物として考える。所有したいという愛情は欲動性の性欲へと崩壊し，自己主張の傾向は攻撃性と破壊的な敵意へと断片化するというのである。

　残念なことに，コフートが『自己の修復』で示している鮮やかな比較も，彼が愛情と自己主張の崩壊産物を「欲動要素」として言及することで分かりにくくなっている。分かりにくいのは，彼が欲動概念を心理学から定義上，排除しているにもかかわらず，「欲動要素」をもち出すからである。そもそも彼は，「欲動」概念を生物学的原理の侵入としてとらえ，その概念は共感あるいは内省に利用できないものとして見ており，したがって心理学の一部ではないと理解していたのではなかったか。

　精神分析の既成組織からの非難を懸念したために，コフートは，不安やアンビバレントな思いに彩られた見解を述べている。「私たちはエディプス・コンプレックスが中心的位置を占めるという古典的理論の正当性をかならずしも否定しているのではない。この理論が普遍的に適用できるという点についてのみ否定しているのである」(1977, p.223)とか，「自己心理学的な次元をつけ加えることで古典的理論を豊かにするといったからといって…古典的な定式化の優れた説明力にどのような敬意も払っていないわけではない」(1977, p.227)と述べるのである。

　コフートの不安は，死の直前まで消えることがなかったように見える。遺稿の『自己の治癒』(1984)のなかでさえもコフートは，エディプス的精神病理に関する古典的な中心概念は本当のところは心理学的ではないのだと主張することに関して，アンビバレントではないとはいえないのである。だがコフートは次のように書いて決着をつける――「しかしながら，現在においては，共感によって資料を集めるという心理学的なアプローチこそが，その

限界のすべてを考慮しても，精神病理を含む人間の内的生活を探究する<u>唯一のアプローチである（強調の下線は著者による）</u>」（1984，p.32）。

彼は死期が迫るにつれて精神的に強くなり，「内省，共感，および精神的健康のセミサークル」（1981b）――この論文は1981年の11月に発表予定であったが，遺稿となった――において，「欲動概念は・・・精神分析にとってかなり有害な結果をもたらした」（p.553）と明言し，また「欲動概念は心理学の体系に属するものではなかった」（p.554）と書く。最終的な陳述のなかで彼は次のように述べる。

> 自己心理学は，伝統的分析が信奉していた，心理的存在としての人間に関する歪んだ見解から自らを解放した。それというのも，自己心理学は，内省と共感という，心理学的な領域を決定する観察スタンスこそが絶対的な，まったく原則的な方法だという事実を受け入れたことで，生物学あるいは心理生物学として見せかけることをやめ，自らを徹底的に心理学として受け入れているからである。
>
> （Kohut，1981b，p.556）

最終的にコフートは，死の3日前の1981年10月8日の「共感について」という講演で，次のように明快に宣言する。

> 心理生物学あるいは生物心理学といった類いの異種混合型の学問を創造しようという試みが懸命に行われてきたが，私にはそれが可能だとは思えない。試みられたものの，この試みが結果としてもたらしたのは，人間についてのひどく歪んだ見方である。つまり，欲動概念の導入であった。それは精神分析がおかした罪である。
>
> （Kohut，1981b，p.529）

コフート自身の内なる格闘に加えて，強い外圧が，コフートのアイデアと古典的理論との統合を彼に迫るものとしてあった。しかし彼はこうした圧力に対して，統合への配慮によって妨害されることなく，自分自身のアイデア

を発展させるために時間を捧げなくてはならないと主張した。そして，統合という時間のかかる学問的作業は彼の仲間と後継者たちによってなされるであろうと応じた。いまにして思えば，明らかに，（彼が隠していた）病気が，彼を時間的に追い込んでいたのであった。しかしいうまでもなく，彼の反応は厳しい批判を招くことになった。

　ここで私は，コフートの方法論をめぐる問題について論じることにしたい。その問題は，彼が精神分析の領域を共感と内省を通じて得られた資料にもとづくものに限定したために生じたものである。領域についてのこうした定義は，たしかに，他領域の原理の侵入による歪みや，文化的な価値観や先入観にもとづくひずみから精神分析を保護してくれる。しかしながら，それは精神分析的な努力を孤立させることにもなり，その努力を他領域の利用可能な貴重な情報から遮断する可能性がある。たとえば発達研究は，コフートの定義の保護的な壁によって精神分析が交流を断たれている領域の一例でしかない。発達概念はコフートの理論の中心部に位置するにもかかわらず，早期の発達の微視的に観察される要素は，研究に利用されていない。そうした要素は，成人の分析の再構成からだけでは研究できない。それというのも，コフートが述べるように，私たちは私たち自身からあまりにも隔たっている状態に対しては共感的であることが不可能であるからである。乳児の重要な早期の状態は，精神分析家には近づけない。私たちが近づけるのは，せいぜいその成人版（adultomorphisms）に限られる。しかしながら，乳幼児研究の分野は，創意工夫に富む探究方法を駆使して，私たちが探し求めている情報を手に入れている。乳幼児研究で観察されているものには膨大なものがあり，それらは精神分析に価値ある情報と説明を提供する。コフートは晩年においては，そうした知見に向けて自らを開放することはまったくなかった。だが，早期の発達についての研究は，相補性の原理が有益な形で適用できる領域である。バッシュは精神分析がほかの科学的コミュニティから孤立していることについて言及し，以下のように相補性の価値について語る。

　　もしも私の体験がある患者の体験を理解するのに必要な条件をかならずしも備えておらず，しかも，患者が抑圧や否認のせいで心理的に盲目な

ために私に情報を明かすことができないならば，いったい私はどうすれば，寝椅子の後で聴いている話の意味について信憑性の高い推論を行うことができるのだろうか。･･･心の機能の仕組みについて――神経生理学，乳幼児研究，情緒理論，認知心理学，意味論，情報理論，進化論的生物学，およびその他の関連学問が，人間の発達に関して私に伝えることのできる情報について――知れば知るほど，私は治療のある時点での患者のコミュニケーションによりいっそう共感的になることができる。
（Basch, 1995, p.372）

　私はここで，コフートの理論そのものに内在する難点についての考察に移りたい。私が思うには，コフートは，双極的自己というモデルを考案する際にある問題に出くわしている。そのモデルは有用なのであるが，彼はあらゆるモデルにつきまとう問題を抱えることになる。それは，具象化（reification）という問題である。コフートは遊びの精神に富む科学者の役割を果たしたにもかかわらず，歴史が示すように，有用なモデルというものは時とともに理想化され，その内容は，仮象的な描写というよりも「絶対的な真実」として扱われるようになる。そうした固定化が起こるとき，モデルの可塑性の楽しい多用途性は失われ，創造的な思考は凍りつく。コフートはフロイトの三極モデルにつきまとう具象化を批判し，さらにそれ以上にハルトマンと自我心理学者による自我の具象化を批判している。しかしながら，コフート自身が同じ批判にさらされることになる。
　コフートの双極的自己――野心と理想という二つの極とそのあいだの緊張弧からなる自己――は，それが具象的であるという点で，彼には異例の概念化である。さらにその概念化は異例中の異例である。それというのも，そもそも彼は自己を限定的に概念化することを注意深く避けようとしているからである。彼はそうした限定を避ける態度に知的な誇りさえ感じており，次のように述べているである。

　　私の研究は自己の心理を扱っている何百ページもの記述からなるが，いまだけっして自己という用語に確固たる意味を割り当ててはいない。

…しかし私はこの事実を認めたからといって，悔恨の念や恥を感じるようなことはない。自己は…あらゆる現実と同じように…その本質においては不可知なのである。私たちにできることは，自己が姿を現す際にさまざまなまとまりを見せるその形態を描写したり，自己を構成するいくつかの要素を示したり，…それらの発生と機能を説明することである。私たちにはそのいずれもができるが，それでもなお私たちは，自己の顕在的現象から区別される自己の本質を知ることはないであろう
（Kohut, 1977, pp.310-12）

　たしかにコフートは，遊びの精神に富む科学者の態度が何たるかを主張し，その精神のなかで彼のモデルを提案しているのだが，しかし私は，双極的自己のようなモデルは急速に役立たなくなるのではないかと危惧している。モデルというものは，具象化されてしまう。こうした具象化がまさに双極的自己に起こってしまったために，それは，自己心理学者の大多数によって機械的な概念だとみなされて放棄されたように見える。じつに興味深いことに，コフートのモデルはフロイトの流体力学的モデルとは異なるものの，その一方で，形の上ではフロイトのモデルに類似している。両者とも物理学の法則にもとづいており，両者とも体験から遠いのである。
　コフートの理論のもう一つの難点は，成長促進的な内在化をもたらす重要な過程としてもっぱら変容性内在化に焦点を当てたことに関係する。初期の仕事（1960、1963）において彼は，内在化のためのもう一つの過程として「対象を通過すること」について述べている。思い起してほしいのだが，「対象を通過すること」でコフートが示唆しているのは，幼児が，落ち着かせ慰めてくれるという，葛藤を誘発しない親の特性に同一化することである。コフートの示唆によると，これらの特性は葛藤をもたらさないので，非葛藤的，非転移的な「漸進的中和の領域」のなかに「取り入れられ」，「住みつく」。この「対象通過」の概念は多くの疑問を招いているにもかかわらず，変容性内在化とは別の構造形成の過程を示す概念である。その過程は，変容性内在化とまったく同じくらい重要かつ有益なものである。不思議なことに，コフートは，さらに展開されるべき主題として「対象通過」を論じることはなく，何ら説

明もせずにそれに代わる変容性内在化の概念を強調する。

　変容性内在化の概念の起源は，リビドーの対象を失うと，その後にその対象の特性が内在化されるというフロイトの仮説にある。フロイトは，この過程を「悲哀とメランコリー」(1917) のなかで述べている。コフートはこのフロイトの概念を拡大して，対象への失望に続いて起こる，対象の理想化された特性の内在化をそのなかに含ませたのである。コフートは，理想化自己対象がその機能の一つを果たすことに一時的に失敗してしまい，そのために理想化自己対象が部分的に喪失されるときに，こうした内在化が生じる様子について述べている。

　私は，最適の欲求不満が内在化の過程に関与しており，部分的には，情緒的な成長を説明するということに，何ら疑問を抱いてはいない。たとえば子どもが自転車の乗り方を学ぶためには，親が子どもの自転車から手を離して，子どもに，一人でバランスを取る際の恐怖と喜びを同時に体験させることができなくてはならない。親が手を離すことは，子どもに欲求不満をもたらす。そうした欲求不満から子どもを保護することは，幼児から前進する機会を奪うことになるであろう。

　最適の欲求不満とそれ続いて生じる変容性内在化はたしかに構造を確立するが，しかし内在化に関しては，欲求不満とは別の過程も関係している。ラックマンとビービー (Lachmann　and Beebe) は，乳幼児研究者，治療者，および分析家としての体験をもとにして，欲求不満とは別の過程を以下のように認める。

　　この（変容性）内在化というモデルとは対照的に，私たち (1992,
　　1994) は次のことを強調してきた。患者は，進行中の調節と，その途絶
　　の修復を通して相互性について予想することを学ぶのである。さらにい
　　えば，「途絶」は「内在化」をもたらすかもしれないが，内在化が生じ
　　る経路は他にもある。相互調節と自己調節，ならびに高まった情緒もま
　　た表象され，内在化されるのである (1994)。

　　　　　　　　　　　　　　　　　　（Lachmann and Beebe, 1995, p.377）

第 13 章　批判と結論

　これまでに述べてきた批判はすべて，コフートがやり遂げたことに関係しているが，しかしコフートは，やり残したことのためにも批判されている。その点でとくに批判されているのは，正常な性愛についての徹底した考察がないことである。だが，コフートの仲間や後継者たちが，彼のアイデアの説得力に引きつけられて，この問題や，さらにはそれ以外の問題についても自己心理学理論を拡大し続けている。

　実際に，自己心理学はいくつかの方向に展開しており，いまや「ポスト・コフート」と呼ばれる時代に入っている。今日の自己心理学がいかに多様であるかということは，「三つの自己心理学か，一つの自己心理学か」（Lachmann and Beebe, 1991）や，「コフート後の自己心理学：一つの理論か，多くの理論か」（Shane and Shane, 1993）といった論文の出現によって明らかである。『精神分析的対話』誌では，ある巻のすべての号を挙げて，「一つの声が，たがいに複雑に絡み合う多様な声に置き換わった」（Mitchell, 1995）ために提起された問題のかずかずに取り組んできた。

　これらの声のいくつかは，治療者を患者の転移性の欲求や願望の受けとめ手以上のものとして理解する新たな精神分析的な潮流を生み出している。この潮流においては，治療者は，治療室の精神的現実を共同構成する積極的な関与者とみなされる。こうした相互作用モデルは，さまざまな名前で呼ばれており、ビービーら（1993）は二者システム的観点（dyadic systems perspective）と呼び，ホフマン（Hoffman, 1991）は社会構成主義と呼び，アトウッドとストロロウ（Atwood and Stolorow, 1984, 1987, 1992）は間主観性理論と呼ぶ。

　コフートの仕事について述べることが本書の目的なので，私としては，現在，自己心理学の内部で活発にかわされている議論や論争に立ち入るつもりはない。しかし，コフートの仕事の拡大に挑むある議論については例外である。私が考察したいのは，次のように問いかける最近の議論である――「どんな治療的なスタンスと行動が成長を促進し，内在化を促すのか」。

　この議論は，私がすでに論じたように，最適の欲求不満が内在化の過程を引き起こすというコフートの仮説（1984）に端を発しているのだが，今日，何人かの著者たちが論争を続けている。バコール（Bacal, 1985）は，自己

対象としての治療者の側の「最適の応答性」が治療場面において重要な体験を提供するのだと主張し，トルピン（Tolpin, 1988）は「最適の情緒的関与」というものを同定し，シェイン（Shane, 1994）は「最適の自制（restraint）」が治療的な営みにおいて重要だと主張する。
　読者は，「最適」という形容詞がこの論議において重要な用語であることに気づくであろう。この「最適」という言葉は，上述のすべての著者によってあるタイプの治療的行為を描写するための形容詞として使われている。彼らによって示唆されている治療的行為は，応答性，関与，あるいは自制の「適正な量」を提供するものである。しかしながら，コフートが「最適」という形容詞を使用する目的は，治療場面での偶発的で避けがたい，しかし取り扱い可能なことが望まれる出来事を描写するためである。コフートのいう「最適」は，特別な治療的行為の提供を示唆しているのではない。それは，治療者の行為を修飾する言葉ではないのである。それは欲求不満を修飾しているのであり，構造形成に関する精神経済論的な概念の一部なのである。
　もちろんコフートはこうした議論に参加できないが，しかし彼の仕事からうかがえるのは，理想的で適切な治療的スタンスは，特別な何かを行なったり，提供することをけっして要請するものではない，という確信である。彼が主張しているのは，患者の精神的現実に対して予断なく受容すること，患者の体験について詳細に理解すること，そして理解された体験について適切な時期に行き届いた説明をすることが，内在化を促進し，成長を促すということである。
　最後に私が扱いたいと思うのは，「コフートの仕事は精神力動的精神療法の実践家にとってどのように役に立つのか」という問題である。その答えは，治療室にどんな新たな雰囲気が生まれるのかと問うことで見出されるにちがいない。それというのも，治療室こそ，コフートの洞察と概念化が融合する場であるからである。では，その新たな雰囲気はどのようなものか。欠損のある自己が患者の苦しみを生み出しているという確信のもとに，コフートは患者の自己の声に耳を傾け，生き残るための自己の格闘を聴く。彼は，患者の防衛的な方策を，自己理解の障害物としてよりも，隠れている自己を安全に守る試みとして理解する。隠された欲動をめぐる心理学から，追いつめら

れた自己をめぐる心理学へのコフートの移行は，治療場面における出会いを，ひそかに対立的な体験から，友好的な協力関係へと変える．コフートが，おびえた自己と取り結ぶ同盟関係は，安全な環境を創り出すのである．その治療の場面は，次のような意味深い空間となる．つまり，屈辱的なものとして体験されていた欲求が理解され，かつての外傷が探索され，さらに，隠れていた自己，傷ついた自己，あるいは混乱していた自己が，安心感のなかで出現し，その阻害されていた成長を再開することが可能になる空間である．

ハインツ・コフートは，苦痛にあえぐ人びとを理解する基本様式として共感的没入を強調することによって，精神療法を通じて見える光景を変えた．コフートにとっては，理論はあくまで指針であって，神ではない．理論は，役立たないときには変更することも廃棄することもできるのである．コフートは共感に導かれながら，正常な発達と情緒的な障害に関する中心的問題について定義し直す．彼は，本能欲動によって生じる脅威から，脅かされた自己の追いつめられた状態へと関心の焦点を移す．私たちが自己とその体験を主要な焦点として注目していると，治療者としての私たちに聞こえてくるものも変わってくる．自己の欲求についての理解は，援助を求めて私たちのもとにやってくる人びとへの治療の有効性を高める．

多くの治療が，いまや利用可能である．膨大な数の治療方法のなかから，人はいったいどのようにして適切な治療を選ぶのか．自己についての理解によって情報が与えられると，この課題に対してあまりひるまなくてもよい．たとえば私たちは，理解するために次のように問えばよい——「この人が私にいま会うことの動機となっている中心的な問題は何か」，「この人は，パーソナリティのある特定領域の外傷に苦しんでいても，本質的には安定した自己を備えているのか，あるいは，心理的に生き抜くための一連の保護的な方策の背後に欠陥のある自己を隠しているのか」と．質問を発するのは容易である．それに比べて解決策を出すのは難しいが，しかし，コフートや，理論の拡大をはかっている自己心理学者によってその概略が示された自己に関する知識に導かれるならば，生産的な治療過程がどういうものかを見定め，それを計画し，さらにそれを達成することがいまや可能である．私はそのように確信している．この分野の今日の活況を見ると，「自己心理学のなかに具

現されたアイデアにとって明るい未来が訪れることを期待しようではないか」というコフートの最後の願いは，いまや実現されつつあるように見える。

用語集
（五十音順）

- **一次過程 Primary process**：無意識系(システム)に特徴的なタイプの思考である。それは非合理的であり、圧縮、置き換え、象徴化、および否定の不在（「何でもあり」）からなっている。この過程は本質的に原始的なものであり、快感原則に支配されている欲動の未修正のままの表出に関係している。夢の顕在内容や、顕在化している精神病に見られる非合理性は、一次過程の思考の例である。
- **イド Id**：精神装置の三つの機関のなかの一つである。それは完全に無意識的であると考えられている。その内容は、表出を強く求める欲動、願望、および空想からなる。古典的理論では、表出を強く求めるイドの内容物が葛藤の原因となる。
- **快感原則 Pleasure principle**：人間という有機体は内的恒常性を維持しようと努める存在であるというフロイトの仮説にもとづく原則であり、安定した内的状態をかき乱す不快な緊張・興奮を排除しようとする内的な調節原理のことをいう。内的な安定をかき乱す緊張・興奮——通常は性的な圧力あるいは攻撃的な圧力の増大によって起こる——は、有機体の組織が内的な均衡状態を取りもどすためには放出されなくてはならない。緊張・興奮は、強烈な願望や情緒的な苦痛といった内的な源泉からも、また外的な危険状況からも生じる。緊張・興奮の放出は、その放出行動へのどのような懸念や配慮もないまま成し遂げられる。そうした行動はしばしば社会的習慣と相容れない場合がある。この快感原則は、一次過程に従う無意識の内部にある基本的な作動原理である。
- **観点 Point of view**：フロイトが心理的現象を包括的に描写するために用いた一連の説明原理である。最初は、力動論的観点、構造論的観点、および経済論的観点の三つであったが、その後、発生論的観点と適応論的観点が加わった。それぞれの観点は、人がさまざまな角度から心理的な問題を眺めることができるような視点を提供する。こうした観点は、臨床的現象を抽象的水準で考察するうえで役に立つ。構造論的観点、力動論的観点、経済論的観点、および発生論的観点を参照せよ。
- **経済論的観点 Economic point of view**：心理的現象を描写しようとしてフロイトが用いた一連の説明原理の一つである。経済論的観点は情緒の強度を描写するものであり、激しい情緒が心理的にどのように処理されるかを論じるのに役に立つ。もともとは、フロイトが、精神装置によって処理されるのは各種のエネルギーであるという観点から情緒の強度を考案したのが始まりである。
- **現実原則 Reality principle**：発達の過程において、快感原則に連動して生じる、緊張・興奮の放出が、社会的生活を営むうえで必要不可欠な規律に最終的に屈することをいう。この原則においては、他者もまた欲求や感情をもっているものとして考えられ、行為は結果を伴うものとして考えられる。論理的思考が優勢となり、延期や遅延、制限が行動様式を支配するようになる。

誇大自己 Grandiose self：断たれてしまった一次的な自己愛的至福状態を修復しようとする二つの原初的な試みの一方のものについてのコフートの概念である。それは、顕示欲、高揚感、および全能感を特徴とする無意識的な布置であり、正常な発達の過程において変貌を遂げて、最終的には自己のなかの野心の極のエネルギー源となる。

構造論的観点 Structural point of view：心理的現象を描写しようとしてフロイトが用いた一連の説明原理の一つである。構造論的観点は、心というものを、自我、イド、および超自我という三つの機関からなる精神装置として概念化し、これらの三つの関係について描写するものである。古典的なフロイト理論においては、これらの関係は葛藤的なものである。

最適の欲求不満 Optimal frustration：個人のそのときどきの情緒的な許容範囲を大きく越えることなく、安全感のなかで体験される程度の現実的な喪失体験や失意について言及する精神経済論的な概念である。それは、外傷状態——心の許容力が情緒によって圧倒された状態——にはいたらない。外傷状態とは対照的に、取り扱い可能な小規模な欲求不満は、成長につながる。

自我 Ego：精神装置の機関の一つである。それは管理機能を備えており、イドの力や要求と、超自我の道徳的な禁止とのあいだに介在して、調停をはかるとされる。理論的には、自我は一連の機能からなり、それらの機能によって、パーソナリティを内的な欲動、衝動、および欲求に圧倒されないように保護する。そして、外的な世界でそこそこに快適な生活を過ごすことを可能にする。自我の一部は意識的であるが、自我の機能の大部分は無意識的であると考えられている。その諸機能のなかには、各種の防衛とともに、各種の技能や才能、関係能力が含まれる（各種の防衛については、A・フロイトが『自我と防衛機制』のなかで詳しく述べている）。ときには「自我」は、パーソナリティの体験的側面を描写するために用いられてきた。こうした意味では、自我は歴史的に「自己」と同義的に用いられてきた。

自我自律性 Ego autonomy：自我の諸機能は生活を制限する神経症的な葛藤から自由であり、したがって精神にとって目的に応じて使用できるという自我の自律的特性のことである。

自己愛 Narcissism：自我あるいは自己へのリビドー投資である。

自己対象 Selfobject：起源としては、心理的に重要な自己対象欲求に応えるという機能を果たす幼児期の養育者である。自己対象欲求に応える対象は、それ自身の自律性を備えた実在的存在としてよりも、自己対象欲求を満たしてくれる機能として体験される。もともとは自己-対象とハイフンが入った用語であったが、コフートは1977年にそのハイフンを除くことにした（Cocks 1994）。コフートがそうすることで伝えたかったのは、対象は、それが提供する心理的機能の面では自己から分離したものとしては体験されないということである。

自己対象転移 Selfobject transference：自己対象欲求を満たしてくれる自己対象をめぐる自己の体験を描写する用語である。自己対象転移においては、自己対象は、それ自身の独自な特性の面から体験されるというよりも、それが提供する特殊な機能の面から体験される。

自己対象欲求 Selfobject needs：幼児期に始まり、生涯にわたって形を変えながら続く基本的な心理的体験である。これらの欲求には、理想化をはかる欲求、肯定され、価値を認められ、妥当なものとして受け入れられたいという欲求、および他の人間との共通性や類似性の感覚を体験したいという欲求がある。これらの欲求は、コフートの描く自己愛的布置の重要部分である。

垂直分裂 Vertical split：最初はフロイトによって自我のなかの分裂として言及されたものであり、三極構造モデルを用いて否認という防衛を説明するためのものであった。それは、知覚と観念を切り離しておくことに役立つ、自我あるいは自己の構造のなかの亀裂について言及するものである。

水平分裂 Horizontal slrit：フロイトのいう精神装置のなかの抑圧障壁についてのコフートの言及である（抑圧障壁を参照せよ）。

双極的自己 Bipolar self：自己についてのコフートのモデルであり、二つの極とそのあいだに介在する領域からなる自己のことである。野心が一方の極に相当し、理想がもう一方の極に相当する。二つの極のあいだの領域は、生得的な各種の技能と才能の領域である。

体験から遠い理論 Experience-distant theory：情緒的な体験についての説明が、抽象的であり、体験的水準の情緒からかけ離れている理論である。体験から遠い理解は認知的水準の理解であり、高次の理論化と呼ばれる。

体験に近い理論 Experience-near theory：情緒的な体験についての説明が、説明される出来事の感情的側面や臨床的側面に近い水準にとどまる理論である。体験に近い理解は情緒的水準の理解であり、低次の理論化と呼ばれる。

対象リビドー Object libido：外的な愛情対象に向けられる性的欲動のエネルギーである（リビドーを参照せよ）。

対象表象 Object representation：ある人物についての持続的な図式 schema である。それは持続的な記憶に近いものであり、その人物にまつわる数多くの体験、印象、およびイメージから形成されている。

超自我 Superego：精神装置の三つの機関のうちの一つである。それは、パーソナリティを左右する、道徳にまつわる内的な禁止や心構え、規範を描写する概念である。それは親の態度や行動の内在化を通じて形成される。

転移 Transference：フロイトが局所論的モデルのなかで、ある組織と別の組織との関係を描写するために最初に展開した概念である。フロイトのその当初の概念では、転移は前意識系への無意識系の侵入である。この最初の定式化以来、転移概念には多くの意味が追加されることになった。今日、もっとも一般的に表現するなら、「転移」は、幼児期の対象とのあいだに起源をもつ諸関係の、現在における体験を述べるために用いられている。

内的対象 Internal object：対象表象を参照せよ。

二次過程 Secondary process：前意識に属する合理的な思考である。それは、思考・言語と行動のいずれにおいても、即座の緊張放出の遅延と、行動の延期を可能にする要素を含んでいるという点では、現実原則に関係している。

発生論的観点 Genetic point of vew：心理的な現象を描写しようとしてフロイトが用いた一連の説明原理の一つである。この発生論的観点は、現在において現れている願望、空想、欲求、および行動の起源と歴史を描写するものである。

否認 Disavowal：あることが見えているが、しかし思考ではとらえられていないという防衛機制である。否認は、あることについて知っていると同時に知っていないという体験のなかに認められる。知っていながら知らないという分裂は、ふだんの性格と異なるような行為の原因となる。

変容性内在化 Transmuting internalization：精神的構造の形成をめぐるコフートの概念であり、喪失体験に続いて起こる内在化に関するフロイトの概念がそのモデルになっている。コフートの見解では、理想化された対象に向けられた理想化は、当の対象が、理想化された自己対象として機能することに失敗するときに（再）内在化される。最適の欲求不満にとどまる微小な喪失体験は、変容性内在化の過程を促進する。

メタ心理学 Metapsychology：精神分析理論を構成するために、そして論じるために使用される高度に抽象的な概念的手段である。それは、一連の理論的仮説と、それらの仮説を描写する言語からなっている。メタ心理学と呼ばれるのは、以下の理由からである。19世紀の後半から20世紀の初めにかけての、つまりフロイトがその主要な理論を構築していた当時のアカデミックな心理学は、「精神」と「意識」を同等視していた。その一方、フロイトが関心を向けた現象は無意識的なものであり、したがってそれらの現象は「心理学の領域を超える」ものと見なされた。こうした事情からフロイトは彼の心理学をメタ心理学を呼んだ。

幼児性欲 Infantile sexuality：フロイトは性的欲動を正常な現象としてとらえた。それは最初、幼児期に現れ、成熟するにつれて一連の発達段階を通過する。幼児性欲の体験においては、粘膜が生理学的に使用される際に刺激を受けるので、空腹や排泄機能などの身体的体験に関連して快感がみなぎるようになる。これらの快感はそれ自体が目標となる。これらの快感が性愛的体験の起源である。神経学的な成熟のあいだに、より刺激されて興奮しやすい器官は、口唇から肛門を経て性器に移っていく。それぞれの器官の易刺激性が、心理学的な成熟過程における発達期あるいは発達段階の焦点となる。ここから、幼児性欲には口唇期、肛門期、および性器期の三つの段階があるとされる。

抑圧障壁 Repression barrier：もともとはフロイトによって局所論的モデルのなかで述べられたものである。それは、無意識系の力が侵入することに対抗する前意識系の防衛的な力の結果であると考えられた。フロイトは1923年に三極構造モデルを展開したときに、この考えを修正した。抑圧障壁はその修正段階で、イドの力の侵入に対抗する、自我の内部の諸防衛の集合体として概念化された。

欲動 Drives：人間の精神機能と行動を動機づける基本的な生物学的力についてのフロイトの概念である。しばしば本能欲動として言及される二つの欲動が、性的欲動と攻撃的欲動である。

理想化された親イマーゴ Idealized parental imago：断たれてしまった一次的な自己愛的至福状態を修復しようとする二つの原初的試みの一方のものについてのコフートの概念である。それは、人がまとまりや安全、安定の感覚を感じるために、結びつくのできる全能

の対象に強く憧れるという心理的布置である。
- **力動論的観点** Dynamic point of view：心理的現象を描写しようとしてフロイトが用いた一連の説明原理の一つである。この力動的な視点は、過去に起源をもつ心理的な力がどのように現在の思考、空想、願望、欲求、および行動に影響を及ぼしているかということを描写するものである。
- **リビドー** libido：性本能に結びついている精神的エネルギーについてのフロイトの概念である。それはエネルギーの量に関わる経済論的な概念であり、欲望そのものを示唆しているわけではない。それは対象の内的精神表象か自己のいずれかに投資される。それが対象に投資されるときには、対象リビドーと呼ばれ、自己に投資されるときには、自己愛と呼ばれる。

コフート年譜

- 1913 年： 5 月 3 日ウィーンに生まれる。
- 1932 年： 6 月ドブリンガー・ギムナジウムを卒業する。
- 1937 年： 11 月父親死去。
- 1938 年： 6 月ウィーン駅を出発するフロイトを目の当たりにする。11 月ウィーン大学から医学博士号を授与される。
- 1939 年： 3 月イギリスに向かうためにウィーンを発つ。
- 1940 年： アメリカに向かうためにイギリスを発ち、3 月シカゴに到着する。
- 1941 年： シカゴ大学付属病院の神経科の研修医となる。
- 1945 年： 7 月アメリカ市民権を取得。
- 1947 年： シカゴ大学医学部精神科准教授。
- 1948 年： 10 月ソーシャル・ワーカーのベティと結婚。
- 1950 年： 8 月息子トーマスが誕生。10 月シカゴ精神分析研究所を修了。
- 1953 年： シカゴ精神分析研究所の指導陣の一員となる。
- 1957 年： 11 月シカゴ精神分析研究所の創立 25 周年記念大会で「内省・共感・および精神分析」を発表する。
- 1963－4 年： シカゴ精神分析協会の会長。
- 1965－73 年： 国際精神分析学会の副会長。
- 1966 年： 「自己愛の形態と変容」が発表される。
- 1968 年： 12 月ニューヨーク精神分析学会で「自己愛パーソナリティ障害の精神分析治療」と題するフロイト記念講演を行う。
- 1971 年： 『自己の分析』が出版される。10 月白血病と診断される。
- 1973 年： 6 月生誕 60 周年を記念して「精神分析と歴史」をめぐるカンファレンスが開催される。
- 1977 年： 『自己の修復』が出版される。
- 1979 年： 「症例 Z：その二つの分析」が発表される。
- 1981 年： 10 月バークレーのカルフォルニア大学で開催された第 4 回自己心理学会年次大会において「共感について」と題する講演を行う。10 月 8 日シカゴのビリングズ病院にて死去。11 月息子のトーマスが「内省、共感、および精神的健康のセミサークル」を発表する。
- 1984 年： 遺稿『自己の治癒』が出版される。

コフートの研究目録

論 文

1949
'August Aichhorn—Remarks after His Death,' in P. Ornstein (ed.) *The Search for the Self*, vol. 1, pp. 131-3. New York, International Universities Press, 1978.

1951
(a) 'The Psychological Significance of Musical Activity,' *Music Therapy*, vol. 1, pp. 151-8.
(b) 'Discussion of *The Function of the Analyst in the Therapeutic Process* by Samuel D.Lipton,' in P. Ornstein (ed.) The Search for the Self, vol. 1, pp. 159-66. New York, International Universities Press, 1978.

1952
'Book Review of *Psychanalyse de la musique* (1951) by André Michel,' in P. Ornstein (ed.) *The Search for the Self*, vol. 1, pp. 167-70. New York, International Universities Press, 1978.

1953
'Discussion of "Natural Science and Humanism as Fundamental Elements in the Education of Physicians and Especially Psychiatrists" by Henry von Witzleben,' in P. Ornstein (ed.) *The Search for the Self*, vol. 1, pp. 171-6. New York, International Universities Press, 1978.

1954
'Discussion of "*Eros and Thanatos*: A Critique and Elaboration of Freud's Death Wish" by Iago Galdston,' in P. Ornstein (ed.) *The Search for the Self*, vol. 1, pp. 177-85. New York, International Universities Press, 1978.

1955
(a) 'Some psychological effects of music and their relation to music therapy,' *Music Therapy*, vol. 5, pp. 17-20.
(b) 'Book Review of *The Haunting Melody: Psychoanalytic Experiences in Life and Music* (1953) by Theodor Reik,' in P. Ornstein (ed.) *The Search for the Self*, vol. 1, pp. 187-90. New York, International Universities Press, 1978.
(c) 'Book Review of *Beethoven and His Nephew: A Psychoanalytic Study of Their Relationship* (1954) by Edith and Richard Sterba,' in P. Ornstein (ed.) *The Search for the Self*, vol. 1, pp. 191-3. New York, International Universities Press, 1978.

1956
(a) 'Discussion of "Modern Casework: The Contribution of Ego Psychology" by Annette Garrett,' in P. Ornstein (ed.) *The Search for the Self*, vol. 1, pp. 195-200. New York, International Universities Press, 1978.
(b) 'Discussion of "The Role of the Counterphobic Mechanism in Addiction" by Thomas S.Szasz,' in P. Ornstein (ed.) *The Search for the Self*, vol. 1, pp. 201-3. New York, International Universities Press, 1978.

1957
(a) 'Reporter "Clinical and Theoretical Aspects of Resistance" on Panel: American Psychoanalytic Association New York, December 1956 Meeting,' *Journal of the American Psychoanalytic Association* 1957, vol. 5, pp. 548-55.
(b) '*Death in Venice* by Thomas Mann: A Story about the Disintegration of Artistic Sublimation,' in P. Ornstein (ed.) *The Search for the Self*, vol. 1, pp. 107-30. New York, International Universities Press, 1978. 伊藤洸訳「トーマス・マンの『ベニスに死す』について ― 芸術的昇華の解体の物語」『コフート入門』所収, 岩崎学術出版社, 1987年
(c) 'Observations on the psychological functions of music,' in P. Ornstein (ed.) *The Search for the Self*, vol. 1, pp. 233-53. New York, International Universities Press, 1978. 伊藤洸訳「音楽の心理学的機能に関する観察」『コフート入門』所収, 岩崎学術出版社, 1987年
(d) 'Book review of *The Arrow and the Lyre: A Study of the Role of Love in the Works of Thomas Mann* (1955) by Frank Donald Hirschbach,' in P. Ornstein (ed.) The Search for the Self, vol. 1, pp. 255-7. New York, International Universities Press, 1978.
(e) 'Discussion of "Some Comments on the Origin of the Influencing Machine" by Louis Linn,' in P. Ornstein (ed.) *The Search for the Self*, vol. 1, pp. 259-61. New York, International Universities Press, 1978.
(f) 'Discussion of "A Note on Beating Fantasies" by William G.Niederland', in P. Ornstein (ed.) *The Search for the Self*, vol. 1, pp. 263-5. New York, International Universities Press, 1978.

1958
'Discussion of "Looking over the Shoulder" by Morris W.Brody and Philip M. Mechanik,' in P. Ornstein (ed.) *The Search for the Self*, vol. 1, pp. 267-9. New York, International Universities Press, 1978.

1959
'Introspection, Empathy, and Psychoanalysis: An Examination of the Relationship between Mode of Observation and Theory,' in P. Ornstein (ed.) *The Search for the Self*, vol. 1, pp. 205-32. New York, International Universities Press, 1978. 伊藤洸訳「内省・共感・精神分析 ― 観察様式と理論の相互関係の検討」『コフート入門』所収, 岩崎学術出版社, 1987年

1960
(a) 'Reporter "The Psychology of Imagination" on Panel: American Psychoanalytic Association Philadelphia, April 1959,' *Journal of the American Psychoanalytic Association* 1960, vol. 8, pp. 159-66.
(b) 'Childhood Experience and Creative Imagination: Contribution to Panel on the Psychology of Imagination,' in P. Ornstein (ed.) *The Search for the Self*, vol. 1, pp. 271-4. New York, International Universities Press, 1978.
(c) 'Beyond the Bounds of the Basic Rule: Some Recent Contributions to Applied Psychoanalysis,' in P. Ornstein (ed.) *The Search for the Self*, vol. 1, pp. 275-303. New York, International Universities Press, 1978. 伊藤洸訳「基本規則の枠組みを越えて ― 最近における応用精神分析に対する幾つかの貢献」『コフート入門』所収, 岩崎学術出版社, 1987年
(d) 'Discussion of "Further Data and Documents in the Schreber Case" by William G.Niederland,' in P. Ornstein (ed.) *The Search for the Self*, vol. 1, pp. 305-8. New York, International Universities Press, 1978.

1961
'Discussion of "The Unconscious Fantasy" by David Beres,' in P. Ornstein (ed.) *The Search for the Self*, vol. 1, pp. 309-18. New York, International Universities Press, 1978.

1962
'The Psychoanalytic Curriculum,' in P. Ornstein (ed.) *The Search for the Self*, vol. 1, pp. 319-36. New York, International Universities Press, 1978.

1964
(a) 'The Position of Fantasy in Psychoanalytic Psychology: Chairman's Introductory Remarks to the Symposium on Fantasy,' in P. Ornstein (ed.) *The Search for the Self*, vol. 1, pp. 375-7. New York, International Universities Press, 1978.
(b) 'Some Problems of a Metapsychological Formulation of Fantasy: Chairman's Concluding Remarks to the Symposium on Fantasy,' in P. Ornstein (ed.) *The Search for the Self*, vol. 1, pp. 379-85. New York, International Universities Press, 1978. 林サオダ『メタ心理学におけるファンタジー定式化の問題』, イマーゴ vol. 7-7, 青土社, 1996年
(c) 'Franz Alexander: In Memoriam,' in P. Ornstein (ed.) *The Search for the Self*, vol. 1, pp. 387-8. New York, International Universities Press, 1978.
(d) 'Values and Objectives,' in P. Ornstein (ed.) *The Search for the Self*, vol. 1, pp. 389-93. New York, International Universities Press, 1978.

1965
(a) 'Autonomy and Integration,' in P. Ornstein (ed.) *The Search for the Self*, vol. 1, pp. 395-403. New York, International Universities Press, 1978.
(b) 'Discussion of "Correlation of a Childhood and Adult Neurosis: Based on the Adult Analysis of a Reported Childhood Case" by Samuel Ritvo,' in P. Ornstein (ed.) *The Search for the Self*, vol. 1, pp. 405-7. New York, International Universities Press, 1978.

1966

(a) 'Discussion of "Termination of Training Analysis" by Luisa G.de Alvarez de Toledo, Leon Grinberg, and Marie Langer,' in P. Ornstein (ed.) *The Search for the Self*, vol. 1, pp. 409-22. New York, International Universities Press, 1978.

(b) 'Discussion of "Some Additional Day Residues of the Specimen Dream of Psychoanalysis" by Max Schur,' in P. Ornstein (ed.) *The Search for the Self*, vol. 1, pp. 423-5. New York, International Universities Press, 1978.

(c) 'Forms and Transformations of Narcissism,' in P. Ornstein (ed.) *The Search for the Self*, vol. 1, pp. 427-60. New York, International Universities Press, 1978. 伊藤洸訳「自己愛の形態と変形」『コフート入門』所収, 岩崎学術出版社, 1987 年

1968

(a) 'The Evaluation of Applicants for Psychoanalytic Training,' in P. Ornstein (ed.) *The Search for the Self*, vol. 1, pp. 461-75. New York, International Universities Press, 1978.

(b) 'The Psychoanalytic Treatment of Narcissistic Personality Disorders: Outline of a Systematic Approach,' in P. Ornstein (ed.) *The Search for the Self*, vol. 1, pp. 477-509. New York, International Universities Press, 1978. 伊藤洸訳「自己愛パーソナリティ障害の精神分析的治療 — 系統的アプローチの概観」『コフート入門』所収, 岩崎学術出版社, 1987 年

(c) 'Introspection and Empathy: Further Thoughts about Their Role in Psychoanalysis,' in P. Ornstein (ed.) The *Search for the Self*, vol. 3, pp. 83-102. New York, International Universities Press, 1990.

1970

(a) On Leadership [1969-70],' in P. Ornstein (ed.) *The Search for the Self*, vol. 3, pp. 103-28. New York, International Universities Press, 1990. 林直樹訳「リーダーシップについて (1969 - 1970)」『自己心理学とヒューマニティ』所収, 金剛出版, 1996 年

(b) 'On Courage [early 1970s],' in P. Ornstein (ed.) *The Search for the Self*, vol. 3, pp. 129-81. New York, International Universities Press, 1990. 林直樹訳「勇敢さについて(1970年代初頭)」『自己心理学とヒューマニティ』所収, 金剛出版, 1996 年

(c) 'From the Analysis of Mr. R. [early 1970s],' in P. Ornstein (ed.) *The Search for the Self*, vol. 3, pp. 183-222. New York, International Universities Press, 1990.

(d) 'Narcissism as a Resistance and as a Driving Force in Psychoanalysis,' in P. Ornstein (ed.) *The Search for the Self*, vol. 2, pp. 547-61. New York, International Universities Press, 1978.

(e) 'Discussion of "The Self: A Contribution to Its Place in Theory and Technique" by D.C.Levin,' in P. Ornstein (ed.) *The Search for the Self*, vol. 2, pp. 577-88. New York, International Universities Press, 1978.

(f) 'Scientific Activities of the American Psychoanalytic Association: An Inquiry,' in P. Ornstein (ed.) *The Search for the Self*, vol. 2, pp. 589-614. New York, International Universities Press, 1978.

1971
'Peace Prize 1969: Laudation,' in P. Ornstein (ed.) *The Search for the Self*, vol. 2, pp. 563-76. New York, International Universities Press, 1978.

1972
(a) 'Thoughts on Narcissism and Narcissistic Rage,' in P. Ornstein (ed.) *The Search for the Self*, vol. 2, pp. 615-58. New York, International Universities Press, 1978. 林直樹訳「自己愛と自己愛的怒りについての考察」『自己心理学とヒューマニティ』所収，金剛出版，1996 年
(b) 'Discussion of "On the Adolescent Process as a Transformation of the Self" by Ernest S.Wolf, John E.Gedo, and David M.Terman,' in P. Ornstein (ed.) *The Search for the Self*, vol. 2, pp. 659-62. New York, International Universities Press, 1978.

1973
(a) 'Psychoanalysis in a Troubled World,' in P. Ornstein (ed.) *The Search for the Self*, vol. 2, pp. 511-46. New York, International Universities Press, 1978.
(b) 'The Future of Psychoanalysis,' in P. Ornstein (ed.) *The Search for the Self*, vol. 2, pp. 663-84. New York, International Universities Press, 1978.
(c) 'The Psychoanalyst in the Community of Scholars,' in P. Ornstein (ed.) *The Search for the Self*, vol. 2, pp. 685-724. New York, International Universities Press, 1978.

1974
(a) 'Letter to the Author: Preface to Lehrjahre auf der Couch by Tilmann Moser,' in P. Ornstein (ed.) *The Search for the Self*, vol. 2, pp. 725-36. New York, International Universities Press, 1978.
(b) 'Remarks about the Formation of the Self: Letter to a Student Regarding Some Principles of Psychoanalytic Research,' in P. Ornstein (ed.) *The Search for the Self*, vol. 2, pp. 737-70. New York, International Universities Press, 1978.

1975
(a) 'Originality and Repetition in Science,' in P. Ornstein (ed.) *The Search for the Self*, vol. 3, pp. 223-9. New York, International Universities Press, 1990.
(b) 'The Self in History,' in P. Ornstein (ed.) *The Search for the Self*, vol. 2, pp. 771-82. New York, International Universities Press, 1978. 林直樹訳「歴史の中の自己」『自己心理学とヒューマニティ』所収，金剛出版，1996 年
(c) 'A Note on Female Sexuality,' in P. Ornstein (ed.) *The Search for the Self, vol.* 2, pp. 783-92. New York, International Universities Press, 1978.

1976
(a) 'Creativeness, Charisma, Group Psychology: Reflections on the Self-Analysis of Freud,' in P. Ornstein (ed.) *The Search for the Self*, vol. 2, pp. 793-843. New York, International Universities Press, 1978. 林直樹訳「創造性，カリスマ，集団心理学：フロイトの自己分析についての省察」『自己心理学とヒューマニティ』所収，金剛出版，1996 年

(b) 'Preface to *Der falsche Weg zum Selbst, Studien zur Drogenkarriere* by Jurgen vom Scheidt,' in P. Ornstein (ed.) The Search for the Self, vol. 2, pp. 845-50. New York, International Universities Press, 1978.
(c) 'Reflections on the Occasion of Jean Piaget's Eightieth Birthday,' in P. Ornstein (ed.) *The Search for the Self*, vol. 3, pp. 231-4. New York, International Universities Press, 1990.

1978
(a) 'Conclusion: The Search for the Analyst's Self,' in P. Ornstein (ed.) *The Search for the Self*, vol. 2, pp. 931-8. New York, International Universities Press, 1978.
(b) 'Letters to Eric Heller,' in P. Ornstein (ed.) *The Search for the Self*, vol. 2, pp. 908-27. New York, International Universities Press, 1978.
(c) 'Self Psychology and the Sciences of Man,' in P. Ornstein (ed.) *The Search for the Self*, vol. 3, pp. 235-60. New York, International Universities Press, 1990. 林直樹訳「自己心理学と人間の科学」『自己心理学とヒューマニティ』所収, 金剛出版, 1996 年
(d) 'Reflections on *Advances in Self Psychology*,' in P. Ornstein (ed.) *The Search for the Self*, vol. 3, pp. 261-357. New York, International Universities Press, 1990. 岡秀樹訳「『自己心理学の進歩』を読んで」『自己心理学とその臨床』に一部訳出, 岩崎学術出版社, 1991 年
(e) 'Introductory Remarks to the Panel on "Self Psychology and the Sciences of Man,"' in P. Ornstein (ed.) *The Search for the Self*, vol. 3, pp. 387-93. New York, International Universities Press, 1990.

1979
(a) 'The Two Analyses of Mr. Z,' in P. Ornstein (ed.) *The Search for the Self*, vol. 4, pp. 395-446. New York, International Universities Press, 1990. 岡秀樹・石橋宗哉・宍戸和幸・德本祥・山崎篤（福岡コフート研究会）『症例 Z — 二つの分析』, イマーゴ vol. 7-7, 青土社, 1996 年
(b) 'Four Basic Concepts in Self Psychology,' in P. Ornstein (ed.) *The Search for the Self*, vol. 4, pp. 447-70. New York, International Universities Press, 1990.
(c) 'Remarks on Receiving the William A.Schonfeld Distinguished Service Award,' in P. Ornstein (ed.) *The Search for the Self*, vol. 4, pp. 471-4. New York, International Universities Press, 1990.
(d) 'Remarks on the Panel on "The Bipolar Self,"' in P. Ornstein (ed.) *The Search for the Self*, vol. 4, pp. 475-81. New York, International Universities Press, 1990.

1980
(a) 'Greetings,' in P. Ornstein (ed.) *The Search for the Self*, vol. 4, pp. 483-8. New York, International Universities Press, 1990.
(b) 'Selected Problems in Self Psychological Theory,' in P. Ornstein (ed.) *The Search for the Self*, vol. 4, pp. 489-523. New York, International Universities Press, 1990.

1981
(a) 'On Empathy,' in P. Ornstein (ed.) *The Search for the Self*, vol. 4, pp. 525–35. New York, International Universities Press, 1990.
(b) 'Introspection, Empathy, and the Semicircle of Mental Health,' in P. Ornstein (ed.) The Search for the Self, vol. 4, pp. 537–67. New York, International Universities Press, 1990.

1950
Kohut, H. and Levarie. S. 'On the Enjoyment of Listening to Music,' in P. Ornstein (ed.) *The Search for the Self*, vol. 1, pp. 135–58. New York, International Universities Press, 1978. 久保儀明訳『音楽を聴く歓びについて』, イマーゴ vol. 7-7, 青土社, 1996 年

1963
Kohut, H. and Seitz, P. 'Concepts and Theories of Psychoanalysis,' in P. Ornstein (ed.) *The Search for the Self*, vol. 1, pp. 337–74. New York, International Universities Press, 1978. 伊藤洸訳「精神分析の概念と理論」『コフート入門』所収, 岩崎学術出版社, 1987 年

1978
Kohut, H. and Wolf, E. 'The Disorders of the Self and Their Treatment: An Outline,' in P. Ornstein (ed.) *The Search for the Self*, vol. 3, pp. 359–85. New York, International Universities Press, 1990.

書 籍

1971
Analysis of the Self, New York, International Universities Press. 水野信義・笠原嘉監訳 近藤三男・滝川健司・小久保勲訳『自己の分析』, みすず書房, 1994 年

1977
The Restoration of the Self, New York, International Universities Press. 本城秀次・笠原嘉監訳 本城美恵・山内正美訳『自己の修復』, みすず書房, 1995 年

1984
How Does Analysis Cure?, Chicago and London, University of Chicago Press. 本城秀次・笠原嘉監訳 幸順子・緒賀聡・吉井健治・渡辺ちはる訳『自己の治癒』, みすず書房, 1995 年

未公刊の講義集

1960

Kohut, H. and Seitz, P. (ed.) (1960) 'Kohut's Unpublished Course P. 200, 300, "Psychoanalytic Psychology,"' in Kohut Archives, located at the Chicago Institute for Psychoanalysis.

公刊されている講義集

1974

Elson, M. (ed.) (1987) *The Kohut Seminars on Self Psychology and Psychotherapy with Adolescents and Young Adults*, New York and London: W.W.Norton. 伊藤洸訳『コフート自己心理学セミナー』1,2,3, 金剛出版, 1989 年, 1990 年, 1992 年

1972–6

Tolpin, P. and Tolpin, M. (1996) *The Chicago Institute Letters of Heinz Kohut*, Hillsdale, NJ, Analytic Press.

公刊されている対談集及び書簡集

1923–81

Cocks, G. (1994) *The Curve of Life: Correspondence of Heinz Kohut 1923–1981*, Chicago and London, University of Chicago Press.

1981

(a) 'The Psychoanalyst and the Historian [January 29, 1981],' in C.Strozier (ed.) *Self Psychology and the Humanities: Reflections on a New Psychoanalytic Approach* (1985), pp. 215–21. New York and London, W.W.Norton. 林直樹訳「精神分析家と歴史家（1981 年 1 月 29 日）」『自己心理学とヒューマニティ』所収, 金剛出版, 1996 年

(b) 'Idealization and Cultural Selfobjects (February 12, 1981),' in C.Strozier (ed.) *Self Psychology and the Humanities: Reflections on a New Psychoanalytic Approach* (1985), pp. 224–31. New York and London, W.W.Norton. 林直樹訳「理想化と文化的自己対象（1981 年 2 月 12 日）」『自己心理学とヒューマニティ』所収, 金剛出版, 1996 年

(c) 'On the Continuity of the Self and Cultural Selfobjects [February 26, 1981],' in C.Strozier (ed.) *Self Psychology and the Humanities: Reflections on a New Psychoanalytic Approach* (1985), pp. 232–43. New York and London, W.W. Norton. 林直樹訳「自己と文化的自己対象の連続性について（1981 年 2 月 26 日）」『自己心理学とヒューマニティ』所収, 金剛出版, 1996 年

(d) "'One Needs a Twinkle of Humor as a Protection against Craziness" [March 12, 1981],' in C.Strozier (ed.) *Self Psychology and the Humanities: Reflections on a New Psychoanalytic Approach* (1985), pp. 244–53. New York and London, W.W.Norton. 林直樹

訳「狂気に対抗するユーモアのきらめき (1981 年 3 月 12 日)」『自己心理学とヒューマニティ』所収, 金剛出版, 1996 年

(e) 'Civilization versus Culture [May 7, 1981],' in C.Strozier (ed.) *Self Psychology and the Humanities: Reflections on a New Psychoanalytic Approach* (1985), pp. 254–60. New York and London, W.W.Norton. 林直樹訳「文明 vs. 文化(1981 年 5 月 7 日)」『自己心理学とヒューマニティ』所収, 金剛出版, 1996 年

(f) 'Religion, Ethics, Values [June 6, 1981],' in C.Strozier (ed.) *Self Psychology and the Humanities: Reflections on a New Psychoanalytic Approach* (1985), pp. 261–2. New York and London, W.W.Norton. 林直樹訳「宗教、倫理、価値 (1981 年 6 月 6 日)」『自己心理学とヒューマニティ』所収, 金剛出版, 1996 年

(g) '"Stranger Take Word to Sparta: Here We Lie Obeying Her Orders" [July 16, 1981],' in C.Strozier (ed.) *Self Psychology and the Humanities: Reflections on a New Psychoanalytic Approach* (1985), pp. 263–9. New York and London, W.W.Norton. 林直樹訳「異国の人よ。この言葉をスパルタに伝えよ　我ら汝の命に従ってここに倒れると (1981 年 7 月 16 日)」『自己心理学とヒューマニティ』所収, 金剛出版, 1996 年

文　献

Aichhorn, A. (1935) Wayward Youth, New York, The Viking Press.
Atwood, G. and Stolorow, R. (1984) *Structures of Subjectivity*, Hillsdale, NJ, The Analytic Press.
—— (1993) *Faces in a Cloud* (rev.), Northvale, NJ, Aronson.
Bacal, H. (1985) 'Optimal Responsiveness and the Therapeutic Process,' in A.Goldberg (ed.) *Progress in Self Psychology*, vol. 1, pp. 202-26. Hillsdale, NJ, The Analytic Press.
Basch, M. (1995) 'Kohut's Contribution,' *Psychoanalytic Dialogues*, vol. 5, no. 3, pp. 367-73.
Baum, L.F. (1900) *The Wonderful Wizard of Oz*, G.M.Hill.
Beebe, B. and Lachmann, F.M. (1994) 'Representation and Internalization in Infancy: Three Principles of Salience,' *Psychoanalytic Psychology*, vol. 11, pp. 127-65.
Beebe, B., Jaffe, J. and Lachmann, F. (1993) 'A Dyadic Systems View of Communication,' in N.Skolnick and S.Warshaw (eds) *Relational Perspectives in Psychoanalysis*, pp. 61-8, Hillsdale, NJ, The Analytic Press.
Cocks, G. (1994) *The Curve of Life: Correspondence of Heinz Kohut 1923-1981*, Chicago and London, University of Chicago Press.
Eidelberg, L. (1959) 'The Concept of Narcissistic Mortification', *International Journal of Psycho-Analysis*, vol. 40, pp. 163-8.
Ferenczi, S. (1930) 'Autoplastic and Alloplastic Adaptations,' in *Final Contributions*, p. 221. New York, Basic Books, 1995.
Freud, A. (1946) The Ego and the Mechanisms of Defense, New York, International Universities Press. 黒丸正四郎・中野良平訳『自我と防衛機制』, アンナ・フロイト著作集 第2巻, 岩崎学術出版社, 1981年
Freud, S. (1900) *The Interpretation of Dreams, Standard Edition (SE)*, vols. 4 and 5, pp. 1-63. London, Hogarth Press.
—— (1905a) *Three Essays on the Theory of Sexuality*, SE, vol. 7, pp. 125-245. London, Hogarth Press.
—— (1905b) 'Fragment of an Analysis of a Case of Hysteria,' *SE*, vol. 7, pp. 7-122. London, Hogarth Press.
—— (1911) 'Psychoanalytic Notes on an Autobiography of a Case of Paranoia (Dementia Paranoides),' *SE*, vol. 12, pp. 3-82, London, Hogarth Press.
—— (1912) 'Recommendations to Physicians Practising Psychoanalysis,' *SE*, vol. 12, pp. 111-29. London, Hogarth Press.
—— (1913) 'On Beginning the Treatment (Further Recommendations on the Technique of Psycho-analysis),' *SE*, vol. 12, pp. 123-44. London, Hogarth Press.

―――― (1914) 'On Narcissism: An Introduction,' *SE*, vol. 14, pp. 69–102. London, Hogarth Press.

―――― (1915) 'Instincts and Their Vicissitudes,' *SE*, vol. 14, pp. 111–40. London, Hogarth Press.

―――― (1917) 'Mourning and Melancholia,' *SE*, vol. 14, pp. 239–58. London, Hogarth Press.

―――― (1920) 'Beyond the Pleasure Principle,' *SE*, vol. 18, pp. 7–64. London, Hogarth Press.

―――― (1921) 'Group Psychology and the Analysis of the Ego,' *SE*, vol. 18, pp. 67–143. London, Hogarth Press.

―――― (1923) 'The Ego and the Id,' *SE*, vol. 19, pp. 23–66. London, Hogarth Press.

―――― (1930) Civilization and Its Discontents, *SE*, vol. 21, pp. 59–145. London, Hogarth Press.

Galdston, I. (1955) '*Eros and Thanatos*: A Critique and Elaboration of Freud's Death Wish,' *American Journal of Psychoanalysis*, vol. 15, pp. 123–34.

Glover, E. (1931) 'The Therapeutic Effect of the Inexact Interpretation: A Contribution to the Theory of Suggestion,' *The Technique of Psychoanalysis*, pp. 353–66. New York, International Universities Press, 1955.

Goldberg, A. (1980) 'Self Psychology and the Distinctiveness of Psychotherapy,' *International Journal of Psychoanalytic Psychotherapy*, vol. 8, pp. 57–70.

Goldberg, A. (ed.) (1978) *The Psychology of the Self: A Casebook*, New York, International Universities Press.

Hitschman, E. (1956) *Great Men: Psychoanalytic Studies*, New York, International Universities Press.

Hoffman, I. (1991) 'Discussion: Toward a Social Constructivist View of the Psychoanalytic Situation,' *Psychoanalytic Dialogues*, vol. 1, pp. 74–105.

Kleeman, J. (1967) 'The Peek-a-Boo Game: Part I. Its Origins, Meanings, and Related Phenomena in the First Year,' *The Psychoanalytic Study of the Child*, vol. XXII. New York, International Universities Press.

Kohut, H. (1951) 'Discussion of *The Function of the Analyst in the Therapeutic Process* by Samuel D.Lipton,' in P. Ornstein (ed.) *The Search for the Self*, vol. 1, pp. 159–66. New York, International Universities Press.

―――― (1954) 'Discussion of *Eros and Thanatos*: A Critique and Elaboration of Freud's Death Wish by Iago Galdston,' in P. Ornstein (ed.) *The Search for the Self*, vol. 1, pp. 177–85. New York, International Universities Press, 1978.

―――― (1956) 'Discussion of "Modern Casework: The Contribution of Ego Psychology" by Annette Garrette,' in P. Ornstein (ed.) *The Search for the Self*, vol. 1, pp. 195–200. New York, International Universities Press, 1978.

―――― (1957a) '*Death in Venice* by Mann: A Story about the Disintegration of Artistic Sublimation,' in P. Ornstein (ed.) *The Search for the Self*, vol. 1, pp. 107–30. New York, International Universities Press, 1978. 伊藤洸訳「トーマス・マンの『ベニスに死す』について ― 芸術的昇華の解体の物語」『コフート入門』所収, 岩崎学術出版社, 1987 年

―――― (1957b) 'Observations on the Psychological Functions of Music,' in P. Ornstein (ed.)

The Search for the Self, vol. 1, pp. 233–53. New York, International Universities Press, 1978. 伊藤洸訳「音楽の心理学的機能に関する観察」『コフート入門』所収, 岩崎学術出版社, 1987年
—— (1957c)'Book review of *The Arrow and the Lyre: A Study of the Role of Love in the Works of Thomas Mann* by Frank Donald Hirschbach,' in P. Ornstein (ed.) *The Search for the Self*, vol. 1, pp. 255–7. New York, International Universities Press, 1978.
—— (1957d)'Discussion of "Some Comments on the Origin of the Influencing Machine" by Louis Linn,' in P. Ornstein (ed.) *The Search for the Self*, vol. 1, pp. 259–61. New York, International Universities Press, 1978.
—— (1959)'Introspection, Empathy and Psychoanalysis: An Examination of the Relationship between Mode of Observation and Theory,' in P. Ornstein (ed.) *The Search for the Self*, vol. 1, pp. 205–32. New York, International Universities Press, 1978. 伊藤洸訳「内省・共感・精神分析 —— 観察様式と理論の相互関係の検討」『コフート入門』所収, 岩崎学術出版社, 1987年
—— (1960)'Beyond the Bounds of the Basic Rule: Some Recent Contributions to Applied Psychoanalysis,' in P. Ornstein (ed.) *The Search for the Self*, vol. 1, pp. 275–303. New York, International Universities Press, 1978. 伊藤洸訳「基本規則の枠組みを越えて —— 最近における応用精神分析に対する幾つかの貢献」『コフート入門』所収, 岩崎学術出版社, 1987年
—— (1966)'Forms and Transformations of Narcissism', in P. Ornstein (ed.) *The Search for the Self*, vol. 1, pp. 427–60. New York, International Universities Press, 1978. 伊藤洸訳「自己愛の形態と変形」『コフート入門』所収, 岩崎学術出版社, 1987年
—— (1968)'The Psychoanalytic Treatment of Narcissistic Personality Disorders: Outline of a Systematic Approach,' in P. Ornstein (ed.) *The Search for the Self*, vol. 1, pp. 477–509. New York, International Universities Press, 1978. 伊藤洸訳「自己愛パーソナリティ障害の精神分析的治療 —— 系統的アプローチの概観」『コフート入門』所収, 岩崎学術出版社, 1987年
—— (1971) *Analysis of the Self*, New York: International Universities Press. 水野信義・笠原嘉監訳 近藤三男・滝川健司・小久保勲訳『自己の分析』, みすず書房, 1994年
—— (1973)'The Future of Psychoanalysis,' in P. Ornstein (ed.) *The Search for the Self*, vol. 2, pp. 663–84. New York, International Universities Press, 1978.
—— (1977) *The Restoration of the Self*, New York, International Universities Press. 本城秀次・笠原嘉監訳 本城美恵・山内正美訳『自己の修復』, みすず書房, 1995年
—— (1979)'The Two Analyses of Mr. Z,' in P. Ornstein (ed.) *The Search for the Self*, vol. 4, pp. 395–446. New York, International Universities Press, 1990. 岡秀樹・石橋宗哉・宍戸和幸・德本祥・山崎篤(福岡コフート研究会)『症例Z —— 二つの分析』, イマーゴ vol. 7-7, 青土社, 1996年
—— (1981a)'On Empathy,' in P. Ornstein (ed.) *The Search for the Self*, vol. 4, pp. 525–35. New York, International Universities Press, 1990.
—— (1981b)'Introspection, Empathy and the Semicircle of Mental Health,' in P. Ornstein (ed.) *The Search for the Self*, vol. 4, pp. 537–67. New York, International

Universities Press, 1990.
—— (1984) *How Does Analysis Cure?*, eds A. Goldberg and P. Stepansky. Chicago and London, University of Chicago Press. 本城秀次・笠原嘉監訳 幸順子・緒賀聡・吉井健治・渡辺ちはる訳『自己の治癒』, みすず書房, 1995 年
—— 'Kohut's Unpublished Course P. 200, 300, "Psychoanalytic Psychology"' (1960), ed. P. Seitz, in Kohut Archives located at the Chicago Institute for Psychoanalysis.
Kohut, H. and Levarie, S. (1950) 'On the Enjoyment of Listening to Music,' in P. Ornstein (ed.) *The Search for the Self*, vol. 4, pp. 135–58. New York, International Universities Press, 1978. 久保儀明訳『音楽を聴く歓びについて』, イマーゴ vol. 7-7, 青土社, 1996 年
Kohut, H. and Seitz, P. (1963) 'Concepts and Theories of Psychoanalysis,' in P. Ornstein (ed.) *The Search for the Self*, vol. 1, pp. 337–74. New York, International Universities Press, 1978. 伊藤洸訳「精神分析の概念と理論」『コフート入門』所収, 岩崎学術出版社, 1987 年
Kohut, H. and Wolf, E. (1978) 'The Disorders of the Self and their Treatment: an Outline,' in P. Ornstein (ed.) *The Search for the Self*, vol. 3, pp. 359–85. New York, International Universities Press, 1990.
Lachman, F.M. and Beebe, B. (1991) 'Three Self Psychologies—or One?', in A. Goldberg (ed.) *The Evolution of Self Psychology: Progress in Self Psychology*, vol. 7, pp. 167–74. Hillsdale, NJ, The Analytic Press.
—— (1992) 'Representational and Self Object Transferences: A Developmental Perspective,' in A.Goldberg (ed.) *New Therapeutic Visions: Progress in Self Psychology*, vol. 8, pp. 3–15. Hillsdale, NJ, The Analytic Press.
—— (1995) 'Self Psychology: Today,' *Psychoanalytic Dialogues*, vol. 5, no. 3, pp. 375–84.
Lichtenberg, J. (1983) *Psychoanalysis and Infant Research*, Hillsdale, NJ, The Analytic Press.
—— (1989) *Psychoanalysis and Motivation*, Hillsdale, NJ, The Analytic Press.
Linn, L. (1958) 'Some Comments on the Origins of the Influencing Machine,' *Journal of the American Psychoanalytic Association*, vol. 6, pp. 305–8.
Mitchell, S. (1988) *Relational Concepts in Psychoanalysis*, Cambridge, MA, Harvard University Press. 鑢幹八郎監訳 横井公一訳『精神分析と関係概念』, ミネルヴァ書房, 1998 年
Mitchell, S. (ed.) (1995) 'Self Psychology after Kohut: A Polylogue,' Special issue of *Psychoanalytic Dialogues*, vol. 5, no. 3.
Ornstein, P. (1990) 'Introduction: The Unfolding and Completion of Heinz Kohut's Paradigm of Psychoanalysis,' in P. Ornstein (ed.) *The Search for the Self*, vol. 3, pp. 1–83, New York, International Universities Press.
Ornstein, P. and Ornstein, A. (1995) 'Some Distinguishing Features of Heinz Kohut's Self Psychology,' *Psychoanalytic Dialogues*, vol. 5, no. 3, pp. 385–91.
Shane, M. and Shane, E. (1993) 'Self Psychology after Kohut: One Theory or Many?' *Journal of the American Psychoanalytic Association*, vol. 41, pp. 777–98.
—— (1994) 'Self Psychology in Search of the Optimal: A Consideration of Optimal

Responsiveness; Optimal Provision; Optimal Gratification; and Optimal Restraint in the Clinical Situation,' Presented at the 17th Annual Conference on the Psychology of the Self, Chicago.

Stern, D. (1985) *The Interpersonal World of the Infant: A view from Psychoanalysis and Developmental Psychology*, New York, Basic Books. 小此木啓吾・丸田俊彦監訳 神庭靖子・神庭重信訳『乳児の対人世界』Ⅰ,Ⅱ, 岩崎学術出版社, 1989年, 1991年

Stolorow, R. (1995) 'An Intersubjective View of Self Psychology,' *Psychoanalytic Dialogues*, vol. 5, no. 3, pp. 393–9.

Stolorow, R. and Atwood, G. (1992) Contexts of Being, Hillsdale, NJ, The Analytic Press.

Stolorow, R., Brandchaft, B. and Attwood, G. (1987) *Psychoanalytic Treatment*, Hillsdale, NJ, The Analytic Press. 丸田俊彦訳 『間主観的アプローチ ― コフートの自己心理学を超えて』, 岩崎学術出版社, 1995年

Tausk, V. (1919) 'On the Origin of the "Influencing Machine" in Schizophrenia,' *Psychoanalytic Quarterly*, vol. 2, pp. 519–56 (1933).

Terman, D. (1988) 'Optimum Frustration: Structuralization and the Therapeutic Process,' in A.Goldberg (ed.) *Learning From Kohut: Progress in Self Psychology*, vol. 4, pp. 113–25. Hillsdale, NJ, The Analytic Press.

Tolpin, P. (1988) 'Optimal Affective Engagement: The Analyst's Role in Therapy,' in A.Goldberg (ed.) *Learning from Kohut: Progress in Self Psychology*, vol. 4, pp. 160–8. Hillsdale, NJ, The Analytic Press.

Wolf, I. (1996) Personal communication.

フロイトの邦訳文献に関しては、『フロイト選集』(日本教文社)、『フロイト著作集』(人文書院)、『フロイト全集』(岩波書店)を参照のこと。

難解なコフート——訳者あとがきにかえて

I

　本書は、アレン・M・シーゲル Allen M.Siegel による Heinz Kohut and the Psychology of the Self（Routledge 1996）を訳出したものである。『ハインツ・コフートと自己の心理学』という原題のとおり、その内容は、ハインツ・コフートという人間の人となりや彼が生きた時代（とくに学問的状況）と絡めながら、その理論の発展を描き出し、コフートの自己心理学のエッセンスを探究したものである。図解もふんだんに用いられて明快であり、しかも高度に学術的な著作である。現代の精神力動的精神療法の発展に重要な貢献を果たした人物（サリバン、ビオン、A・フロイトら）の仕事と思索を考察した The Makers of Modern Psychotherapy というシリーズの一冊でもある。

　著者のシーゲルは、コフートが分析家として育ち、また教師としても活躍したシカゴ精神分析研究所で分析家になった精神科医であり、シカゴで20年にわたって開業している臨床家である。ちなみに、晩年のコフートにインタビューを行い、コフートとその学問を伝記的に研究して、大著『ハインツ・コフート―その生涯と自己心理学』を世に出したチャールズ・B・ストロジャーとは旧知の間柄である。シーゲルはこの友人がその大著に取り組んでいる際に、自らが役員を務めていたコフート記念基金から援助を行っている。

　シーゲルは世代的にはコフートのいわば孫弟子になるが、本書にあるように一度だけシカゴ研究所の講義でじかにコフートに会っている。そのときシーゲルは、コフートの印象的なぼやきを目の当たりにした。コフートは、相変わらず自己心理学が誤解されており、さらには今では自分の著作を読まれることさえもないと嘆いたのである。それもあって、シーゲルは、本書のなかに、コフートの著作を読んでほしいという願いを込めたという。

　このようにいろいろな面でシーゲルはコフートとはゆかりが深い。しかしシーゲルによるコフート論は、本書1章に登場するコフートの後継第一世代

の、コフートへの熱い理想化の時代から、かなりときを経た段階でのものなので、コフートとその理論がより包括的に紹介され、考察されている。

　訳者の私は 30 年以上も前に、故丸田俊彦先生によって精力的にわが国に紹介されたコフートの心理学に親和性を抱いた。そして、そのころ出版された『コフート入門』（伊藤 洸監訳 1987、岩崎学術出版社）をさっそく読んでみた。だが、精神分析の多くの理論書と同様にメタ心理学的概念があふれていて、難解であり、コフートの独創性がよく分からなかった。しかし（というか、それだけに）、メタ心理学化されていた精神分析（理論）を共感（代理内省）という理解様式から定義し直そうとする章「共感・内省・精神分析」がひどく気に入り、興味はつのった。ときを同じくして、私の尊敬する大先輩から、「丸田くん（丸田先生）からこんなものが届いたよ」と私に一冊の本を紹介された。それはいわゆるコフート三部作の第三作の How Does Analysis Cure ? であった。これを放っておく手はないと判断し、私はその場でお借りした。そして仲間たちと「コフート研究会」を立ち上げ、勉強することにした。しかし、私たちの語学上のハンディもあって、分かったようで、よくは分からなかった。そこで私は、A・ゴールドバーグの編集した一書を『自己心理学とその臨床―コフートとその後継者』（1991、岩崎学術出版社）という邦題で訳出・出版した。その本は、コフートの後継者たちの論文と、それに対する晩年のコフートの論評からなっており、訳出して少しは分かった気になった。

　その後、コフートの三部作が訳出された（水野信義・笠原嘉監訳 1994、本城秀次・笠原嘉監訳 1995，1995、みすず書房）。私や仲間にとっても待望の本であった。それは大変な労作だと思う。だが、優れた訳者の手によるこれらの本を読んでも、すんなりとは理解できなかった。仲間と原著を横に置いて取り組んだものの、やはり難解であることに変わりはなかった。

　私たちの研究会はその後、本書でもポスト・コフートの流れの一つとして紹介されている R・D・ストロロウらの間主観性理論に関心が移った。それはいくつかの基本的な視点や概念がいったん把握できると、コフートを読むよりもはるかに読みやすく、理解しやすいものであった。その理論は、コフートにならって、フロイト－自我心理学の流れを「伝統的」あるいは「古典的」

分析としてくくり、その機械論的、一者心理学的な理論構成と、そこから生まれた治療理念や臨床技法の限界や「古典性」（「時代遅れ」）を明らかにし、新たな精神分析的な思索や治療論を展開するというものである。それはじつに斬新で、理論として切れ味が鋭く、読んでいてある種の心地よさを感じ、臨床的にも大いに眼を開かれた。

　福岡にいる私は、精神分析の多くの先達に恵まれ、各種の研究会や個人的な指導で育てられたといってよい。その私にもライフサイクルはめぐり、福岡で長く続くある研究会などで自己心理学を紹介する機会も多くなった。それなりに役割を果たしてきたが、コフートの理論をすっきり伝えたい——じつは私自身が分かったという気がしていない——という思いがあって、およそ10年前にこの本の原書を手に入れた。

　それは期待にたがわず、たしかにコフートの自己心理学が私にとってより鮮明になった。とくに三部作のエッセンスが描かれているあたりは本当にありがたかった。便利な本だと思った。同時に、コフートがまさにミスター精神分析、つまり「フロイトの忠実な生徒」であったことがいっそう分かり、研究会などで「古典的な分析に対して、コフートは…」とぬけぬけと語っていた自分をいささか恥じた。コフートが「古典的な分析」について語り、それに批判を加える背後にある経験と知識の厚さや深さ、それに勇気などを、本書によってあらためて知らされた。私たちは、知識や経験の質と量に関してはコフートの足元にも及ばない。いや、瞬間なりとも「足元に及ぶ」かもしれないと無謀にも錯覚していた自分の自己愛ぶりに気づかされた。

　それはある種の安堵でもあった。背伸びして分かったつもりにならなくてもよいし、分かっていることが見えると、まだ分からないでいるようなことも見えてくる。コフートのいうように、欲深く探究しようとする野心も自己愛というなら、私の自己愛は少し成長したのかもしれない。

Ⅱ

　本書が自己（愛）をテーマとしていることもあって、コフートを理解するのに難渋した私の体験をつづったが、それは、コフートの読者の多くがその理論を難解だと感じるのではないかと思うからでもある。私を含む読み手の

側の条件はさておき、コフートの理論展開やその言語にも、読者を悩ませるものが内在している。それが、コフートをして、誤解され、自分の書いたものが読まれないと嘆かせた一因でもあるだろう。

　シーゲルは、コフートにじかに触れてほしいと願って本書を書いた。繰り返すが、本書は明快で、かつ学術的である。しかし最終章でシーゲルも、読者を悩ませるコフートの問題について言及している。説明や挿入がやたらと多く、冗長なコフートの文体には、英語圏の読者でも理解するのに苦心するらしい。コフートは精神分析については定義を下したが、自己心理学のその「自己」を定義することに慎重であった。それは、教条主義を避ける遊びの精神を大切にしているからだという。彼の文体もその精神のなせる業（わざ）かもしれないが、シーゲルはその文体にコフートのアンビバレンスを読み取っている。「フロイトの忠実な生徒」でありつつも、自己心理学を主張するというアンビバレンスである。

　たしかにこのアンビバレンスがコフートを読む者たちをいろいろな面で戸惑わせる。コフートの読者の先輩として、これに関連していくつか述べておきたい。

　たとえば、自己心理学を語るうえで必須の共感の概念についても、コフートは、それはあくまで代理内省という中立的な観察様式だと強調しつつも、発達促進的あるいは治療的な価値があると論じる。それでいて、自己心理学による治療を「愛情による治療」だと誤解されてはならないと繰り返す。フロイトの忠実な生徒としてのコフートには、共感に治療的な価値を認めることは、「愛情による治療」への逸脱ではないかという危惧が抜けなかった。「最後の言葉」においても、その論述にはアンビバレンスがにじむ（ゆえに深いが）。

　古典的な理論の不足分を「追加」した自己心理学が、最終的には「人間の内的世界を探究する唯一のアプローチ」になったものの、古典的なエネルギー経済論は最後までつきまとっている。「双極的自己」や「変容性内在化」、「最適の欲求不満」といった主要概念さえも、この経済論が前提になっているのである。

　双極的自己はフロイトの精神装置に代わる最重要概念の一つだが、コフー

トはそれを電極、電位差、電流という物理学的なモデルを援用して描いている。読者にはとっつきにくい概念である。コフートは読者の注意を「喚起する」ために、そのように描いたという。たしかに注意してコフートの描写につきあうと、双極的自己は、一見フロイトの精神装置論を思わせるものだが、欲動−葛藤ではなく自己愛−成長を中心に据えた心の理論であることが分かる。それは、体験的な資料にもとづく理解を、いかに機械論的にならずに理論化するかという苦心のなかでの産物のように見える。しかし一方、別の文脈では、理論の教条化を懸念するコフートは「自己は不可知である」ともいう。

　コフートにとって自己は最上位の概念であるので、それを語るのにレトリックを凝らしているように見える。それだけに、コフートの自己の概念は一筋縄ではいかない（コフートによってそのように仕組まれている）。ただ読者のために明確にしておきたいことは、自己は、機能するシステムあるいは構造という特性をもっているということである。ただしこの場合の構造は、精神装置のような実体論的な機械的構造というよりも、精神内界の体験と働きの凝集的なパターンに関わるものだということである。

　この構造という概念はコフートにおいてよく用いられる。三極構造だけでなく双極的自己も構造であり、さらに、その先駆体としての「誇大自己」や「理想化された親イマーゴ」も、一定の機能を備えた凝集的な体験なので構造である。本書で narcissistic structures を自己愛的構造、narcissistic configuration を自己愛的布置と訳したが、4章でシーゲルもいうように、コフートには「構造」と「（体験の）布置」は同義である。たとえば「誇大自己」にせよ、それは「体験に近い」概念だが、いったん理論的概念として一般化されると、抽象的な構造として語られるのである。読者も、この点に留意していただきたい。

　アンビバレンスのためか、コフートは伝統的な用語や概念に新たな内容を盛り込む。それは構造概念だけはなく、転移概念もそうである。

　コフートが自己心理学へと舵を切る際の重要な臨床現象である「自己愛転移」の「自己愛」と「転移」は、そもそも臨床的には対立概念であった。フロイトは、精神病や心気症のような、治療者に愛着や関心を向けない、つまり転移を起こさない症例を自己愛的だと述べた。つまり、対象へのリビドー

的愛着よりも、自己の表象や身体、自我の機能などへのリビドー的愛着が優勢だとされたのである。そうした症例は、その自己愛傾向が一次的なのか、エディプス葛藤からの防衛的な退行として自己愛的なのかは別にして、転移が展開しないとされたので、転移の操作によって病理の解消をめざす分析の適用対象とはならなかった。

　コフートも初期のころは、自己愛と転移に関するこの伝統的理論を引き継いだ。そして、本書3章に引用されている論文（1951）において、「境界例」患者によって反復される、治療者への「直接的な強烈な反応」は（狭義の）転移ではないと論じた。それというのも、そうした反応はたしかに「反復」と「新旧の対象の混同」という二つの転移的な要素が見られるものの、その動機は、転移の基本要素である抑圧防衛された欲動の満足ではなく、「傷ついている自己愛的な自我が再保証・安心を求めている」点にあるからだという。引用では省略されているが、そう論じた後にコフートは、そうした患者には解釈は「批判か、分析家からの関心」として自己愛的に受けとめられると述べ、「患者はいかなる意味でも分析家を愛しているのではなく」、彼らの関心は「自分自身に、つまり傷ついた自我に自己愛的に向けられている」という。シーゲルはこの初期の論文のなかに自己愛転移をめぐる理論の萌芽を認めているが、この時点のコフートにとっては、治療者への自己愛的な「強烈な反応」は「転移」ではなく、あくまで「転移様」であった。

　しかし対象愛に発達ラインがあるように自己愛にも発達ラインがあるという洞察から、治療者に向けられるものが抑圧された欲動でなく、自己愛的欲求であっても転移として語られることになり、「自己愛転移」もありうるということになった。そしておのずと、自己愛病理も転移の操作によって治癒をめざす分析の対象になった。

　こうして精神分析としての自己心理学が形を成していくわけだが、伝統的な用語や枠組みのなかで新しいものが論じられるために、どうしても読者として戸惑わされる。3章で引用された論文でコフートは、「あらゆる転移は反復であるが、あらゆる反復が転移というわけではない」と書いており、8章では「あらゆる反復は転移であるが、あらゆる転移が反復というわけではない」というコフートの論述が紹介されている。二つの論述だけを取り出し

て並べてみると、にわかには理解できず面喰ってしまう。

　本書の文脈でいずれも理解できるものだが、蛇足を承知で説明しておきたい。それぞれの論述の前半は、精神内界の葛藤（欲動の満足を求めるイドとそれを抑圧する自我）の妥協産物として転移を理解する伝統的見解における定式「転移＝反復」を述べているのである。そして、最初の論述の後半では、この伝統的定式には収まらない反復がある、つまり前述のように、過去の抑圧された欲動に還元できない、「自己愛的自我」の傷つきと修復の試みとしての反復的な反応があると強調しているのである。もう一方の論述の後半では、伝統的定式に収まらない転移、つまり、欲動の抑圧に寄与した外傷的対象の再現ではない、停止していた自己対象欲求の新たな活性（自己対象転移）に言及しているのである。

　このように理解すると、コフートが、伝統的な分析に徹しながらも、そこには収まらなかった、しかし重大な臨床現象を取り上げ、そこから新しい理論、つまり自己心理学を展開していったことがよく分かる。同時に、その過程で伝統的用語が「換骨奪胎」され、いかに読者を悩ませる（ひいてはコフート自身を嘆かせる）ものになったかも理解できる。

　以上のような事情から、コフートに取り組むのは、読むというよりも骨の折れる解読に近い作業であり、それなりの準備があってもすんなりとはいかないかもしれない。それでもやはり、私も著者のシーゲルと同様にコフートを読んでほしいと思う。

　本書はシーゲルの狙いどおり、その際の格好のガイドである。すでにコフートに通じている読者にも、本書によってコフート理論が精神分析の伝統や営みとつながって、より深く理解できるにちがいない。（精神分析そのものに関心のある若い読者には、フロイトの理論がミスター精神分析・コフートによって紹介されている２章は簡潔かつ良質の「フロイト入門」にもなる。）

Ⅲ

　私自身は、本書を通して、コフートの思索の態度が、私たちの臨床的な営みのモデルになるとあらためて思った。コフートが伝統的理論をたずさえながらも、個々の「複雑な精神状態」に共感という観察様式で向き合い、そこ

で得られた知見を伝統的理論と比較・照合し、新たな理論を描き出すという思索の運動は、規模や水準は違っていても、私たちの臨床的な営みに通じるように思う。

　クライエントはいったい何にどのように苦しんでいるのか。私たちの仕事は、その苦悩する主観的体験の世界——過去や現在の体験が意識‐無意識の境界をめぐって力動的に流動している「複雑な精神状態」——を、クライエントとともにより深く立体的に探索し、苦悩の力動的意味を明るみに出すことだといっても過言ではない（「何にどのように苦しんでいるのか」にかかわる関係体験が探索作業において出現しているように思えるときには、それ自体が探索の焦点になる）。

　そこで私たちは、専門的な心の理論を仮説的にたずさえて、クライエントに向き合う。共感的観察によって得られたより直接的な体験レベルの理解を、理論レベルの理解と照合する。こうした往復運動によってより適切な力動的理解に向かうのである。セラピストの理解は通常、セラピスト自身に「正しく客観的」なものとして体験される。「正しく客観的」というのは錯覚なのだが、この錯覚があってこそ、ここぞという重要な判断や援助的な主体的介入も可能になる。心理的な援助過程は、こうした理解‐介入とクライエントの反応との連続である。だがいうまでもなく、「正しく客観的」な理解は、クライエントの「複雑な精神状態」についてのセラピストによるひとまずの組織化であり、想定であるという点で主観的であり、そこでの介入も試行的なものである。したがって、理解が、クライエントの「複雑な精神状態」にほどよく近似的か、あるいは過不足が多いか、そして介入が援助的、生産的かどうかを判断するには、クライエントからの主観的な反応を待ち、それを共感的に観察しなくてはならない。むろんそこでの判断や理解も、双方によってさらに更新される可能性がある。臨床的な対話作業とは、そうした試行錯誤過程であるだろう。

　コフートは多年におよぶ経験から、治療者の「正しい」理解よりも患者の理解は深いという教訓を得たという。あのコフートがそう自戒したのである。私たちは、間主観的な場での探究によってクライエントが精神的な健康に関わる成果を体験するにいたるまで、粘り強く理解を更新できるように主体的

かつ開放的であり続けなくてはならないという少し難しい仕事をコフートに課されたようである。

　本書はどちらかといえば理論書だが、日々の臨床でクライエントの主観的世界を共有することに努め、援助的な関与・介入を模索している臨床家にとっても役立つ一書だと確信している。

　最後に、本書の出版までにじつに多くの方がたの力にさまざまな形で助けられた。このあとがきでも直接、間接に記したコフート研究の先達、出版の作業のために献身的に協力して頂いた福岡コフート研究会の仲間、私の仕事を支えて頂いている疋田病院の方がた、さらに英語の達者な友人たちに感謝の思いでいっぱいである。また本書を「面白い本です！」という一言で、出版に向けて勇気づけてくださった金剛出版の中村奈々さんにもお礼申し上げたい。

索引

あ行
アイスラー Eissler, R. 27
アイヒホルン Aichhorn, A. 27
甘やかされた人間 47-8
怒り →自己愛的怒り
育児 →親の応答性
依存 →自己対象欲求
ウォルフ Wolf, E. 3, 4, 19-37
受身性（生を維持する見せかけとしての受身性）246-251
英知か自己愛的幻想か 90
エディプス・コンプレクス
　——の異常性 186-7, 219
　——の原因としての共感不全 186-7, 218-9
エディプス段階 oedipal phase 182-7, 218
　——に必要な条件としての凝集的自己 183-4
　——における喜び 183-4, 185-6
　——に対する親の反応 184-5, 218-9
エディプス的素材
　分析中の—— 183-4, 217
　新たな——か転移か 183, 217
　不安を伴わない—— 183
オーンスティン Ornstein, A. 24
オーンスティン Ornstein, P. 24
親の応答性 122, 256
　エディプス段階における—— 184-6
音楽 70-1, 76

が行
解釈
　——の後の怒り 155-6
　抵抗への—— 133
　治療における——の役割 35, 188-9, 257-8
　——における治療的要因 35-6, 233-4, 257-8
　不正確な—— 234-5
　→治療
解釈における説明 explanation
　——の認知的要素 260
　——の力動的，発生的要素 238-241
　——と解釈における理解との関係 257-8, 260
解釈における理解 understanding 235-8, 241, 257-8
外傷 82-3
　——によって阻害される統合 92
　最悪の——としての親の空虚な中身 256
　分析的な非応答性によって反復される—— 188
　精神病理における——の役割 82-3
科学的態度 73
鏡転移 124
　分析家による——の受容 132-3, 139
　——への逆転移 133
　——の途絶 126
　——のタイプ 123-7
　→誇大自己，分身転移，融合転移
鏡反応への欲求 88
加虐性 254
反－自己愛主義 anti-narcissism 86, 148-9
　無私の精神 148
　真実か共感か 33-4
　西洋道徳における偏見 148
願望か緊張か 74
ギッテルソン Gitelson, M. 21
技法 225, 231, 241, 274-5
　鏡転移の受容 132-3
　自己対象転移の受容 232
　自己対象転移の途絶と—— 111-2
　人間的な応答性と過度の友好性 109-110
　非応答的反応によって反復される自己対象不全・外傷 188-9
　→解釈，中立性
逆転移 113
　——性の隷属感 133
ギャルドストン Galdston, I. 73
境界例状態 71-2, 167
　——における転移 71-2
共感 17, 253-8
　——の概念と発達水準 253-60
　——の発達 34
　——とフロイト 34
　観察の道具としての—— 101, 253-4
　——へと変容される自己愛 90
　——か中立性か 16

「共感について」（H・コフート）17, 253-61, 268
　　　最適の欲求不満としての―― 236
　　　加虐的に利用される―― 254
　　　――か真実重視の価値観か 33-4
共感による結びつき 256-8
　　　――によって防止される崩壊不安 255
　　　――への欲求 255
共感の失敗（共感不全）
　　　古典的分析における―― 188, 232
　　　――によって惹起される欲動 160
凝集性の発達 125
恐怖症
　　　神経症の核としてのエディプス的―― 56
　　　精神病の核としての前エディプス的――
　　　　56-7
去勢不安 216
　　　→エディプス段階，エディプス・コンプレクス
緊張調整の障害 103, 104
欠陥 defect →欠損
欠損 deficits（発達上の欠損）48, 75-8, 232
　　　――の治療 149
　　　→自己対象欲求，構造
ゲド Gedo, J. 24-5
顕示性
　　　誇大自己にもとづく―― 89
　　　性愛化された―― 165-6
現実検討力の発達と最適の欲求不満 47
顕示的自己愛
　　　野心の起源としての―― 163
　　　――によって高まる働く能力 126
攻撃性 →自己愛的怒り
構造
　　　代償的―― 149, 152, 212-6
　　　防衛的―― 149
　　　新しい――の脆弱性 56
　　　非葛藤的―― 62
　　　二次的―― 213-4
構造形成 103, 241
　　　――の限界 240
　　　――における認知の役割 260
　　　→内在化
構造の欠損 48, 75-8, 232
　　　超自我における―― 105

――の治療 148-9
　　　→自己対象欲求
構造論 83
ゴールドバーグ Goldberg, A. 4, 24, 29
誇大自己 58, 76, 88, 91, 96, 101, 121-143, 278
　　　自己愛の傷つきによって活性化した――
　　　　106-7
　　　――にもとづく野心 89
　　　――にもとづく顕示性 89
　　　――のパーソナリティへの統合 89, 91,
　　　　121-2, 131-2
　　　――の再動員 126
誇大性 →誇大自己，理想化された親イマーゴ，
　　　鏡転移
古典的精神分析理論 →欲動－防衛理論
古典的分析
　　　――における共感の失敗 188, 232,
　　　→欲動－防衛理論の立場の分析家，解釈，
　　　　技法，治療的要因，治療目標，治療
コフート後の自己心理学 273
コフートの仕事 29, 283-93
　　　「精神分析の概念と理論」81-5
　　　フロイト理論についての講義 37-67
　　　「共感について」17, 253-61, 268
　　　「症例 Z：その二つの分析」193-207, 232
　　　――における文体 265
コフートの生涯 12-3, 28, 29-30, 145, 265-6, 283
　　　死 253
　　　自己反省 233
　　　外傷 31
コフートのパーソナリティ 19-23, 28, 30, 145-6,
　　258, 265, 267
　　　鏡反応への欲求 31
　　　――と母親 30
コフートの理論的見解
　　　――への論評 269-74
　　　自己心理学の発展 33-4, 80
　　　初期の仕事 67
　　　――の進展 13-4, 33-4, 81, 145-6, 163,
　　　　209-10, 231
　　　→欲動－防衛理論
コフートの臨床実践 248-9, 275
　　　臨床例 105-6, 128, 149-52, 168-72, 258
　　　治療上の失敗への反応 33, 232

コフート派の分析 →治療

さ行
ザイツ Seitz, P. 81-5
最適の欲求不満 →欲求不満
三極構造モデル 83
視覚による関わり 125
　　→鏡反応
自我理想 63-5, 88, 105
自己愛
　　——に対する先入観 148
　　——の定義 85-6
　　途絶した幼児的—— 87, 97-8
　　——の形態と変容 85-91, 97-8
　　コフートによる——の正当化 86, 148
　　——に対する中立性 86, 232
　　——と対象愛 86
　　修復を果たすものとしての—— 72
　　——の独自の発達ライン 63-4, 86, 97-98, 148
自己愛行動障害
　　双極的自己と—— 167
　　修復のための行為の使用と空想の使用 168
自己愛障害の治療
　　——の段階 109
　　——への抵抗 109-10
自己愛障害における不安 94, 131
自己愛的怒り 69
　　自己主張の崩壊産物としての—— 154, 158, 165
　　自己愛的な傷つきによって生じた—— 158
　　分析家の自己対象不全に続く—— 188
　　非共感的な解釈に続く—— 155
　　——についての誤った解釈 156
　　崩壊しつつある自己の産物としての—— 158
　　——によって引き起こされた自虐性の抑圧 63
自己愛的自己 87
　　→純粋快感自我
自己愛的欲求の性愛化 105-7
自己愛的欲求 264
　　分析家による——の受容 132, 232
　　——の性愛化 105-7

自己愛転移 92
　　→自己対象転移
自己愛の傷つき 106-7
　　古典的分析における—— 188-232
　　——によって生じる欲動 160
　　→自己愛的怒り
自己愛の恒常性 126
自己愛の脆弱性 69
自己愛パーソナリティ 93, 167
　　双極的自己と—— 167
　　鑑別診断 93
　　自己の凝集性と断片化 93
自己慰撫機能 self-soothing functions の障害 104-6
自己凝集性の発達 125
自己構造化の段階 155
自己状態の夢 self-state dream 70
自己心理学 →コフートの理論的見解
自己対象 15, 57-8, 69, 278
　　——に対する防衛 244
　　自己対象と対象 103
自己対象転移 →転移
自己対象転移 75-6, 166, 231-2
　　非反復性の現象としての—— 166
　　——の途絶に対する徹底操作 112
　　→理想化——, 鏡——
自己対象欲求 103-4, 231, 279
　　——と古典の転移 74-5
　　——の正常性 224, 228, 232
　　→理想化された親イマーゴ, 鏡反応への欲求
仕事の（過剰の）防衛的側面 126
自己
　　情緒のコンテイナーとしての—— 156
　　——の定義 168
　　——の性質 93
　　欲動固着における——の役割 154
　　——の定義の不可能性 191, 270-1
自己の欠損 →欠損
『自己の心理学：症例集』（ゴールドバーグ） 29
自己の病理 232
　　欠損のある自己の背後にある抑うつ 267
　　——と欲動固着 154
自己への関心 →自己愛
自己保存の一次性 245

失望 →欲求不満
死の不可避性の受容 90
嗜癖 75, 104
修正感情体験 228, 232
修復 237
自由連想法 78
シュバイツァー Schweitzer, A 79-80
純粋快感自我 57
　　　→自己愛的自己
症状 56
　　妄想 57, 77
　　パラノイア 77
　　精神病的—— 54, 59
　　→不安, 心気症, 精神病理
自律性 224
心気症 55
心気症的不安 157
　　対象の不在状態としての—— 55
神経症
　　構造—— 52
　　構造——における不安 156-7
　　転移—— 94
真実重視の価値観か共感か 33-4
新造語 neologisms 55
診断分類 167-8
垂直分裂 128-32, 279
スキゾイド性格 55
精神性的固着 psychosexual fixations
　　　——における自己の役割 154
精神的健康 →治療目標
精神病 54-6, 167
　　——と神経症 54, 60
精神病症状と対象関係の維持 55, 59-60
精神病的退行 54-6
精神病理
　　嗜癖 75, 104
　　境界例状態 71-2, 167
　　——の分類 167
　　露出症 166
　　自己愛行動障害 167-8
　　自己愛障害 94, 109-10, 131
　　神経症 52-3, 94, 156-7
　　パラノイド性妄想 77
　　恐怖症 56

精神病 54-6
　　スキドイド・パーソナリティ 55
　　→誇大自己, 心気症, 倒錯, 症状
精神分析
　　——の歴史 38
　　→治療
精神分析家 →欲動−防衛理論の立場の分析家
精神分析における生物学的原理 41, 147, 267-8
精神分析理論
　　　→精神分析における生物学的原理,
　　欲動−防衛理論, コフートの理論的見解
西洋道徳における偏見 147-8
性欲
　　——をめぐる欲動心理学と自己心理学 160
　　妨害された愛情の結果としての—— 154
　　→倒錯
窃視症 voyeurism
　　理想化された自己対象の失敗への反応とし
　　　ての—— 166
説明 →解釈
全知 →理想化された親イマーゴ
全能感の自尊心（誇り）への変容 90
双極的自己 89, 163-6, 240-1
　　——の代償的性質 164
　　——への批判 270
　　自己愛障害における—— 168, 172
　　——における技能と才能 164
　　——の緊張弧 164
　　→自己
創造性（自己愛の変容としての創造性）90

た行
体験に近い理論
　　——と古典的理論 146, 232
　　——と体験から遠い理論 146, 232, 279
対象（真の対象）object（true）→自己対象
対象飢餓 →自己対象欲求
対象通過 passage through object 102, 271
　　　→変容性内在化
対象とのつながり
　　精神病における——の喪失 54-5
　　→共感的な結びつき, 治療的要因, 自己対
　　　象による調律
代償的構造 149, 152, 213-6

タウスク Tausk, V. 77-8
脱性愛化 →中和
断片化 70, 93
中立性 232
　　──の不可能性 16, 220-1
　　──と非応答性 187
　　自己愛に対する── 86, 232
中和 61
　　──と抑圧 83
　　漸進的──の領域 83
　　──と防衛障壁 83-5
　　──をもたらす変容性内在化 83-5
治癒 →治療的要因，治療目標
超自我
　　──における欠損 105
　　中和された── 65
治療 232, 240-1, 257
　　──における解釈の段階 155
　　解釈の限界 167, 240
　　──における融合の段階 155, 260
　　──のエディプス段階 217-8
　　──の諸段階 155, 168-72
　　→分析可能性，欲動－防衛理論の立場の分析家，解釈，技法
治療的要因（要素）223, 240-1, 245, 273-5
　　自己愛的欲求の受容 132, 232
　　認知・認識 260
　　修正情緒体験 228, 232
　　不正確な解釈の── 234-5
　　自己への脅威についての洞察 245
　　欲求－途絶－修復 237
　　自己対象による調律 224, 226-7, 235
　　転移による自己対象不全 189, 225-6
　　変容性内在化か洞察か 76, 227-8
　　欲求と依存に対する否認の解消 76
　　徹底操作 112, 128, 223
　　→内在化，解釈
治療の雰囲気
　　欲動－防衛理論の場合と自己心理学の場合 232
治療目標 170-2, 212-6, 159, 240-1
　　自律性 224
　　代償的構造 149, 172, 170-2, 212-6
　　自己愛の創造的な発現 152, 241

傷ついた自己の──と崩壊した自己の── 211
　　コフートの──と古典的な── 86, 211-6
　　──の限界 167
　　技能と才能の実現 213, 241
　　構造形成 103, 240-1, 260
罪の人 161
抵抗 232, 242-6
　　健康な── 245
　　──の解釈 133
　　自己保存のためか欲動抑圧のためか 244-5
　　自己対象転移への── 109
　　技法と── 109
　　→防衛
転移
　　分身／双子── 124
　　境界例状態における── 71-2
　　──の概念とタイプ 43, 44-5, 71-2, 75, 81
　　防衛か欲求か 71-2
　　融合── 124
　　自己愛転移（→自己対象転移）91
　　──と非── 61-4, 71
　　技法論における転移 43
転移様の体験 91
倒錯
　　抑うつへの防衛 160
　　傷ついた自己と── 154
　　露出症 166
　　性愛化された自己対象関係としての── 160
　　窃視症 166
洞察 →治療的要因
トルピン Tolpin, P. 24

な行
内在化
　　変容性── 65, 102, 227, 282
　　理想化の途絶と変容性── 111
　　変容性──と非変容性─ 271
　　変容性──の概念の起源 272
ナチスによる人間性の無視 255
人間性剥奪 dehumanization による外傷 255
認知の構造形成における役割 260
眠りにつくこと 75

は行

儚さ 90
バッシュ Basch, M. 269
発達過程 →治療的要因
発達停止 →欠損，欲動の固着
発達ライン →自己愛
パラノイド性妄想 paranoid delusions
  基底にあるのは生気の枯渇か葛藤か 77
ビービー Beebe, B. 272
非葛藤的構造 62
悲劇の人 161
ヒッチマン Hitschman, E. 79-80
否認 disavowal 129, 280
不安
  崩壊―― 256
  自己愛障害における―― 94, 131
  神経症における―― 156-7
双子転移→分身転移
布置 configuration →構造
フロイト Freud, A 23, 26-7, 91
フロイト Freud, S と共感 34
分身／双子転移 124
分析可能性 240
変容性内在化 →内在化
防衛 242-6
  ――と漸進的中和の領域 62
  ――の背後にある欠損 244
  失敗した自己対象に対する―― 244
  ――の健康的な側面 246-51
  ――についての誤同定 misidentificaton 232
  抑圧障壁 83-4
  →拒否，抑圧，抵抗
崩壊不安 →不安
母子関係 →鏡反応，親の応答性

ま行

マン Mann, T. 68-70
無視
  ――によって引き起される罪悪感 256
  ――された体験の言語化の不可能性 256
無私の精神の美徳 148
結びつき →共感的な結びつき
妄想 57

や行

野心
  誇大自己にもとづく―― 89
  ――の起源としての顕示性 163
融合転移 124
ユーモアと，儚さの受容 90
夢の内容
  外傷状態における崩壊 157
  神経症における願望充足 157
抑圧 →防衛
抑圧障壁 83-4
  ――と漸進的中和の領域 61-2
抑うつ（欠損のある自己の背後の抑うつ）267
欲動固着と自己の役割 154
欲動についてのコフートの見解 267
欲動－防衛理論
  ――の先入観 147, 220
  ――と生物学的原理 41, 147, 268
  ――とコフートのアイデアとの接点 61-6, 268, 271
  ――に対するコフートの追加 61, 82
  ――についてのコフートの講義 37-66
  ――からのコフートの離脱 15, 74, 148, 220, 268
  ――によって病理にされた自己愛 147
  構造論 83
  ――と治療的雰囲気 232
欲動－防衛理論の立場の分析家
  ――による怒りをめぐる誤った解釈 155
  ――による自己対象転移をめぐる誤った解釈 231-2
  ――の非応答性 156
  ――がもたらす自己対象不全 188
欲動要素
  傷ついた自己の崩壊産物としての―― 154, 166, 267
  共感の失敗によって惹起される―― 160
欲求 needs →自己愛的欲求
欲求不満
  最適の―― 47, 49, 102, 273, 278
  最適の――としての共感的反応 236
  欲求－途絶－修復の過程と最適の―― 236-7

最適の――と外傷的―― 84
　　　外傷的―― 83
　　　外傷的――の共感による緩和 236

ら行

ラックマン Lachmann, F. M. 272
理解→共感，解釈における理解
理想 88
　　　理想化された親イマーゴにもとづく理想 88
　　　――の起源としての自己愛 63-5
理想化 63
　　　修復のための理想化 70
理想化された親イマーゴ 76, 96, 101-20, 280
　　　――の発達停止 97
　　　――の障害 104-7
　　　――のパーソナリティへの統合 88, 91
　　　投影された自己愛としての―― 87
　　　――の再内在化 87-8, 102
理想化された対象
　　　――の承認と主導性の追求 105
　　　――をめぐる外傷的な喪失と失意 108-9
理想化転移 108
　　　――の臨床例 113-20
　　　――に対する逆転移 113
　　　――の途絶と変容性内在化 112
　　　――の途絶への反応 111
　　　――への抵抗 109
　　　――の途絶への技法的取扱い 110-11
　　　――のタイプ 108
リプトン Lipton, S. 71
リン Linn, L. 77
臨床例 113-20, 133-43, 168-82
　　　→コフート

［訳者略歴］

岡　秀樹（おか ひでき）
　1949 年　山口県に生まれる
　1973 年　九州大学教育学部卒業
　1977 年　九州大学医学部心療内科臨床心理士
　1982 年　同上助手
　現　職　　疋田病院臨床心理士
　専　攻　　臨床心理学・精神分析学
　著訳書　『カウンセリング入門』（分担執筆，有斐閣），『臨床心理学への招待』（分担執筆，ミネルヴァ書房），カーンバーグ『対象関係論とその臨床』（分担訳，岩崎学術出版社），米国精神分析学会編『精神分析学の新しい動向』（分担訳，岩崎学術出版社），コフート『自己心理学とその臨床』（岩崎学術出版社）

コフートを読む

2016年11月5日　印刷
2016年11月15日　発行

著　者　アレン M. シーゲル
監訳者　岡　　秀樹
発行者　立石　正信
印刷　新津印刷
製本　東京美術紙工協業組合
株式会社　金剛出版
〒112-0005　東京都文京区水道1-5-16
　　　　　　電話03（3815）6661（代）
　　　　　　FAX03（3818）6848

ISBN978-4-7724-1525-5　C3011　　　　　　Printed in Japan ⓒ 2016

[新装版] 自己心理学入門
コフート理論の実践

[著]=アーネスト・S・ウルフ
[訳]=安村直己　角田豊

●A5判　●並製　●230頁　●定価 **4,000**円+税
● ISBN978-4-7724-1481-4 C3011

自己心理学の基本概念から
実際の治療実践までが
明快にまとめられた
優れた概説書であり臨床書である。

自己心理学の臨床と技法
臨床場面におけるやり取り

[著]=J・D・リヒテンバーグ　F・M・ラクマン　J・L・フォサーギ
[監訳]=角田豊

●A5判　●上製　●310頁　●定価 **4,600**円+税
● ISBN978-4-7724-0921-6 C3011

機械的なマニュアルではなく
アートとしてのセラピーの側面を強調した、
自己心理学の技法についての
プラクティカルな指導書。

フロイト再読

[著]=下坂幸三
[編]=中村伸一　黒田章史

●A5判　●上製　●264頁　●定価 **4,000**円+税
● ISBN978-4-7724-0971-1 C3011

『心理療法のひろがり』と併せ
晩年の著者が到達した
心理面接の「作法」とその考え方が
精緻な筆運びで描かれている。